무역실무 에센스

김영훈 저

서울경제경영

무역실무 에센스

| 김영훈 지음 |

ESSENCE OF TRADE BUSINESS

서울경제경영

나를 선택하고 옆에서 함께 웃어주고 있는
내 반려자 손명옥 박사와
그 사랑의 결실인 두 아이 효정, 태섭에게
내 첫 학문적 소산(所産)인 이 책을 바칩니다.

PREFACE

서문

짧지 않은 인생에 찾아와 저자에게 영감을 주고 격려의 채찍과 희망의 씨앗을 던져 준 많은 분에게 진심으로 고마움을 표하고 싶다. 특별히, 학문하는 자의 삶의 자세를 가르쳐 준 여러 선학들 그 중에서도 양영환 · 오원석 · 김기선 세 분 교수님께 지면을 빌어 진심 어린 감사의 마음을 전하고 싶다. 입술이 무딘 제자가 감사를 표하는데 서툴러 언제나 안타까웠는데 이렇게 지면을 빌어서나마 감사의 마음을 표할 수 있어 다행이다. 또한 부족한 지식이지만 많은 사람과 공유할 수 있도록, 이 책의 탄생에 기여한 분들에게도 감사의 마음을 전하고 싶다.

"청설간서"(聽雪看書)

저자가 학문하는 자세로 삼고자 했던 문구다. 세상의 시류에 휩쓸리지 않고 책읽기에 힘쓰고자 했던 바람을 드러내고자 서재에 붙여놓고 책읽기가 힘겨워지면 이 문구를 되새겨보곤 했다.

불혹의 나이, 학문의 길에 들어선 후 산천이 한 번 바뀌고도 몇 해가 더 흘렀다. 앞으로 지나온 만큼의 시간 동안 책읽기를 할 수 있다면, 현재의 나이는 그동안의 깨달음을 정리해보고 이를 통해 부족한 영역을 찾아야 할 때라는 생각이다. 이러한 생각에 따라 그동안의 배움을 일필휘지(一筆揮之)로 적은 것을 여러 인연들의 도움을 받아 보완, 출판한 것이 바로 이 책이다. 지식의 가치는 공유를 통해 더욱 커진다는 믿음, 일천한 지식이나마 풀어놓는 편이 저자의 부족한 면을 쉽게 찾을 수 있을 것이라는 기대, 이러저러한 이유들로 인해 부끄러운 서적을 세상에 감히 내놓는다. 독자들의 많은 이해를 바란다.

이 책은 온라인 교육기관에서 진행하는 동일 제목의 강좌에서 활용되고 있는 강의안을 일부 수정보완, 현장에서 소용이 있는 것들만을 간결하게 정리한 것이다. 또한 무역업체를 겨냥한 취업준비생, 무역업체의 신입사원, 국제무역사와 무역영어와 같은 무역관련 자격시험 수험생들의 무역거래 전반에 대한 이해를 돕는 데에도 충분한 내용을 담고 있다.

한편, 이 책을 통해 공유하고자 하는 지식은 저자의 것이 아님을 밝히고자 한다. 그것은 선학자들이나 현장의 여러 유경험자들이 전달하고자 했던 내용을 저자가 새로이 재구성한 것일 뿐이다.

참고문헌을 통해 감사를 표하고 있으나, 밝히지 못한 서적들을 통해서도 저자의 지식은 확장되었으므로 작금에 이르기까지 저자가 접한 여러 서적의 집필자들에게도 감사를 전하고자 한다.

마지막으로 그동안 묵묵하게 옆에서 지켜봐 준 내 삶의 동반자인 아내 손명옥과 양가 부모님에게도 감사를 전한다.

계영(戒盈)이라는 말을 가슴에 새기며

2009년 8월 김영훈

CONTENTS

목차

PART 06 수출입통관 · 관세환급 259

PART 01

수출입절차 개관

CHAPTER 01 수출입절차 개관

01 수출입절차 개관

01 무역관련 국내외 규범

무역(international trade)은 서로 다른 나라에 있는 사람들 간에 물건을 사고 파는 것이다. 그러므로 언어, 문화, 거래관습, 법률 등 참으로 많은 사항이 다르기 때문에 사전에 알아둬야 할 것이 무척 많다. 예를 들어 동일한 손짓을 하나 하더라도 다르게 해석될 수 있다. 우리가 돈을 의미하는 행동으로 엄지손가락과 검지손가락을 이용해서 원을 그리는 행동이 다른 나라에서는 전혀 다른 의미를 갖는다. 따라서 무역의 경우, 상대방국가의 언어나 문화 등에 대한 정보습득을 게을리해서는 안 된다.

이하에서는 먼저 무역거래와 관련된 국내외 주요법규 및 실무진에게 필요한 사항을 간략하게 살펴보기로 한다.

1 | 무역관련 국내규범-대외무역법, 외국환거래법, 관세법

무역관련 국내규범으로는 대외무역법, 외국환거래법, 관세법이 대표적이다. 대외무역법은 무역거래의 기본이 되는 법이고, 외국환거래법은 돈의 흐름을 관리하는 법, 관세법은 물품의 흐름을 관리하는 법이라 간단히 정리할 수 있겠다. 외국환거래는 현재 거의 자유화되었고 관세법의 주요한 내용은 본문에서 따로 소개할 단계가 준비되어 있으므로 이하에서는 대외무역법의 내용을 일부 살펴본다.

1 대외무역법

대외무역법은 무역거래를 규율하는 가장 기본이 되는 법으로 누가 또 무엇을 국제적으로 사고 팔 수 있는가 하는 사항을 다루고 있다.

대외무역법에서 중요한 사항은 아래의 3가지를 들 수 있다.

첫째, 누가 무역업을 할 수 있는가(무역업 주체관리): 무역업은 2000년 1월 1일부터 자유화되었다. 따라서 지금 무역을 배우고 있는 분들도 바로 무역업을 시작할 수 있다. 다만, 나라에서 통계자료 확보를 위해 무역업고유번호를 부여하고 있으므로, 한국무역협회 회원서비스팀에 신청해서 받아놓도록 한다.

TIP

무역업고유번호

발급기관: 한국무역협회 고객지원팀(전화번호: 1566~5114)
신청서류: 사업자등록번호
발급 시 혜택: 여러 가지 증명자료(예를 들어 수출실적의 증명)의 발급이 편리해진다.

둘째, 무엇을 사고 팔 수 있는가(무역거래의 객체관리): 현재 우리나라에서 수출입을 금지하거나 제한하고 있는 품목은 그리 많지 않다. 그러나 혹 여러분들이 취급하고자 하는 품목이 나라에서 규제하고 있는 품목이 될 수도 있으니 사전에 이에 대해 알아볼 필요는 있겠다.

무역거래의 대상관리를 위해 공고제도를 이용하고 있는데, ① 수출입공고, ② 통합공고, ③ 전략물자수출입고시 등이 있다.

먼저 수출입공고에는 수출입이 금지되거나 제한되는 품목이 나열되고 있으므로 거래하고자 하는 품목이 수출입공고에 기재되어 있는가 살펴보아야 한다. 현재 수입이 금지되는 품목은 항공기와 항공기의 부분품밖에 없으므로 수입이 제한되는 품목은 없다고 해도 과언이 아니다. 다만 수입추천을 받지 않고 수입하는 경우 관세율이 높아져 사실상 수입할 수 없는 품목들이 있으므로 수입추천이 필요한 물품은 아닌가 하는 점까지도 확인한 후 수입여부를 결정해야 한다.

다음으로, 전략물자수출입고시는 대량살상 등의 용도로 활용될 수 있는 물품이나 기술을 관리하기 위한 것이다. 곡물 등의 1차 산품을 제외한 대부분의 공산품이 전략물자가 될 수 있으니 이에 대해 사전에 확인해봐야 한다.

전략물자와 관련해서는 전략물자관리시스템(yestrade.go.kr)을 활용하면 유용하다. 전략물자에 해당되는 경우 수출 시 사전에 허가를 받아야 하며, 국내거래 시에도 상대방에게 서면통보를 해야 하는 등 절차가 정해져 있으니 반드시 확인 후 거래해야 한다.

TIP

물품의 관리와 관련된 자세한 정보를 알고 싶다면, 관세청 홈페이지에서 여러분들이 취급하고자 하는 물품의 HS code를 쳐 보거나, 관세청 홈피의 '통관정보의 문' 코너의 '수출입요건' 코너를 활용하는 것이 좋다.

HS code란?

물품관리를 위해 물품에 부여된 번호를 의미하며, 전 세계적으로 6단위까지는 동일하며 우리나라는 4단위를 추가하여 현재 10단위를 HSK라 부르고 있다.

셋째, 수출입실적이다: 수출은 나라에 돈을 벌어들이는 것으로 일종의 애국이라 할 수 있겠다. 이 경우 나라에서는 일정한 혜택을 부여하고 있는데, 예를 들어 무역의 날 포상, 관세의 환급 등이 그것이다.

대외무역법에서는 수출입실적의 인정범위, 인정금액, 인정시점 등에 대해 자세한 규정을 두고 있는데, 그 내용은 표 1-1을 참고하도록 한다.

특이한 사항은 수출실적에 외국에 물품을 판매한 금액뿐 아니라 국내거래실적도 포함된다는 점이다. 즉, 수출업체에게 원료나 부품 등을 국내공급한 업체도 당해 공급가격을 수출실적으로 인정받아 수출업체와 동등한 혜택을 받을 수 있도록 되어 있다. 다만, 국내 공급업체는 일정한 장치(내국신용장(local letter of credit) 또는 구매확인서)를 통해 공급했을 경우에 한하므로 수출업체에게 위 2가지 장치 중 하나를 요구해야 한다.

표 1-1 ● 수출입 실적

구분	인정범위	인정금액	인정시점
일반수출	유상수출(대북한 유상반출 포함)	수출통관액(FOB가격기준)	수출신고수리일
	중계무역	가득액(수출금액FOB-수입금액CIF)	입금일
	외국인도 수출 중 위탁가공물품을 현지에서 외국에 판매하는 경우	판매액에서 원자재수출금액 및 가공임을 공제한 가득액	입금일
	용역수출의 경우	한국무역협회장이 발급한 수출입 확인서에 의해 외국환은행의 입금확인액	입금일
	전자적 형태의 무체물의 수출의 경우	한국무역협회장이 발급한 수출입 확인서에 의해 외국환은행의 입금확인액	입금일
외화획득용 원료 또는 물품의 공급	내국신용장 및 구매확인서에 의한 공급	외국환은행의 결제액 또는 확인액	외국환은행을 통한 대금결제일 또는 당사자 간의 대금결제일

2 | 무역관련 국제규범

무역관련 국제규범은 수를 다 헤아릴 수 없을 만큼 많다. 그러나 실무진들이 자주 참조하는 규범들은 아래에서 소개되는 몇 가지뿐이다.

1 인코텀즈 2010

국제상업회의소가 만든 규칙으로 실무에서 FOB, CIF처럼 빈번하게 이용되는 무역조건들의 해석규칙을 말한다. 예를 들어 CIF를 이용하는 경우, 운송계약과 보험계약을 모두 수출업체가 담당하고, 수출통관은 수출업체가 수입통관은 수입업체가 담당하게 되는데, 이와 같이 물품의 납품장소와 방법, 운송계약과 보험계약체결자, 수출입통관의무자는 누구인가를 해석해주고 있는 것이 인코텀즈이다. 이러한 인코텀즈는 물품가격의 견적시에도 활용되므로 그 내용을 정확히 숙지하고 있어야 할 것이다(표 1-2 참조).

2 신용장통일규칙(UCP600)

신용장(letter of credit; L/C)은 수입업자측 거래은행이 발행하는 지급각서이다. 즉, 수출업자는 물품을 수입업자에게 판매하는 것이나 대금은 은행에서 지급을 보장하는 형태가 되는 것이다. 그러나 이 신용장에는 무척 많은 조건을 붙여놓고 있는데, 그 조건이

표 1-2 ● INCOTERMS 2000의 13가지 조건

EXW(ex works)	공장인도조건
FCA(free carrier)	운송인인도조건
FAS(free alongside ship)	선측인도조건
FOB(free on board)	본선인도조건
CFR(cost & freight)	운임포함인도조건
CIF(cost, insurance & freight)	운임보험료포함인도조건
CPT(carriage paid to)	운송비지급인도조건
CIP(carriage & insurance paid to)	운송비보험료지급인도조건
DAT(delivered at terminal)	도착터미널인도조건
DAP(delivered at place)	도착장소인도조건
DDP(delivered duty paid)	관세납부인도조건

란 수출업자가 수입업자에게 제공할 각종 서류 예를 들어 상업송장(commercial invoice), 선화증권(bill of lading: B/L), 보험증권(insurance policy) 등을 제시하라는 것이다. 수출업자가 이와 같은 서류를 제시하면 은행원은 서류를 검토한 후 대금을 지급하게 되는데, 이와 같이 은행원이 서류를 검토할 때 활용되는 기준이 신용장통일규칙(UCP600)에 규정되어 있다. 따라서 신용장통일규칙 39개 조항을 모두 알 필요는 없겠지만 위와 같은 기본적인 서류의 수리요건에 대해서는 알아 둘 필요가 있다.

02 수출계약의 체결

1 | 해외시장의 개척

수출을 하려는 수출상이 우선 고려해야 할 문제는 자신이 생산하는 물품을 어느 나라, 어느 수입상에게 수출하느냐 하는 점이다. 먼저 대상국가를 선정하기 위하여 각국의 국민소득, 정치적, 사회적 안정, 상대국의 관습, 언어, 법률, 인구 등 정치, 경제, 사회, 문화적 여건을 고려하여 대상국가를 선정한 후 수출을 위한 수출마케팅조사를 거쳐 조사한 시장에 진출여부를 결정한다.

목적시장이 선정되면 수출상은 자신과 거래할 수입상을 물색하여야 한다. 이를 위해

다음과 같은 방법을 생각해 볼 수 있다.

① 인터넷의 활용

② 전시회/박람회의 활용

③ 해외사절단/시장개척단/통상촉진단의 활용

④ 무역관련 기관의 자료실의 활용

❶ 인터넷의 활용

인터넷의 경우 대한무역투자진흥공사(KOTRA)와 한국무역협회(KITA), EC21 등의 기관을 활용하면 유용하다. 특히 이들 기관의 홈페이지에서는 buying offer와 selling(biz) offer를 구분하여 정리하고 있기 때문에 더욱 편리하게 거래선을 발굴할 수 있다.

❷ 전시회/박람회의 활용

전시회에 참가하기 위해서는 전시회 일정을 비롯한 여러 정보를 입수해야 하며 또한 비용도 고민해야 한다. 이와 같은 고민을 해결해 줄 수 있는 기관으로 언급한 KOTRA와 KITA를 들 수 있는데, 특별히 KOTRA의 웹사이트에서는 전시회의 일정을 비롯하여 경비지원 등에 대한 자세한 정보를 얻을 수 있다.

❸ 해외사절단/시장개척단/통상촉진단의 활용

해외사절단 또는 통상촉진단이란 소수의 기업들로부터 접수를 받아 외국의 특정 지역에 가서 현지 바이어들과의 만남을 주선해주는 사업을 말한다. 일반적으로 특정 기업이 속해 있는 지방자치단체에서 연초에 공고를 한 후 지원을 받고 있으므로 달력에 메모를 잘 해 두었다가 시기에 맞춰 신청해야 한다.

2 | 계약의 체결

❶ 거래제의

거래처가 물색되면 상대방에게 거래제의(business proposal)를 하게 된다. 이때 제의를 받은 상대방이 거래할 의사가 있으면 거래문의(trade inquiry)를 하면서, 견본이나 상품목록(catalogue)을 요청하는 경우가 많다. 이때 견본을 너무 많이 요청하는 경우 유의해야 한다. 무역거래현장에서 sample merchant라 불리는 사람들이 있는데, 이들은 sample만 받아놓고 거래를 진행하지 않기 때문에 피해를 볼 수 있기 때문이다.

❷ 신용조회(credit inquiry)

상대방으로부터 거래제의를 받았거나 또는 거래제의를 하기 전에 신용조회(credit inquiry)를 하는 것이 좋은데, 신용조회는 보통 KOTRA나 수출보험공사(keic.or.kr)를 이용하면 된다. 이들 기관을 이용하는 경우 약간의 차이는 있으나 일반적으로 30만원 내외의 비용으로 신용조회가 가능하다. 특히 KOTRA의 '해외시장단순확인서비스'는 무료로 제공되고 있으므로 최초 거래에서 대량오더가 온 경우, 비용을 아끼려고 한다면 위 서비스라도 이용해야 할 것이다.

❸ 무역계약의 체결

무역계약을 체결하는 방법은 여러 가지가 있겠으나, 다음과 같이 정리할 수 있다.

첫째, 수출업자(offer sheet 또는 proforma invoice) 또는 수입업자(order sheet 또는 purchase order) 일방이 물품의 수량, 단가, 납기, 결제조건 등을 기재한 문서를 발송하고 상대방이 이 문서에 서명하여 반송함으로써 계약을 성립시키는 경우가 있다. 이 경우, 계약을 성립시키기 위해 사용한 문서에는 불가항력이나 손해배상액 등에 대한 내용이 포함되어 있지 않기 때문에 이를 포함한 정식계약서를 별도로 준비하여 양자가 서명 후 보관하는 것이 현명하다.

둘째, 구체적인 거래조건을 협상하기에 앞서 양 당사자 간 거래의 기초가 되는 일반거래약정서(agreement on general terms and conditions of business)를 교환해 둔다. 그 후 위에서 소개된 제목의 문서를 통해 구체적인 거래조건을 협상하여 계약에 이르는 경우가 있다.

❹ 무역계약의 조건

무역거래 시 수출입업자가 협상하는 내용은 거래상대방, 거래대상물품, 거래대상국 등에 따라 달라질 것이지만, 일반적으로 다음과 같은 내용들이 협상되고 있다.

① 품질조건: 품질조건에서는 품질결정기준, 품질결정시기 등이 협상쟁점이 된다. 한편 품질결정기준으로 주로 sample을 사용하고 있는데 처음에 sample을 너무 좋은

것을 보내는 바람에 나중에 바이어로부터 클레임을 제기당할 수 있으므로 너무 높은 품질의 것을 보내는 것은 현명하지 못하다.

② 수량조건: 수량조건에서는 수량의 단위와 살화물(bulk cargo)의 처리방법이 협상쟁점이 된다. 수량의 단위로는 많은 경우 중량이 사용될텐데, 중량으로 많이 사용되는 Ton은 영국, 미국, 그리고 유럽의 계산법에 차이가 있으므로 유의해야 할 것이다. 예를 들어 영국에서는 1,016 kg, 미국에서는 907 kg, 유럽에서는 1,000 kg으로 차이가 있다.

곡물이나 광물같이 물품의 감량이 발생되는 화물을 살물이라고 하는데, 이와 같은 물품을 거래하는 경우 얼마까지의 감량이 허용되는가를 약정해야 한다. 실제로 계약서에 'More or Less(M/L) 3%' 와 같이 사용하게 된다.

③ 가격조건: 가격조건을 협상할 때는 앞서 소개된 인코텀즈 2000의 13가지 조건 중 하나를 이용하게 된다. 예를 들어 'FOB 부산 50$' 등과 같이 기재하게 된다. 이 경우 수출업자가 수출항구인 부산항에 정박 중인 선박에 적재 시까지의 비용을 부담하는 조건으로 50$에 판매한다는 의미이다. 이와 달리 'CIF New York 80$' 의 경우, 수출업자가 수입항구인 뉴욕까지의 운임 및 보험료까지 부담하는 조건으로 80$에 판매한다는 의미가 된다. 당연히 수입업자는 위 두 가격을 비교하여 더 저렴한 곳은 어디인가를 결정할 수 없게 될 것이다. 따라서 견적을 요청하는 수입업자는 FOB 또는 CIF 등 조건을 하나로 설정하면서 견적을 요청하시는 편이 낫다.

④ 선적조건: 선적조건에서는 선적시기나 선적일의 증명방법, 분할선적과 환적의 허용여부 등이 쟁점이 된다.

⑤ 결제조건: 결제조건에서는 결제시기와 결제수단이 쟁점이 된다. 결제수단에는 신용장(letter of credit)방식, 추심방식(collection), 송금방식(remittance)을 주로 이용하고 있는데, 이 중 가장 안정한 결제수단이 신용장이다. 앞서 소개한 바와 같이 신용장방식에서는 은행이 지급을 약속하기 때문이다. 추심방식은 은행이 수출업자의 위탁을 받아 대금을 회수해오는 업무를 말하는 것으로 D/P와 D/A가 있다. D/P에 비해 D/A는 대금회수가 늦어서 수출업자에게는 불리한 조건이다. 송금방식은 원칙적으로는 은행이 개입되지 않은 채 수출입업자 간에 대금을 결제하는 것으로 무역거래에서 사기 발생 시 송금방식이 많이 이용되고 있으므로 유의해야 하

는 결제수단이다. 한편 신용장방식을 이용하는 경우 은행관련 수수료가 높기 때문에 현재는 과거에 비해 그 사용빈도가 낮아지고 있다.

03 신용장 수령

1 | 신용장 수령

신용장을 결제수단으로 하는 무역계약이 성립되면 수입업자는 자신의 거래은행에 신용장의 개설을 신청하여 수출업자에게 제공하게 된다.

수출상은 신용장상의 내용이 계약내용과 일치하는지 여부 그리고 수출업자 자신이 만족시킬 수 없는 조건(일명 독소조항)은 없는가를 검토하여 이를 발견하면 수입상에게 조건변경(amendment)을 요구하는 등의 조치를 취해야 할 것이다. 또한 이란이나 몽고는 현재 국가위험도가 높으므로 수출국소재 은행의 확인(confirmation)을 요구하는 등의 추가조치도 필요하다.

TIP

주요 독소조항으로는 다음을 들 수 있다.
Commercial Invoice must appear on their face to be signed by the applicant or their agent.
Inspection certificate approved and signed by buyer's agent required.

2 | 수출승인 또는 추천

현재 우리나라는 무역거래가 자유화되어 대부분의 물품이 제한 없이 수출입이 가능하다. 그러나 일부 품목에 대해서는 규제를 하고 있으므로 앞서 언급한 바와 같은 수출입공고 등을 참고하여 사전에 수출승인(export license: E/L) 또는 수입승인(import license: I/L)을 받아 놓는 것이 현명하다. 현재 수출입공고에 의하여 수출입이 제한되는 품목은 주로 항공기 및 동 부분품으로 그 품목이 아주 적지만, 통합공고에 의해 요건확인을 받아야 하는 품목은 많으므로 이에 대해 정보가 필요하다. 앞서 언급한 바와 같이 관세청 웹사이트를 이용하거나 서점에서 판매되고 있는 서적 중 수출입통관편람이라는 책을 활용할 수도 있겠다.

04 수출물품의 확보

❶ 무역금융

수출승인을 받은 물품을 생산하기 위하여 자금과 원료, 부품 등의 자재가 필요하다.

수출상이 수출상품의 제조, 가공, 매입 등에 소요되는 자금을 ㉠ 완제품구매자금, ㉡ 생산자금, ㉢ 원자재자금, ㉣ 포괄금융이라는 이름의 수출지원금융제도에 따라 거래은행으로부터 융자받을 수 있고 무역어음의 할인을 통하여 필요한 자금을 조달할 수도 있겠다. 또한 수입금융을 이용하여 필요한 원자재를 해외로부터 조달할 수도 있다. 이러한 수입금융 즉, 무역금융의 금리는 금융기관의 일반자금대출금리보다 낮은 수준이며, 금리뿐만 아니라 자금이용가능성 면에서도 우대되고 있으니, 수출실적이 있는 등 수출경험이 있는 업체들은 거래은행에 한 번 문의해 볼 필요가 있겠다.

❷ 내국신용장을 이용한 물품구매

수출물품을 확보하는 방법은 수출상이 자신의 공장에서 직접 생산하는 방식과 다른 제조업자로부터 수출용 완제품을 구매하는 방식이 있다. 전자의 경우 필요한 원자재를 국내에서 조달할 수도 있고 해외로부터 수입할 수도 있다.

내국신용장(local letter of credit)이란 수출업자가 자신의 거래은행을 통하여 원료 등의 국내공급업자에게 발행해주는 지급각서를 의미한다. 내국신용장을 이용하게 되면 수출업자가 국내공급업자로부터 물품을 납품받을 때 은행이 대금을 지급하므로 사실상 원자재대금을 융자받은 효과가 발생하게 되므로 자금이 부족한 경우를 비롯하여 여러 상황에 유용하게 활용할 수 있다.

한편 원자재공급업자에게도 많은 혜택이 있다. 즉, 내국신용장에 의한 국내공급실적은 수출실적으로 인정되고 관세환급, 부가가치세 영세율적용 등의 혜택을 받게 된다.

❸ 구매확인서를 이용한 물품구매

앞서 언급한 바와 같이, 내국신용장의 이용은 무역금융에 해당되는 것이므로 무역금융수혜자격이 없거나 무역금융융자한도를 다 사용한 경우에는 이용할 수 없다. 이러한 때에 주로 사용되는 것이 구매확인서 제도이다.

구매확인서 역시 수출업자가 자신의 거래은행을 통해 국내공급업자에게 발행해주는 서류이다. 다만 내국신용장과 다른 점은 구매확인서의 경우 은행의 지급약속이 없다는 점이다. 즉 은행은 수출업자와 국내공급업자 사이에 국내공급사실이 존재한다는 취지의 문서를 발행해준 것일 뿐 지급약속은 하지 않는다. 따라서 대금결제는 두 당사자 사이의 문제가 된다.

그러나 지급약속유무를 제외한다면 구매확인서와 내국신용장은 큰 차이가 없다. 수출실적인정, 관세환급, 부가가치세영세율 적용의 혜택은 동일하다. 이 구매확인서는 내국신용장과 달리 사후(부가세신고기한 만료일로부터 20일까지 가능)에도 발급이 가능하다. 여러분이 이 책을 통해 처음 알게 되었다면 이미 종결된 거래에 대한 구매확인서 발급에 대해 수출업체에게 문의해보시기 바란다.

TIP

구매확인서 거래과정

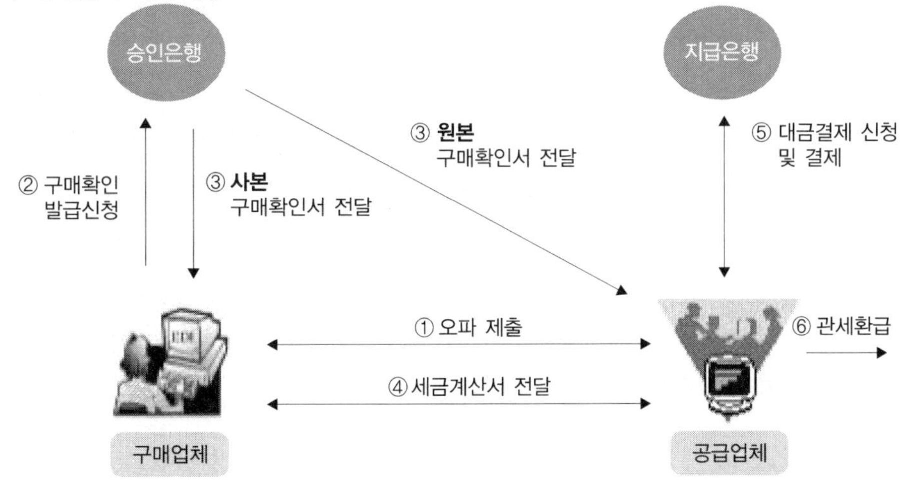

TIP

내국신용장과 구매확인서

구분	구매확인서	내국신용장
개설기관	외국환은행	외국환은행
개설조건	제한 없이 발급	무역금융 융자한도 내에서 개설
수출실적	공급업체의 수출실적 인정	공급업체의 수출실적 인정
부가가치세	영세율 적용	영세율 적용
지급확약	지급확약 없음	지급확약 있음
발급횟수	차수 제한 없이 발급	차수 제한 없이 발급
관세환급	관세환급 가능	관세환급 가능
무역금융		무역금융 수혜 가능

05 물품의 선적

❶ 운송계약의 체결

수출업자는 신용장이나 계약서상의 선적(shipment) 기일 내에 물품을 선적해야 하므로, 물품의 운송을 위하여 운송회사와 운송계약을 체결해야 한다.

운송관련 정보는(주)한국물류정보통신(www.logispia.net), 한국하주협의회(shippersgate.kita.net) 또는 운송전문주간지(korea shipping gazette)를 이용하면 편리하다.

운송회사와 운송계약에 관해 문의할 때는 ㉠ 입출항일자, ㉡ 운송기간, ㉢ 직항여부, ㉣ 운임, ㉤ closing time 등에 대해 확인해야 한다. 특히 유의해야 할 것은 closing time과 운임 부분이다. 선사는 선박의 출항일에 앞서 선적작업을 마무리하게 되는데, 그 일자를 closing time이라 한다. 그러므로 출항일에 임박해서 선적하고자 한다면 낭패를 볼 수도 있으므로 반드시 확인해봐야 할 것이다. 다음으로 운송회사가 견적해준 운임 속에 물류관련 부대비용이 포함되어 있지 않은 경우가 많다. 따라서 부대비용이나 할증 여부에 대해 문의해야 할 것이다.

한편 운송계약을 누가 체결할 것인가 하는 점은 무역계약에서 협상될 사항이다. 통상적으로 인코텀즈 13가지 조건 중 하나를 선택하는 형태로 무역거래가 이뤄지기 때문에 운송계약체결자 역시 선택된 인코텀즈상의 조건에 따라 결정된다고 할 수 있겠다.

FOB조건이나 FCA조건으로 거래되는 경우에는 수입업자가 운송계약을 체결해야 하나, CFR이나 CIF조건인 경우에는 수출업자가 운송계약을 체결해야 한다.

❷ 해상적하보험계약의 체결

물품이 수출상으로부터 수입상에게 인도되기 위해서는 통상 운송과정을 거쳐야 하고 운송 중에 생길지도 모를 위험을 커버하기 위하여 해상적하보험(marine cargo insurance) 제도가 이용되고 있다.

보험계약의 체결과 보험료의 부담자 역시 인코텀즈의 선택에 의해 결정된다. 앞서 언급된 CIF조건에서는 수출상이 수입상을 위하여 보험계약을 체결하고 보험료를 부담하지만 FOB나 FCA조건에서는 수출상에게 보험계약체결의무가 없다.

보험계약체결의 증빙서류로는 해상보험증권(marine insurance policy)이나 보험증명서(certificate of insurance)가 발급된다.

보험조건에는 ICC(A/R), ICC(W.A.), ICC(F.P.A.), ICC(A), ICC(B), ICC(C)가 있는데, 이러한 6개 중 하나를 기본으로 선택하고 필요한 경우 특약을 첨부할 수 있도록 하고 있다.

❸ 수출통관

물품을 외국으로 발송하기에 앞서 거쳐야 할 절차가 바로 수출통관(export clearance) 절차이다. 수출통관절차를 정리하면 다음과 같다.

수출상은 먼저 확보한 물품을 자신의 공장이나 창고 등 현물검사를 받을 수 있는 곳에 이를 장치한 후 세관에 수출신고(export declaration)를 해야 한다. 수출신고는 특수한 경우를 제외하고 전자문서(EDI)로 작성된 신고자료를 통관시스템에 전송함으로써 이행되는데, 쉽게 말해 인터넷을 이용하여 신고하는 것이다. 이러한 수출신고는 수출물품이 모두 준비되기 전에도 할 수 있다.

수출신고가 접수되면 세관은 경우에 따라 서류심사와 물품검사를 거치는데 특별한 사정이 없는 한 현물을 검사하는 경우가 그리 많지는 않다. 검사생략이 원칙이기 때문이다. 이러한 과정을 거쳐 문제가 없으면 수출신고를 수리하고 수출신고필증을 교부함으로써 수출통관절차를 마치게 된다.

한편 수출 시에는 수입 시와 달리 관세사 등을 채용하지 않고서도 수출상이 수출통관업무를 수행할 수 있는데 이를 자가통관이라 한다. 그러나 수출입통관업무를 대행해주는 수수료가 그리 높지 않으므로 자가통관보다는 관세사 등의 협력을 구하는 것이 좋겠다.

❹ 선적

수출통관을 마친 화물은 내륙운송을 거쳐 수출신고수리일로부터 1개월 내에 본선에 적재해야 한다. 본선에 적재된 화물에 대하여 본선수취증(mate's receipt: M/R)이 발급되면 수출업자는 선사에 이와 상환으로 선적선화증권(shipped B/L)을 교부받게 된다. 그러나 현실적으로는 수출업자가 본선수취증과 상환으로 선화증권을 받는 경우보다는 바로 선화증권을 택배 등을 이용해서 발급받는 경우가 많다. 이 경우 사전에 선화증권을 팩스로 전달받아 그 내용을 검토할 필요가 있는데, 이를 Check B/L이라 한다. Check B/L은 신용장의 조건과 불일치하는 내용의 유무를 확인하기 위해 편의상 발급하는 것을 말한다.

한편 현재는 컨테이너를 이용하는 경우가 일반적인데, 이 경우, 대량화물(FCL cargo)인 경우에는 CY에서, 소량화물(LCL cargo)인 경우에는 CFS에서 각각 CY operator 또는 CFS operator에게 인도되고 부두수취증(dock receipt; D/R)을 교부받아 이와 상환으로 수취선화증권(received for shipment B/L)을 발급받게 되는데, 이 경우 실제 본선에 적재일을 나타내는 본선적재부기(on board notation)가 있어야 한다는 점에 유의해야 할 것이다.

06 수출대금의 회수

무역계약에서 결제조건으로 신용장에 합의했다면, 물품을 선적한 수출업자는 환어음과 신용장에 명기된 서류들(이를 선적서류라 한다)을 준비하여 자신의 거래은행에 화환어음의 매입(negotiation)을 의뢰함으로써 수출대금을 회수한다.

결제조건이 D/P 또는 D/A방식인 경우에는 환어음과 선적서류를 준비하여 거래은행을 통하여 추심(collection)을 의뢰하거나 추심전 매입을 의뢰하여 자금을 회수한다. 추심 전 매입의 경우에는 매입은행이 수입상의 신용위험을 부담하게 되므로 이러한 위험을 담보하기 위하여 수출보험공사의 보험상품을 이용한다.

수출업자가 준비해야 하는 선적서류에는 통상, 운송서류와 보험서류, 상업송장, 원산지증명서 등이 포함된다. 원산지증명서는 상공회의소에서 발급해주고 있는데, 신청자는 원산지증명 등에 사용할 서명을 해당 상공회의소에 등록해야 한다.

07 수입물품의 입수

❶ 수입통관

수입물품을 통관하려면 ㉠ 출항 전, ㉡ 입항 전, ㉢ 보세구역 도착 전, ㉣ 보세구역장치 후 수입신고 중 필요에 따라 신고시기를 선택하여 수입신고를 하면 된다.

출항 전 신고는 중국, 일본, 대만, 홍콩에서 수입되는 화물이거나 항공기로 운송되는 경우에만 이용할 수 있다.

수입신고는 수출신고와 마찬가지로 인터넷을 이용하게 되는데, 신속한 통관을 위해 검사생략이 원칙이므로 특별한 문제가 없는 한 바로 수입신고를 수리하고 수입신고필증을 교부함으로써 수입통관절차를 마무리한다.

한편 수입통관이 수출통관과 다른 점은 수입관세 등을 납부해야 한다는 점이다. 수입관세는 수입신고의 수리 전에 납부해야 할 것이지만 관세액 상당의 담보를 제공하거나 신용이 있는 기업은 사후납부를 허용하고 있고 또한 분할납부제도도 있으므로 이를 활용하여 자금부담을 경감시킬 필요가 있다. 관세의 사후납부가 허용되는 경우 수입신고수리일로부터 15일 이내에 납부해야 한다.

관세의 징수는 신고납부를 원칙으로 하기 때문에 수입업자는 수입신고 시 물품의 가격 등에 대해 정확한 정보를 제공해야 한다. 만일 잘못된 정보를 제공하여 관세액의 계산이 틀린다면 가산세를 내야 하는 등의 벌칙이 있기 때문이다. 따라서 수입통관은 관세사 등 전문가의 도움을 구하는 것이 바람직하다.

❷ 수입물품의 회수

수입통관절차를 마쳤다면, 수입업자는 FOB조건과 같이 운임후지급 조건이라면 운임과 함께 수출업자로부터 전달받은 선적서류 중 선화증권을 선사에 제공하고 화물인도지시서(Delivery Order; D/O)를 발급받아 이를 보세창고 관리인에게 제공하고 화물을 수령한다.

08 관세의 환급

수출상이 물품을 선적하고 수출대금을 수령하면, 수입상과의 계약관계는 종료한다. 그렇지만 수출상이 수출용 원자재를 수입하여 물품생산에 사용하였다면, 이를 수입할 때 세관에 납부한 관세를 되돌려 받을 수 있다. 이를 관세환급이라 한다. 관세환급에는 ㉠ 정액환급율표에 따른 정액환급과 ㉡ 개별환급이 있다.

❶ 개별환급

개별환급이 진정한 의미에서의 환급인데, 개별환급을 받으려면 ㉠ 관세를 납부했다는 사실, ㉡ 수입된 원료의 소요액, ㉢ 수출했다는 사실을 모두 증명해야 하므로 절차가 복잡하다.

❷ 정액환급

이에 반해 정액환급의 경우 관세를 납부했는가를 따지지 않고 수출했다는 사실만 증명하면 환급이 가능하다. 즉 수출신고필증만 있으면 관세를 돌려받을 수 있다는 말이다. 관세청홈페이지에서 '간이정액환급율표'를 검색해보기 바란다. 이 표를 보면 HS code(세번명), 물품명, 금액이 기재되어 있는데, 여러분들이 취급하는 물품의 HS code가 같다면 기재된 금액을 돌려받게 되는 것이다. 예를 들어 갈치를 수출하고 수출신고필증만 있으면 실제 갈치와 관련하여 수입관세를 납부했는가를 따지지 않고 수출금액당 200원씩 돌려받게 된다. 이 간이정액환급율표는 매년 발표하는 것이니 매년 확인해야 한다.

09 무역클레임의 해결

수출물품이 계약과 다르거나 수입업자가 약정된 기간 내에 대금결제를 이행하지 않는 등 계약위반 시 무역클레임이 발생된다. 이와 같은 경우를 대비하여 계약에서 클레임 및 분쟁해결방법 등에 대해 약정할 필요가 있다.

실무적으로 일반거래협정서에는 'claims' 라는 제목의 클레임조항이 포함되는 것이 보통인데, 당해 조항에는 품질불량 등 계약위반이 있는 경우 클레임을 통지해야 할 기한과 증명자료를 기재해야 한다.

한편 클레임을 해결하는 방법으로 양자 간 화해가 가장 바람직하겠지만 그것이 불가능하다면 상사중재와 같은 방법도 생각해 볼 수 있겠다. 상사중재는 관련 분야의 전문가들이 분쟁의 해결에 참여하며 또한 단심제로 끝나기 때문에 신속한 해결이 가능하다. 이러한 상사중재는 일반적으로 외국에서도 강제집행이 가능하므로 계약서에 다음과 같은 상사중재조항을 포함시키는 것이 좋다.

"All disputes, controversies, or differences which may arise between the parties, out of or in relation to or in connection with this contract, or for the breach thereof, shall be finally settled by arbitration in Seoul, Korea in accordance with the Arbitration Rules of the Korean Commercial Arbitration Board and under the laws of Korea. The award rendered by the arbitrator(s) shall be final and binding upon both parties concerned."
이 계약으로부터 또는 이 계약과 관련하여, 또는 이 계약의 불이행으로 말미암아 당사자 간에 발생하는 모든 분쟁, 논쟁, 또는 의견 차이는 대한민국 서울특별시에서 대한상사중재원의 중재규칙 및 대한민국법에 따라 중재에 의하여 최종적으로 해결한다. 중재인(들)에 의하여 내려지는 판정은 최종적인 것으로 당사자 쌍방에 대하여 구속력을 가진다.

PART 02

무역계약

02 무역계약의 성립

01 신용조사

1 | 신용조회의 의의

무역거래에서 거래대상 업체에 대한 신용상태를 확인하는 것은 향후 거래가능성을 진단하고 위험요소를 사전에 예방한다는 면에서 매우 중요하다. 신용조회(credit inquiry)는 수출업자에 대해서는 물품확보 및 인도능력, 수입업자에 대해서는 대금결제능력과 그 이행에 대한 신뢰성과 기업의 일반적인 정보를 사전에 조사하는 것이다. 무역거래에서는 계약을 이행하지 않는 신용위험이 국내거래보다 높다. 예를 들어 수출업자의 사기와 수입업자의 지급거절, 지급불능, 파산 및 은행의 지급거절 등에 의한 부도위험이 있다.

TIP

이러한 위험에 대비하여 (확인)신용장을 사용하거나, 수출보험에 부보하는 방법이 있다. 실제로 이란, 몽고, 이집트와의 거래시 일반적인 신용장보다는 확인신용장을 이용하도록 권고하고 있다. 확인신용장(confirmed L/C)이란 수입업자 측 거래은행의 대금지급확약에 추가하여 수출국 내의 특정 은행이 지급을 약속한 신용장을 말하는데, 이와 같은 확인신용장이 이용된다면 수입국 내의 정치, 경제적 사정에 대해 수출업자는 불안해하지 않아도 된다.

2 | 신용조회의 내용

거래상대방의 신용조사사항으로는 기본적으로 다음의 3C's를 들 수 있다. 그러나 이러한 3C's 이외에도 condition(거래조건), collateral(담보능력), currency(통화), country(소속국가) 가운데 두 가지를 추가하여 5C's를 주장하기도 한다.

① Capital/Liquidity(지불능력/자본): 해당업체의 재무상태 즉, 수권자본과 납입자본, 자기자본과 타인자본, 기타 자산상태 등 지불능력과 직결되는 내용

② Capacity(사업(영업)수행능력): 해당업체의 연간매출액, 업체의 형태(개인회사, 주식회사, 주식의 공개 여부 등), 연혁, 경력 및 영업권 등 영업능력에 관한 내용

③ Character(상도덕/업계의 평판): 해당업체의 개성, 성실성, 평판, 영업태도 등 계약이행과 관련된 도의의 파악은 신용조회에 있어서 가장 중요시되어야 할 사항임

3 | 신용조회의 매체(기관)

❶ 은행조회처(bank reference) 또는 동업자조회처(trade reference)

가장 일반적인 방법으로 상대방의 거래은행이나, 오랜 거래관계가 있는 동업자를 활용하는 것이다. 보통 거래제의 서신(circular letter/trade inquiry)에 신용조회처로서 거래은행이나 동업자를 기재하고 있다.

❷ 상업흥신소

동업자나 은행을 활용하는 경우, 이들은 신용조사를 전문으로 하는 것이 아니므로 필요한 정보를 모두 다 얻을 것이라 기대할 수 없다. 상업흥신소는 신용조사를 전문으로 하며, 세계의 주요 도시에 통신원 또는 주재원을 두어 이들로부터 현지에 대한 여러 정보를 획득하고 있다.

세계적으로 유명한 상업흥신소로는 Duns & Bradstreet(www.dnbkorea.com)(미국에서는 주로 D&B라 불린다), Graydon(영) 등이 있다.

한편 이들의 신용조사에는 상당한 시일과 조사비용을 요하므로 일반적으로 이용할 수 있는 방법은 아니다.

TIP

Duns Number(#)

DUNS Number(Data Universal Numbering System)는 1962년 미국의 Dun&Bradstreet 사가 독자적으로 개발한 9자리수의 기업 고유번호(식별코드)이다. 이는 주로 기업의 신용정보 등 해외 상거래 기준으로 사용되고 있으며, 특히 미국 연방정부 및 단체, 미국 주요 대기업 등에 납품업체 등록을 위해서는 필수 기재사항으로 확산되고 있다.
한편 우리나라에서도 신용보증기금에서 KC Number(Korea Credit)를 제정하여 기업에 대한 신용정보를 제공하고 있다. 현재 약 57만여 개의 기업조사정보와 1억 1천만여 건의 개인 및 기업에 대한 우량/불량정보를 보유하고 있다.

❸ 국내기관

신용보증기금, 한국수출보험공사(수출신용정보센터), KOTRA

02 거래관계의 개설

1 | 신규거래선 결정시

1 거래관계의 개설

거래상대방을 발굴하여야 될 경우에 동종 상품을 취급하는 Buyer List를 찾아볼 수 있는데, 각 국가별로 Directory가 발간되고 외국대사관 상무관실, 한국무역협회(KITA), 대한무역투자진흥공사(KOTRA) 등 관련기관에 비치되어 있는 자료를 참조할 수 있다. 그러나 외국수입업체에 대한 개요는 기술되어 있으나, 신용조사자료는 수록되어 있지 않으므로 신용조회는 전문기관에 의뢰하여야 한다.

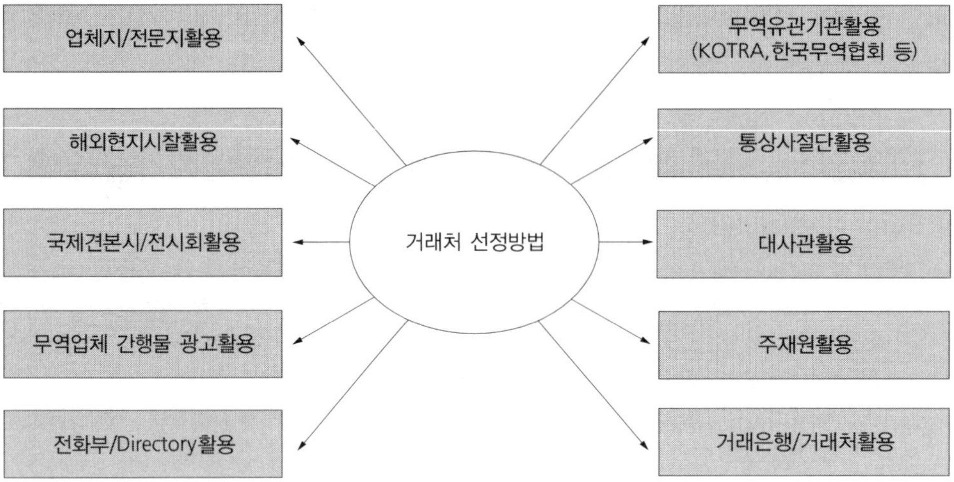

그림 2-1 ◦ 거래처 선정방법

2 | 거래제의(business proposal) 작성방법 및 유의점

– 거래제의 서신의 구성

거래제의 서신은 다음과 같이 6개 정도의 항목을 다룬다.

① 자사소개: 취급품목, 거래규모, 거래지역 등 회사소개

② 상대방을 알게 된 경위와 목적: 해당국가의 거래선, 대사관 혹은 출판물 등 상대방을 알게 된 경로와 목적 기재

③ 거래조건: 단가, 결제방법, 인도시기 등 중요한 내용 몇 가지만 기재

④ 자사홍보(P.R.): 선진기업/선진국가와 거래경험 있음을 기재

⑤ 신용조회서(credit reference): bank reference 혹은 trade reference

⑥ 정중한 결어 및 신속한 답신요청

TIP

거래제의 서신 작성 시 유의점

① 가장 중요한 것은 문장이 간단명료해야 한다는 점이다. 대체로 1페이지를 넘기지 않게 작성하고 1페이지의 3분의 2 정도만 활용함이 바람직하다.
② 상대방을 통하여 거래대상국에 처음 진입하려 한다는 점을 강조한다.
③ 자사 소개 시 과도한 표현 및 홍보문구는 자제하고, 가능한 한 매출액이나 생산량 등과 같은 지표를 기준으로 한 회사소개가 바람직하다.
④ 신속한 거래전개를 위해 sample이나 price list를 첨부하거나, 요청 시 즉각 발송할 수 있음을 기재한다.

03 청약

청약은 이에 대응하는 승낙과 결합하여, 일정한 계약을 성립시킬 것을 목적으로 하는 의사표시이다. 이러한 청약의 요건은 아래와 같이 정리할 수 있겠다.

1 | 청약의 요건 및 청약의 유인과의 구별

1 청약의 요건

❶ 수령자의 특정성

청약은 장차 계약의 당사자가 될 특정인에 대하여 행해져야 한다. 따라서 불특정 다수인에게 상품목록을 배부하는 등의 행위는 일반적으로 청약이 아니다.

❷ 내용의 확정가능성

청약에 대하여 승낙이 있게 되면 곧 계약은 성립하게 되므로, 청약은 계약의 내용을 결정할 수 있을 정도의 사항을 포함하는 것이 필요하다.

❸ 청약자의 구속의사

청약은 그에 응하는 승낙만 있으면, 곧 계약이 성립하는 확정적 의사표시여야 한다. 즉 계약의 성립은 승낙의 유무에 의해 좌우되어야 하는 것이다.

2 청약의 유인

타인을 꾀어내서 자기에게 청약을 하게 하려는 행위는 청약의 유인이라 한다. 즉 청약의 유인에 의하여 꾀임을 받은 자가 의사표시를 하더라도 계약은 성립하지 않으며, 다시 유인한 자가 승낙의 의사표시를 함으로써 비로소 계약은 성립한다.

일반적으로 물품판매광고 · 상품목록의 배부 · 정찰부 상품의 진열 등은 청약의 유인에 해당된다.

TIP

Proforma invoice, offer sheet, purchase order 등에는 품질 · 수량 · 가격 · 선적 · 결제조건 등을 기재함으로써 어떠한 내용으로 계약을 체결하고자 하는가를 명백히 하고 있고 혹 일부조건이 결여되어 있다 하더라도 통상 유효기간(validity)이 기재되거나 이에 더하여 firm과 같은 단어를 사용함으로써 구속의 의사를 표하고 있다.

따라서 현실적으로는 이러한 표제의 서류를 청약으로 취급해도 될 것이며, 실제로 실무진들은 위 서류에 승낙의 서명을 함으로써 계약을 체결하고 있다.

2 | 청약의 종류

1 확정청약(firm offer)과 불확정청약(free offer)

청약의 유효기간(validity)이 청약에 명시되어 있느냐의 여부에 따라 확정청약과 불확정청약(혹은 자유청약)으로 구분한다.

확정청약은 청약에 청약의 유효기간이 명시되어 있는 청약으로서 피청약자가 청약의 유효기간 내에 승낙을 하지 않으면 그 청약은 효력을 잃는다.

HONG KIL DONG CO., LTD
45, Namdaemun-Ro 4Ga, Jung-gu Seoul, 100-743 korea
Tel: (82-2)316-3302/Fax: (82-2)316-3500

PROFORMA INVOICE

Dear Sirs,
We are pleased to offer you firm covering the undermentioned goods in accordance with the terms and conditions set forth hereunder.

MESSRS. BESTEKS DIS TICARET LTD.STI EBEKIZI SOK. ECE HAN NO.31 KAT 5 80220 OSMANBEY ISTANBUL/TURKEY	Date 20. MAY. 2002	Proforma Invoice No. SI-010303-1
	Order No.	

Item	Description		Quantity	Unit Price	Amount
HK-1	Bell Chain & Connector -Brass, Raw -Brass, Chrome Plated	 100BA 101BA 102BA 234CA 423CA	 100M 100M 100M 100PCS 100PCS	CIF @$6.14 @$8.17 @$5.56 @$7.05 @$3.21	 US$614.00 US$817.00 US$556.00 US$705.00 US$321.00

Payment: By an irrevocable L/C, at sight to be established in out favor
Shipment: Within 60 days after receipt of your L/C
Shipping port: Busan, Korea
Destination: Istanbul, Turkey
Packing: Export Standard Carton Packing
Origin: The Republic of Korea, Legalized Certificate of Origin will be provided
Validity: Until our further notice
Inspection: Seller's Inspection to be final
Remarks: 1. subject to our final confirmation
2. Minimum Quantity: 20,000 Meters per one shipment

Buyer BESTEKS DIS TICARET LTD.	Seller HONG KIL DONG CO., LTD
Authorized Signatory	PRESIDEN HONG KIL DONG

그림 2-2 서식: Proforma Invoice(견적송장)

불확정청약은 청약에 청약의 유효기간이 명시되어 있지 않은 청약으로서 그 청약은 합리적인 시간이 지나면 그 효력을 잃는다.

TIP

일반적으로 청약에는 아래와 같은 문장으로 유효기간을 설정하거나, 가격조건 · 선적조건 · 결제조건 등 주요 조건 바로 밑에 유효기간(validity) 항목을 두고 있다.
"We offer you firm subject to reply received by January 10, 2006."
"We are pleased to offer you subject to your reply reaching us by the end of January."

2 조건부청약(條件附請約: conditional offer)

조건부청약이란 청약자의 청약내용에 어떤 조건이나 단서가 붙어 있는 청약이다. 이때 사용되는 조건이나 단서 중에는 피청약자의 승낙에 의한 계약성립을 막는 것도 있다. 따라서 경우에 따라서는 조건부 청약을 청약의 유인으로 생각, 거래를 진행하는 것이 안전할 것이다.

TIP

조건부청약에 사용되는 문장

"Offer subject to our final confirmation"
"Offer subject to prior sale"
"Offer subject to being unsold"
"Offer subject to market fluctuation"

❶ 확인조건부청약

피청약자의 승낙 이후에 청약자의 최종확인이 있어야 한다는 문장이 기재된 청약을 의미한다. 따라서 이 청약은 명백하게 청약의 유인이라 할 것이므로 피청약자는 자신의 승낙만으로 계약이 성립될 것이라 판단해선 안된다.

❷ 재고잔류/선착순판매조건부청약

청약을 승낙하는 시점에 재고가 있거나, 혹은 선착순으로 판매하겠다는 문장이 기재된 청약을 의미한다. 승낙자는 승낙시점에 청약자에게 재고가 남아 있는가를 확인할

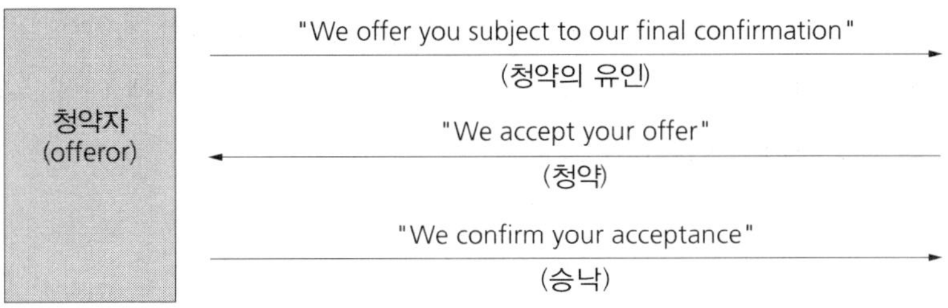

그림 2-3 확인조건부 청약에 의한 계약성립

수 있는 위치에 있지 않으므로, 이러한 문장이 있다면 청약이라 취급하지 않고 진행함이 바람직하다.

추가생산계획이 없는 물품이나 성수기가 지난 재고물품을 판매하고자 하는 경우에 활용될 수 있다.

❸ 시장가격변동부청약

청약에 기재된 가격이 시세변동(market fluctuation)에 따라 변경될 수 있다는 문장(price escalation clause)이 기재된 청약을 의미한다. 이 경우 피청약자의 승낙에 의해 계약은 성립된다. 단, 가격은 청약서에 기재된 가격이 아닌 변동된 가격으로 성립된다. 예를 들어 청약 시의 시장가격이 톤당 20$이므로 20$로 청약하였지만, 25$로 시장가격이 등귀하였다면 피청약자가 미화 20$를 승낙하여도 계약은 톤당 미화 25$로 하여 성립하는 것이다. 이러한 종류의 청약은 국제가격의 변동이 잦은 품목의 거래에 주로 이용되고 있고, 청약자에게는 시세변동의 위험을 줄일 수 있는 이점이 있다.

– escalation clause:

These prices are subject to change without our prior notice.

3 교차청약

동일한 내용으로 된 청약이 상호 교차된 경우를 의미한다. 예를 들어 A가 B로부터 매월 일정량의 원자재를 일정한 조건으로 구입하여 왔을 경우, A와 B가 과거의 경험에 따라 동일의 조건을 담은 (A의) 구매청약과 (B의) 판매청약이 우연히 동시적으로 교환하는 경우에 발생할 수 있다. 이는 청약만 있고 승낙은 없다는 점에서 계약이 없다는 영국의 판례가 있고 또한 미국도 이와 유사한 태도를 취하고 있다. 이에 대해 우리나라 민법에서는 계약의 성립을 인정하고 있다.

4 대응청약

피청약자가 청약의 내용 중 일부를 변경하여 승낙한 경우 즉, 조건변경된 승낙은 청약에 대한 거절이며 또 다른 청약으로 본다. 이때 피청약자(승낙자)가 받은 청약과의 구별을 위해 전자를 원청약(original offer), 후자를 대응청약(counter offer)이라 칭한다.

3 | 청약의 효력발생시기 = 도달주의

청약(과 승낙)도 하나의 의사표시이므로 의사표시의 효력발생시기에 관한 일반원칙이 적용될 수 있다. 따라서 청약은 그것이 피청약자에게 도달한 때 그 효력이 발생한다.

4 | 청약의 효력소멸사유

1 철회(withdrawal)와 취소(revocation)

❶ 비엔나협약(Vienna Convention, 1980):

- 유효기간이 없는 경우: 승낙의 발신 전 취소의 의사표시가 도달한 경우 취소 가능
- 유효기간이 있거나 기타 방법으로 취소불능임을 표시한 경우: 취소불가

❷ 영미법계국가: 유효기간 내에라도 언제나 취소 가능

❸ 우리 민법을 포함한 대륙법계 국가: 청약은 유효기간의 기재와 무관하게 철회 불가

- 청약은 상대방에게 도달하여 청약으로서의 효력이 발생되기 전에는 일방적으로 파기할 수 있음은 당연하다. 즉, 청약이 상대방에게 아직 도달하지 않았거나 혹은 청약과 동시에 파기하라는 통지가 있다면 청약으로서의 효력이 발생되지 않는다(청약을 우편으로 한 후, 전화로 파기를 요청하는 경우). 그러므로 이와 같

은 경우는 청약의 효력소멸사유라 할 수 없다. 그러나 비엔나협약에서는 위의 경우에 철회라는 단어를 사용하고 있다.

2 거절(rejection)과 승낙(acceptance)

청약에 대해 피청약자가 거절의 의사표시를 한다면, 청약은 효력을 상실하게 된다. 마찬가지로 피청약자가 승낙의 의사표시를 하는 경우에도, 청약으로서의 역할을 다 하였으므로, 효력을 상실하게 된다.

3 유효기간의 경과

청약은 청약에 표기된 유효기간이 경과하면, 효력을 상실한다.

유효기간이 없는 경우라면 상당한 기간이 경과하면 효력을 상실하게 된다. 이 때 상당한 기간이란 청약이 상대방에게 도달하는 데 필요한 기간 · 피청약자가 그 청약에 대한 승낙 혹은 거절을 결정하는 데 필요하다고 생각되는 기간 · 승낙의 통지가 청약자에게 도달하는 데 필요한 기간을 포함하는 것이다.

04 승낙

승낙이란 청약의 조건에 동의하여 계약을 성립시킬 목적으로 청약자에 대하여 행하는 의사표시이다.

1 | 승낙의 요건

① 경상의 원칙: 승낙은 청약의 내용과 일치하여야 한다. 즉 청약에 조건을 붙이거나 또는 청약의 내용을 변경해서 하는 승낙은, 청약을 거절하고 새로운 청약(counter offer)을 한 것으로 보게 된다. 또한 청약의 내용 중 일부만을 승낙하는 것도 거절에 해당된다. 따라서 청약에 대한 승낙이 되려면 승낙의 내용은 청약의 내용과 완

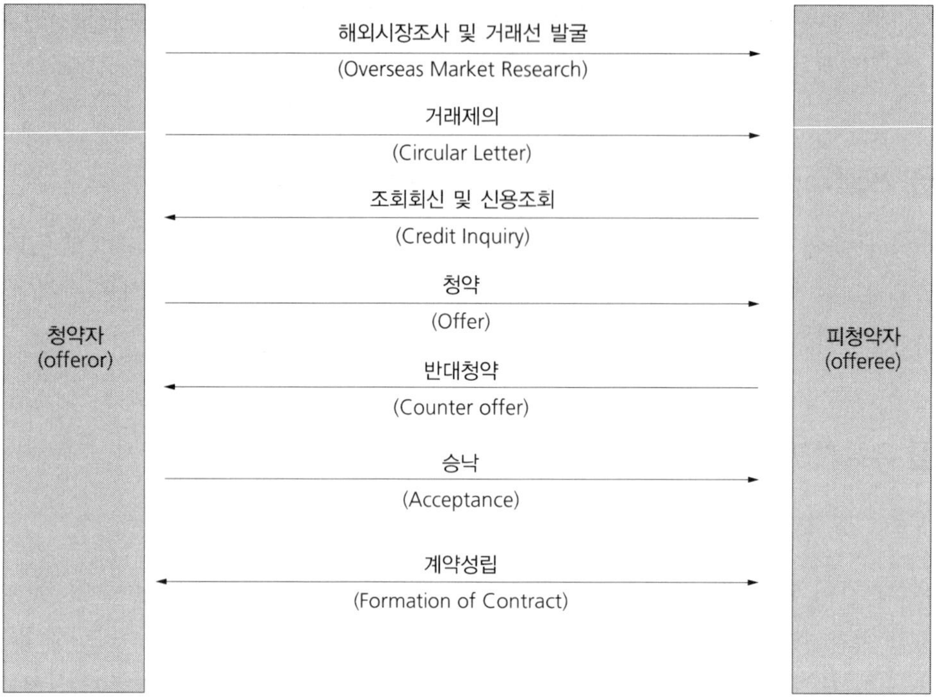

그림 2-4 ◦ 무역계약의 성립과정

전하게 일치하여야 하는 것이다. 이를 완전일치의 원칙 혹은 경상의 원칙(mirror image rule)이라 한다.

② 유효기간 내에: 승낙은 청약이 효력을 가지는 기간 내에 해야 한다. 즉 청약의 기간이 지난 후에 승낙이 도달하여도 계약은 성립하지 않는 것이 원칙이다.

③ 방식의 자유: 승낙의 방식 내지 방법은 원칙적으로 자유이고, 특별한 제한은 없다. 그러나 청약자에 의하여 승낙의 방법이 지정되어 있는 때에는 그 방법에 의하여야 한다. 그리고 승낙의 방법에 관하여 거래상 특별한 관습이 있는 때에는 청약자의 반대가 없는 한 그에 따라야 할 것이다.

④ 묵시적 승낙: 승낙은 문자 또는 말로써 명시적으로 행하여지는 것이 보통이나, 묵시적으로 하여도 좋다. 예를 들어 승낙이 있을 때에 성립하게 될 계약의 이행행위를 하는 것은 일반적으로 묵시의 승낙이 된다. 예를 들어 청약에 응하여 주문품을

송부한다든가 또는 청약과 동시에 보내온 물품의 대금을 지급하는 것 등은 묵시의 승낙이 된다.

– 침묵은 원칙적으로 승낙이 되지 않는다. 다만 당사자 사이에 사전의 양해가 있거나, 동종의 거래가 계속되고 있는 때, 또는 승낙하지 않을 때에만 통지하는 것이 거래상의 실정이라고 하는 것과 같은 특별한 사정이 있는 때에는 침묵도 승낙이 된다.

2 | 승낙의 효력발생시기 = 도달주의

승낙은 청약과 마찬가지로 도달주의를 원칙으로 한다. 다만 예외적으로 우편과 같은 동시적 통신수단이 아닌 통신수단을 사용한 경우에는 발신주의를 택하고 있는 국가도 있다(우리 민법, 영국법). 비엔나협약에서는 모두 도달주의를 택하고 있다.

05 무역계약의 법률적 성격

무역계약은 일반적으로 동산의 국제적인 매매를 의미한다고 본다. 이렇게 본다면, 무역계약은 매매계약과 그 법적 성격을 같이 한다고 할 수 있다. 한편 무역계약은 무역거래와 관련된 계약을 통칭한다고 볼 수도 있다. 즉, 매매계약, 운송계약, 보험계약, 환계약은 모두 무역거래를 진행하면서 체결되는 계약이므로 무역계약이라 할 수 있겠다. 그러므로 여기에서의 무역계약이란 국제물품매매계약만을 의미하는 것으로 한정지어서 다루고자 한다.

1 | 낙성계약(↔요물계약)

낙성계약(諾成契約: consensual contract)이란 당사자의 합의에 의해 성립되는 계약을 말한다. 즉, 계약이 유효하게 성립하기 위해 계약당사자들의 합의 혹은 동의 이외에 추가적인 어떤 행위를 요구하지 않는 계약을 말하는 것이다. 무역계약은 일방의 계약체결의 제안인 청약과 이에 대응하는 의사표시인 승낙만으로 성립되므로 낙성계약에 해당된다.

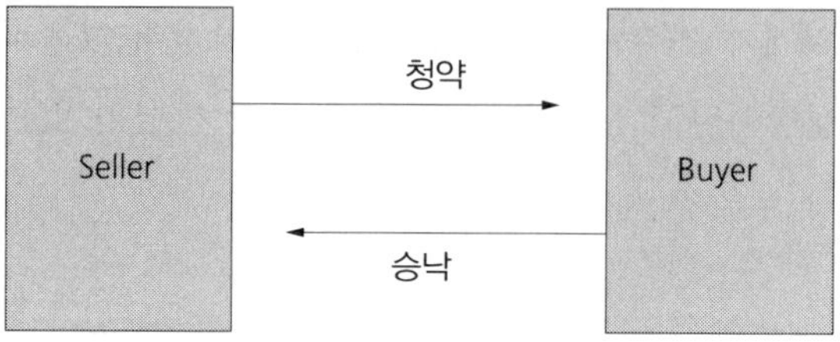

2 | 쌍무계약(↔편무계약) – 동시이행의 항변권

쌍무계약(雙務契約: bilateral contract)이란 계약의 성립으로 인해 계약당사자가 서로 대가적 관계에 있는 채무를 부담하는 계약을 말한다. 무역계약에서 수출업자는 물품인도의무를, 수입업자는 대금지급의무를 부담하게 되는데, 이 두 의무는 서로 대가적 관계 즉, 서로 연결되어 있다.

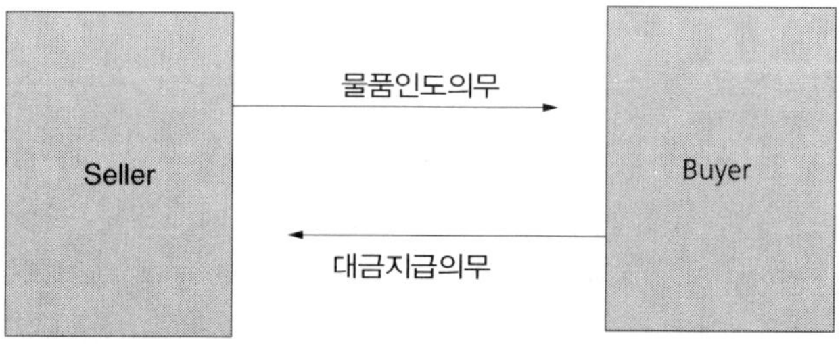

3 | 유상계약(↔무상계약)

유상계약(remunerative contract or compensatory contract)이란 대가적 관계에 있는 급부가 있는 계약을 말한다. 즉, 상호 간에 경제적 가치가 있는 어떤 것을 내어놓는 행위가 있어야 하며, 이것이 상호 대가적인 의미를 가지고 있는 경우이다. 무역거래에서 수출업자는 약정된 물품을, 수입업자는 대금을 각각 제공해야 한다.

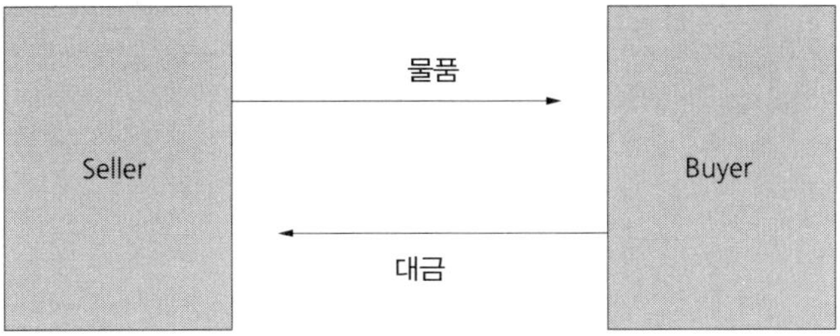

4 | 불요식계약(↔요식계약)

불요식계약(informal contract)이란 계약체결에 어떠한 방식도 요구하지 않는 계약을 말한다. 따라서 불요식계약은 구두, 서면, 혹은 일부 구두와 일부 서면으로 혹은 행위로도 체결될 수 있다.

TIP

일반적으로 대부분의 계약(무역계약을 포함하여)은 불요식계약이므로, 계약은 전화통화와 같은 구두로도 성립될 수 있고, 또한 일방의 거래제의에 대해 대금을 입금하거나 물품을 발송하는 행위 등으로도 성립될 수 있다. 다만 구두나 행위만으로 체결하고 서면을 사용하지 않은 경우에는 그 입증에 문제가 발생할 수 있으므로 서면을 활용하는 것이 안전하다.
즉, 계약의 체결을 위해 반드시 서면을 사용할 필요는 없으며, 입증의 문제가 있어 서면의 사용을 권고하는 것이다.

03 무역계약의 주요조건

국제물품매매계약의 기본조건으로는 품질조건, 수량조건, 가격조건, 선적조건, 결제조건을 들 수 있다. 이 조건들은 재래공산품의 매매시에 주로 협상되는 조건들이었다. 그러나 수출입품목이 경박단소형이면서 과거보다 고가의 물품으로 바뀜에 따라, 과거에는 별로 중요하지 않았던 포장조건, 보험조건 등도 중요한 협상항목이 되고 있다. 이에 따라 현재는 국제물품매매계약의 주된 조건으로는 위 7가지를 들 수 있다.

01 품질조건

Offer나 purchase order 등에는 거래대상물을 가능한 한 구체적으로 표기함이 바람직하다. 품질조건이란 거래대상물을 규격, 모양, 등급 등으로 표기하는 것을 말한다. 이하에서는 (1) 품질의 결정기준, (2) 품질의 결정시기, (3) 마켓클레임대비책으로 나누어 품질조건에 대해 살펴본다.

> **TIP**
>
> **등급표시방법**
>
> 1등, 2등, 3등 혹은 특등, 상등, 중등
> 수확계절: 초봄의 녹차, 여름 수박, 가을 미꾸라지

1 | 품질의 결정기준

품질의 결정기준으로는 아래의 4가지가 있으나, 대상물을 크게 나누어 공산품의 경우에는 견본매매, 상표매매, 규격매매 등을 활용하며, 농산물 등 1차산품의 경우에는 표준품매매를 이용한다.

1 견본매매(sales by sample)

거래대상물의 가격이 저렴하거나, 봉제완구나 조화(造花)와 같은 비규격품인 잡화류 등은 견본을 활용하여 품질을 결정한다.

① original sample: 당사자 일방이 제공한 견본

② counter-sample(혹은 buyer's sample): original sample의 수령자가 형태나 색상 혹은 규격이나 소재 등 original sample의 내용 중 일부나 전부를 수정하여 제시하는 견본

③ duplicate sample(혹은 keep sample, file sample, checked sample): 송부한 자가 보관하는, 송부한 것과 동일한 견본

2 상표매매(sales by trade mark/brand)

전 세계적으로 그 제품에 대한 명성이 알려져서 굳이 견본을 제공하지 않아도 되는 경우, 단순하게 상표로 거래대상물의 규격이나 품질을 약정할 수 있다.

TIP

camera: Leica(독), Canon(일), Nikon(일)
손목시계: Rolex(스위스)
필름: Kodak(미), Fuji(일)

3 설명서매매(sales by specification/description)

선박이나 대형기계류 등의 중후장대형 물품의 경우, 견본의 제공이 불가능하다. 이러

한 물품의 경우에는 명세서, 카타로그, 설명서, 설계도, 청사진 등에 의하여 당해 물품의 규격, 구조, 성능 등을 상대방에게 설명하고 인도물품이 이 설명과 일치할 것을 조건으로 하는 것이다.

> **TIP**
>
> 기계류, 선박, 의료기기, 화학공업제품, 의약품, 염료 등 견본을 제공할 수 없는 경우

4 표준규격매매(sales by Grade)

국가 또는 공인기관이 설정한 기준 등에 따라 사정하여 판정된 물품의 등급으로 품질수준을 약정하는 방법으로, KS(Korean Standards), JIS(Japan Industrial Standards), ISO(International Organization for Standardization), BSS(British Standard Specification) 등이 있다. 전기, 전자제품 등의 매매에 활용된다.

> **TIP**
>
> 철강: 미국 규격이 채용
> 시멘트: 영국 규격이 채용
> 양모: 오스트레일리아 규격이 채용
> 국제적 품질규격조건: ISO 9000

5 표준품매매(sales by standard/sales by type)

공산품과 달리 1차산품의 경우 견본이나 규격 등이 통일되어 있지 않아 위에 설명한 방법으로는 품질을 약정할 수 없다. 따라서 대체로 당해년도의 수확물 중 중간등급의 물품을 제공하는 등의 방법으로 품질을 약정하게 된다.

❶ FAQ(Fair Average Quality; 평균중등품질조건) term

곡물류(grain, cereal)나 과일류의 거래에 사용된다. 유류와 마찬가지로 곡물류도 선물거래가 이루어진다. 따라서 아직 수확되지 않은 물품을 거래하는 것이므로 견본 등

의 제공은 불가능하다. 이 경우 당해년도, 당해 지역에서 수확된 것 중 대체로 중간등급의 물품을 제공하기로 약정하게 되는데, 이때 활용되는 조건이 FAQ조건이다.

❷ GMQ(Good Merchantable Quality; 판매적격품질조건) term

원목을 포함한 목재류(timber, lumber)나 냉동어류 또는 광석류(ore) 등의 거래에 사용된다. 원목, 냉동어류 등은 선적 시 내용물의 결함이 겉으로 드러나지 않아 상품성에 이상이 있는 물품을 발송하는 경우도 있을 수 있다. 따라서 이러한 물품의 거래시 인도 당시에 판매할 수 있는 상태의 품질의 것을 제공하기로 약정하게 되는데, 이때 활용되는 조건이 GMQ조건이다.

❸ USQ(Usual Standard Quality) term

인삼, 원면(raw cotton), 생사(raw silk), 오징어 등의 거래에 사용된다. 위 생산물을 관장하는 공인기관의 판정에 의해 보통 수준의 품질의 것을 인도하기로 약정하는 조건이다.

2 | 품질의 결정시기

❶ 구별의 실익

무역거래는 일반적으로 장기간의 운송이 수반되므로, 운송중 품질이 변질될 가능성이 있다. 특히 공산품과 달리 1차산품은 쉽게 부패될 수 있으므로 선적 시의 품질과 양륙 시의 품질이 달라 분쟁이 발생할 가능성도 더 크다. 그러므로 분쟁 예방을 위해 선적품질조건인지 양륙품질조건인지를 합의할 필요가 있다. 이렇게 합의를 해놓으면 물품의 품질이 계약내용과 일치하는가를 증명할 당사자와 운송도중 변질에 대해 책임을 져야 하는 당사자가 결정되어 불필요한 분쟁을 예방할 수 있는 이점이 있다.

❷ 선적품질조건(shipped quality term)

수출국(혹은 선적지)에서의 검사를 최종적인 것으로 하는 조건이다. 일반적으로 공산품의 경우에 많이 활용되며, 선적지에서 공인검사기관의 품질확인을 받아 검사증명서를 제공하면, 운송 중 변질된 물품에 대한 책임으로부터 수출업자는 면책된다.

❸ 양륙품질조건(landed quality term)

목적지에서의 검사를 최종적인 것으로 하는 조건이다. 일반적으로 운송 도중에 품질이 쉽게 변질될 수 있는 곡물, 피혁, 어류 등의 1차산품의 경우에 많이 활용되며, 양륙지에서의 품질검사결과가 계약내용과 일치해야 수출업자가 면책된다.

❹ 곡물거래에 고유한 조건

① TQ(tale quale): "As it is," "Just as they come"의 의미를 지닌 선적품질조건이다.

② RT(rye-term): 양륙품질조건이다.

③ SD(sea damaged): 선적품질조건에 양륙품질조건이 약간 수용된 조건이다. 원칙적으로는 선적품질조건이지만, 예외적으로 수분에 의한 손상(바닷물, 민물, 빗물, 증기, 습기로 인한 손상)과 곰팡이나 세균에 의한 부패 등에 의한 손상은 수출업자가 책임을 지는 조건이다.

TIP

운송 중 변질가능성이 높은 물품을 거래하는 경우, 'seller's inspection to be final'과 같은 문장을 사용함으로써 목적항에서의 검사가 아닌 수출항에서의 검사를 통해 품질의 이상유무를 결정할 수 있도록 하는 것이 현명하다. 그렇지 않고 목적항에서의 검사를 최종적으로 하는 경우, 운송 중 변질이 발생한다면 수출업자가 책임을 부담하기 때문이다.

3 | 마켓클레임(market claim) 대비책

일반적으로 품질과 관련하여 수입업자가 마켓클레임을 제기하는 경우가 많다. 이와 같은 마켓클레임은 악의적이고 의도적이기는 하지만, 신용조사를 철저히 하는 등 조금만 신중하게 행동한다면 어느 정도의 예방은 가능하다.

① Keep(file) sample의 활용: 수출업자가 수입상에게 보낸 것과 동일한 품질의 견본을 보관하는 경우, 이를 duplicate sample 혹은 keep(file) sample이라 하는데, 분쟁 시 입증용으로 활용할 수 있다. 그렇지 않은 경우, 수입상이 계약물품과 견본과

의 품질불일치를 이유로 클레임을 제기하는 경우 입증할 자료가 없어 불리한 상황에 처할 수도 있다. 따라서 후일에 야기될지 모르는 분쟁에 대비하여 최소한 동일 견본을 2개 내지 3개를 만들고, 물품인도 후에도 상당한 기간 동안 보관할 필요가 있다.

② 계약서상 부드러운 표현 사용: 견본매매의 경우, 계약서상 'same as sample,' 'equal to sample,' 'up to sample,' 'fully equal to sample' 등의 표현을 사용하는 경우 분쟁이 발생할 가능성이 높다. 따라서 'about the same as the sample,' 'similar to the sample,' 등의 부드러운 표현을 사용하는 것이 마켓클레임을 예방할 수 있는 방법이 될 것이다. 특히 엄격한 제조공정을 거쳐 대량생산되는 완전 규격품보다는 농산물 등의 거래 시에 그 표현에 유의해야 한다.

02 수량조건

수량의 단위는 중량, 용적, 개수, 포장단위, 길이, 면적 등으로 구분되는데, 특히 살물(bulk cargo)의 수량약정방법에 대한 이해가 중요하다.

1 | 수량의 측정단위

① 중량: kg, ton, lbs 등이 있으며, 나라마다 수량의 표현이 다를 수 있으므로 중량에 의한 수량약정 시에는 아래와 같은 단위에 유의해야 한다.

- English ton-1,016 kg(2,240Lbs)-Long ton(L/T): 영국과 영연방국가 및 구영국 식민지국가에서 사용하는 단위
- Kilo ton-1,000 kg(2,204Lbs) - Metric ton(M/T): 유럽대륙국가의 관행
- American ton-907 kg(2,000Lbs)-Short ton(S/T): 미국의 관행

② 용적: liter, gallon, barrel, cubic meter, cubic foot 등이 사용되며, 목재나 액체 등의 거래에 사용된다.

– SF(Super Foot): 목재에서의 수량표시단위

– 1 M/T = 480 SF = 40 cubic feet

③ 개수: piece, dozen, gross

– dozen = 12 pieces

– gross = 12 dozen = 12 × 12(pcs)

– small gross = 10 grosses = 10 × 12(doz) = 12 × 12 × 10(pcs)

– great gross = 12 grosses = 12 × 12(doz) = 12 × 12 × 12(pcs)

2 | Bulk Cargo(산화물 또는 살화물)의 처리방법

bulk cargo란 곡물, 광물, 모래, 자갈 등과 같이 비포장상태로 거래되는 물품을 의미한다. 이러한 물품은 중량기준으로 거래되며, 화물의 속성상 감량이 필연적이므로 정확한 수량을 인도하는 것이 불가능하다. 따라서 약간의 과부족을 허용하는 조건을 활용해야 분쟁을 예방할 수 있다.

❶ M/L clause(more or less clause; 과부족용인조항)

"3% more or less at seller's option," "Seller has the option of delivering 3% more or less on contract quantity," "Quantity, unless otherwise arranged, shall be subject to a variation of 3% plus or minus at Seller's option" 등으로 표현하여 인도수량에 대하여 합의된 범위 내에서의 과부족을 허용하는 방법이다.

신용장베이스의 경우 과부족용인조항이 기재되어 있지 않아도 5%의 과부족이 허용된다.

그러나 계약서베이스의 경우 이러한 규정이 적용되지 않으므로 계약서에 과부족용인조항을 포함시키는 경우에만 기재된 한도까지의 과부족이 허용된다.

❷ approximate quantity term(개산수량조건)

구체적으로 과부족의 허용범위를 설정하지 않고, "약"으로 번역될 수 있는 표현 즉,

about, approximately를 사용하는 방법이다.

신용장베이스의 경우, 위와 같은 단어가 수량 앞에 기재된 경우 10%의 과부족이 허용된다.

그러나 계약서베이스의 경우, 이러한 규정이 적용되지 않으므로 10%의 과부족이 허용되는가 하는 해석상 다툼이 있을 수 있으므로 사용하지 않는 것이 바람직하다.

한편 신용장베이스의 경우 5% 혹은 10%의 과부족이 허용되는 경우는 모두 살물의 경우로 제한된다는 점을 유의해야 한다. 즉 포장단위로 거래되는 경우에는 사용될 수 없다.

TIP

과부족용인조항이나 개산수량조건은 화물의 속성상 감량이 필연적인 물품의 거래 시 수입업자가 과부족을 이유로 클레임을 제기하는 경우 그 불합리함을 해소하기 위한 것이다. 즉 합의된 수량에 일정한도 내의 과부족이 발생되어도 계약위반으로 보지 않겠다는 약속일 뿐, 과부족수량에 대한 금전상의 손해까지도 어느 일방이 부담하겠다는 것은 아니다.
과부족수량에 대해 선적시가, 도착시가, 계약단가 중 하나로 정산하게 되는데, 그 방법을 결정하지 않은 경우 계약단가에 의한다.

3 | 최소(대)수량의 약정–공산품과 1차산품

공산품의 경우 충분한 시간이 제공되면 얼마든지 많은 물량을 생산, 제공할 수 있다. 그러나 너무 적은 수량을 생산하게 되면 생산비에 비추어 너무 적은 이윤이 남게 된다. 따라서 최소수량을 정한 채 거래를 진행하게 된다.

이에 반해 1차산품의 경우에는 그 수확 및 확보량에 제한이 있을 수 있다. 따라서 최대수량을 정한 채 거래를 진행하게 된다.

03 가격조건

무역거래는 원격지당사자 간의 거래이므로, 국내거래에서는 발생하지 않는 아래와 같은 부대비용(운송비, 보험료, 행정비용, 관세 등)이 발생된다. 따라서 이 부대비용의 부담주체를 수출업자, 수입업자 중 누구로 할 것인가를 분명히 해야 한다.

한편 부대비용 중 수출업자가 부담해야 할 항목과 수입업자가 부담해야 할 항목을 구분할 수 있는 기준을 제공하고 있는 것이 인코텀즈이므로 인코텀즈에 대한 이해가 필요하다.

표 3-1 ● 물품 가격산출근거

물품의 제조(생산)원가 1 이윤(희망이익) 1 요소비용(부대비용)
요소비용(부대비용)
㉠ 포장비
㉡ 검사비
㉢ 수출국내에서의 내륙수송비
㉣ 부두비용: 선적항에서의 창고료(storage, go-down rent), 부두사용료(wharfage charge), 항구세 (port dues) 등
㉤ 행정비용: 수출국에서의 수출추천 및 수출승인 비용 등, 수입국내에서의 수입추천 및 수입승인 비용 등
㉥ 선적비용: 수출통관비용, 수출관세, 선적비, 적화비(loading charges), 적입비(stowing charged)
㉦ 운임
㉧ 보험료
㉨ 목적항에서의 양화비
㉩ 목적항에서의 부두비용
㉪ 수입관세
㉫ 수입통관비용
㉬ 수입국내에서의 내륙수송비와 보험료
㉭ 각종 수수료와 이자 또는 외환비용

1 | 인코텀즈 2010상의 거래조건

인코텀즈 2010에서는 물품의 인도장소를 기준으로 4개 group, 11개의 거래조건을 제시하고 있다. 자세한 설명은 뒤에 나올 5장에서 다루고 이하에서는 4개의 group으로 나누어 비용부담항목만을 살펴본다.

❶ E group: EXW

수출업자의 구내에서 물품을 인도할 때까지의 비용을 수출업자가 부담하게 된다.

❷ F group: FCA, FAS, FOB

수출업자가 수출국(발송지)내의 약정장소에서 물품을 인도하고 따라서 수입국(목적지)까지의 주운임을 수입업자가 부담하는 조건이다.

❸ C group: CFR, CIF, CPT, CIP

수출업자가 수입국(목적지)까지의 운송계약을 체결하고 주운임을 부담하며, 일부 조건에서는 보험계약을 체결하고 보험료를 부담하는 조건이다.

표 3-2 ● Incoterms 2010의 정형무역거래조건별 원가구성요소

원가구성요소 / 정형무역거래조건	기본원가	간접원가	예상이익	부대비용															
				수출지 발생									운송과정발생		수입지 발생				
	물품제조·구매원가	사업부문별 간접원가	이익	포장비	검사비	내륙수송비	최초운송인측 인도비용	수출통관제비용	수출제세 및 부과금	수출항부선사용료	서류제공비용	수출항본선적재비용	해상운임	적화보험료	수입항양륙비	수입관세	수입통관제비용	수입제세 및 부과금	수입지내륙운송비
1. EXW	○	○	○	○	○														
2. FCA	○	○	○	○	○	○	○	○	○	△	○								
3. FAS	○	○	○	○	○	○	○	○	○	△									
4. FOB	○	○	○	○	○	○	○	○	○	○	○	○							
5. CFR	○	○	○	○	○	○	○	○	○	○	○	○	○		◈				
6. CIF	○	○	○	○	○	○	○	○	○	○	○	○	○	○	◈				
7. CPT	○	○	○	○	○	○	○	○	○	○	○	○	○		○				△
8. CIP	○	○	○	○	○	○	○	○	○	○	○	○	○	○	○				△
9. DAT	○	○	○	○	○	○	○	○	○	○	○	○	○	○	○				
10. DAP	○	○	○	○	○	○	○	○	○										
	○	○	○	○	○	○	○	○	○	○	○	○	○	○					
	○	○	○	○	○	○	○	○	○	○	○	○	○	○	○				○
11. DDP	○	○	○	○	○	○	○	○	○	○	○	○	○	○	○	○	○	○	○

* ○ 표는 매도인 부담비용, 공란은 매수인 부담비용
△ 표는 필요에 따라 매도인 부담비용
◈ 표는 정기선 운송시 운임에 양륙비를 포함할 경우, 매도인 부담비용

* 박영사 출판, 강원진, 무역계약론에서 인용

❹ D group: DAT, DAP, DDP

수입국(목적지)의 약정지점에서 수입업자에게 물품을 인도할 때까지의 비용을 수출업자가 부담하는 조건이다.

2 | 기타 관용되는 가격조건

① At Station(철도역인도조건): 수출국 출발역에서 물품을 인도할 때까지의 비용만을 수출업자가 부담하는 조건이다.

② Loco(현장인도조건): EXW 조건에 해당한다.

③ In Lighter(부선인도조건): 수입국 목적항에 도착한 본선에서 양륙을 위하여 부선에 물품을 적재해서 인도할 때까지의 비용을 수출업자가 부담하는 조건이다.

④ Franco(반입인도조건): DDP에 해당한다. 수입국 내륙의 지정지점까지 물품을 반입하여 수입업자에게 인도할 때까지의 비용을 수출업자가 부담하는 조건이다.

04 선적조건

선적은 선박에의 적재로 한정되지 않고, 넓게 운송인에게 물품의 인도를 의미한다. 즉 해상운송에서 선적이라 할 때에는 선박에의 적재를 의미하나, 이 항목의 선적조건이라 할 때의 선적이란 선박에의 적재(loading on board), 발송(dispatch), 수탁(taking in charge) 등을 모두 포괄하는 의미로 사용된다.

1 | 선적기간의 해석

❶ 특정조건

– September shipment: shipment shall be made during September와 동일한 의미.

– September/October shipment: shipment shall be made from September to October와 동일한 의미.

– latest shipping date: september 15, 2006: shipment shall be made not later than September 15, 2006과 동일한 의미로 기재된 일자까지를 포함한다.

❷ 즉시선적조건

shipment shall be made as soon as possible과 같은 표현은 그 기간의 해석에 있어 객관적인 기준이 없으므로 주관적으로 해석되어 다툼이 발생할 가능성이 있다. 그러므로 그 사용을 피하여야 할 것이다. 유사한 표현으로 'promptly' 'immediately' 'without delay' 등 역시 사용을 피해야 한다.

UCP600에서는 신용장에 즉시선적을 규정하고 있는 경우 은행은 이를 무시할 수 있도록 규정하고 있다.

❸ UCP600상의 선적기간과 관련된 용어

– from, till(until), to: 당해 일자 포함

– after: 당해 일자 제외

– on or about: 지정일 전후 5일로 선적기간은 총 11일이 된다.

– 어느 달의 first half, second half: 1일~15일, 16일~말일

– 어느 달의 beginning, middle, end: 1일~10일, 11일~20일, 21일~말일

> **TIP**
>
> **신용장의 유효기간(expiry date)과 선적기간(shipping date)**
>
> – 신용장에 유효기간은 있으나, 선적기간이 미기재된 경우, 유효기간을 선적기간으로 본다.
>
> – 유효기간의 마지막 날이 국경일, 일요일, 은행의 휴무일인 경우 최초 영업개시일까지 연장되나, 선적기간이 함께 연장되는 것은 아니다.
>
> 따라서 수출업자는 기재된 유효기간까지만 활용하여 선적해야 한다.

2 | 분할선적과 할부선적

❶ 분할선적과 할부선적의 공통점과 차이점

– **공통점:** 양자는 계약물품을 분할하여 즉, 1회에 모두 발송하는 것이 아니고 수회에

걸쳐 나누어 보낸다는 점에서 유사하다.

– **차이점:** 할부선적에서는 수출입업자 양자의 약정을 통해 분할횟수, 수량, 선적기간이 결정되나, 분할선적에서는 수출업자가 임의로 그 분할횟수 등을 결정한다.

❷ 분할선적(partial shipment)

분할선적은 거액거래이거나, 수입업자의 판매계획이나 시황에 따라 여러 번에 걸쳐 공급받고자 할 때 또는 재고품에 여유가 있는 경우에 활용된다.

한편 신용장거래에서는 원칙적으로 분할선적이 허용된다. 즉 신용장상에 분할선적금지표시(partial shipment: prohibited/not allowed)가 없는 한 분할선적이 가능하다.

또한 운송서류에 상이한 선적일자, 상이한 선적항이 기재되어 있을지라도, 동일 운송수단/동일 항해/동일 목적지가 기재되어 있는 경우에는 분할선적으로 보지 않는다고 규정하고 있다. 따라서 은행은 분할선적조건의 위반을 이유로 서류를 거절할 수 없다.

Q & A

상이한 선박을 사용하였으나, 모든 선박이 동일한 일자에 목적항에 도착한 경우도 분할선적으로 볼 수 있는가?
– 그렇다.

❸ 할부선적(installment shipment)

수입업자가 자신의 판매계획이나 판매능력 혹은 시황을 고려하여 수차례에 걸친 물품공급을 요청할 수도 있다. 이렇게 할부선적을 약정한 경우, 수출업자는 약정 선적기간 내에 약정 선적물량을 선적해야 한다. 그렇지 않으면 상기를 놓치는 등 여러 이유로 인해 수입업자에게 피해가 발생되기 때문이다.

이러한 이유로 신용장거래에서는 어느 할부분에 대한 선적을 위반한 경우, 당해 선적분은 물론이고 그 이후의 모든 할부분에 대해서도 무효가 되는 것으로 규정하고 있다.

Q & A

특정 할부분의 분할선적은 가능한가?
– 불가능하다.

3 | 환적(transshipment)

환적이란 물품운송 중 다른 선박 혹은 다른 운송수단에 적재하는 것을 의미하며, 주로 복합운송에서 많이 발생된다. 환적은 화물에 대한 취급횟수를 증가시킴으로 인해 환적과정에서 파손의 위험도 있고 또 운송도 지연될 가능성이 있다. 따라서 환적금지를 약정하는 것이 일반적이다. 한편 구체적으로 환적을 금지하는 표기를 하지 않고, "direct steamer by customary route," "direct shipment by customary route" 등으로 기재된 경우 환적을 금지한 것으로 본다. 그러나 feeder선을 이용하는 것은 환적으로 보지 않는 것이 일반적이므로 환적금지를 약정한 경우에도 feeder선은 이용될 수 있다고 해석된다.

4 | 선적일의 증명

무역거래에서 선적은 일반적으로 발송을 의미하는 것으로 이해된다. 따라서 특별히 특정일까지의 도착을 원하는 경우라면 이러한 취지를 계약서에 표기하는 것이 바람직하다.

한편 선적이 발송을 의미하는 것이므로 특정일까지 발송했는가를 수입업자가 확인하는 것은 불가능하며, 예상했던 기간을 경과해서 도착되는 경우라면 발송이 늦은 탓으로 돌릴 수도 있다. 따라서 수출업자는 운송서류를 활용하여 약정된 기간 내에 발송했음을 증명하고 있다.

해상운송의 경우 화물이 선박에 적재된 날을 기준으로 하며, 기타 운송의 경우에는 (실제 운송수단에의 탑재 등이 아닌) 운송인에게 인도한 날을 기준으로 한다.

– 해상운송:

① 선적선화증권(shipped B/L): 발행일이 신용장 혹은 계약서상의 선적일보다 늦지 않으면 됨.

② 수취선화증권(received for shipment B/L): 본선적재부기(on board notation)에 기재된 일자가 신용장 혹은 계약서상의 선적일보다 늦지 않으면 됨

TIP

- 해상운송인의 사정 때문에 선적작업 며칠 후에 선적선화증권을 발급해주는 경우도 있다. 이 경우에는 선적선화증권 발행 시 본선적재부기를 활용하고 있는데, 이러한 경우에는 (발행일이 아닌) 본선적재부기에 기재된 일자를 선적일자로 보면 된다.
- 수입원자재를 사용하여 수출품을 제조하는 경우, 수출품의 납기를 확정하기 전에 수입원자재의 도착일정을 확인해야 한다.

05 결제조건

결제조건과 관련하여 고려사항으로는 결제시기와 결제방법의 안전성을 들 수 있다.

1 | 결제시기를 기준으로 한 결제방법

① 선지급(advance payment): CWO, Advance remittance base, Red clause L/C

- CWO(cash with order: 주문지급방식): 주문서와 함께 수표를 동봉하거나 현금을 보내는 방법
- Advance remittance base(단순송금방식): 송금수표, 우편환(M/T), 전신환(T/T)으로 미리 수입대금을 결제하는 방법
- Red clause L/C[1)](packing L/C: 선(전)대신용장): 수익자(수출업자)가 물품의 선적 전에 신용장에서 허용하고 있는 금액의 무담보어음(clean bill)을 발행하여 자금을 선취하는 방법

---

1) 신용장상에 일정금액까지의 자금을 물품선적전에 융자할 수 있도록 하는 문장을 붉은 색으로 기재함에 따라 Red clause L/C라 한다. 이 경우 개설은행은 수익자에게 미리 대출하는 형식을 취하므로 수익자는 선수금에 대한 약정이자를 지급해야 한다.

② 동시지급[2)](concurrent payment): At sight L/C, D/P, CAD, COD

– At sight L/C: 지급신용장이라 부르며, 선적서류(일람출급환어음이 첨부되는 경우도 있음)에 대하여 대금을 지급하는 방법

– D/P(document against payment: 지급인도조건): 추심방식의 한 종류로서 수입업자 앞 일람출급환어음이 포함된 선적서류에 대하여 대금을 지급하는 방법

– CAD(cash against document: 선적서류상환도조건): 선적서류와 교환으로 대금을 결제하는 방법

– COD(cash on delivery: 현물상환도조건): 현물 또는 D/O나 warehouse warrant와 교환으로 대금을 결제하는 방법

③ 후지급 혹은 연지급(deferred payment): Usance L/C, D/A, O.A, Escrow account base

– Usance L/C: 인수신용장과 연지급신용장을 사용하여 결제하는 경우를 의미한다.

인수신용장의 경우 일람후정기출급환어음이 포함된 선적서류를 제시하면, 은행은 환어음에 인수문언을 기재할 뿐 대금을 지급하지는 않는다. 이후 만기가 되기까지 대금지급은 미루어지나 선적서류는 이미 은행을 통해 수입업자에게 제공되므로 후지급 즉 외상거래에 해당된다.

연지급신용장의 경우, 선적서류를 제시하면 은행은 연지급확약서를 발행해주고 수출업자는 연지급확약서에 기재된 날까지 대금지급을 기다려야 한다.[주)]

– D/A(document against acceptance: 인수인도조건): 추심방식의 한 종류로서 수입업자앞 일람후정기출급환어음이 포함된 선적서류의 제시 시 인수 후 만기에 대금을 지급하는 방법

---

2) 무역거래에서는 통상적으로 선적서류를 활용하여 물품을 회수하게 된다. 이러한 이유로 선적서류를 물품과 동일하게 취급하고 있다. 그러므로 선적서류의 제공은 곧 물품의 제공과 같은 것이고, 따라서 선적서류와 교환으로 대금을 결제하는 것은 동시지급조건이라 할 수 있는 것이다.

주) 인수신용장과 연지급신용장하에 수출업자는 인수된 어음 또는 연지급확약서의 할인을 통해 자금을 신속히 회수할 수 있다.

- O.A(open account): 장부결제방식으로 매 거래 시마다 즉각적으로 결제하지 않고 장부상에 기록하였다가 상호 합의한 기간의 말일에 가서 그 차액만을 결제하는 방법
- Escrow account base(기탁계정방식): 기탁계정이란 약정된 목적을 위한 경우에 한해 인출이 가능한 계좌를 의미한다. 구상무역에서 활용되는 escrow L/C와 함께 이용된다. 수출대금이 기탁계정에 입금된 후 수입대금결제를 위해 활용되게 된다.

2 | 안전성을 기준으로 한 결제방법

위에서 언급한 결제방법을 정리하면 아래와 같다.

① 송금방식 – 단순송금방식(advance remittance): T/T
　　　　　 – 대금교환도방식: CAD, COD
② 추심방식 – D/A, D/P
③ 신용장방식

안전성만을 기준으로 평가한다면, 은행의 대금지급확약이 있는 신용장방식이 가장 높다. 다음으로 추심방식에서는 은행의 대금지급확약은 존재하지 않으나 수입업자의 대금지급/인수 전에는 은행이 선적서류를 제공하지 않으므로 어느 정도 안전하다 할 수 있다.

그러나 송금방식은 원칙적으로 은행이 개입되지 않는 조건이므로 신용장방식과 추심방식에 비해 상대적으로 위험도가 높다. 그러므로 충분한 신용조사를 수행하고 또 필요하다면 거래상대국에 자신의 대리인이 있는 경우에 사용하는 것이 바람직하다.

06 포장조건

일반적으로 수출업자는 물품의 종류나 특성에 따라 그에 알맞은 기본적인 포장을 해

야 할 의무를 부담한다. 따라서 수입업자가 특수한 포장을 원하는 경우라면 이에 대해 정확하게 약정할 필요가 있다. 이 경우 약정할 항목으로는 포장재의 종류, 포장단위, 포장방법, 포장화물에 어떤 표시를 할 것인가 등이다.

1 | 포장재 및 포장단위

❶ 개장(unitary packing)과 내장(interior packing)

Trade Mark나 Brand, 제조자, 제품의 성분, 용량 등이 표시되고, 적절하게 디자인된 제조자 고유의 포장재가 사용되므로 문제되지 않는다.

❷ 외장(outer packing)

- 물품의 성질, 운송수단 및 거리 등을 고려하여 골판지, 송판, 철강재, 방수재, 충격방지제 등 적합한 포장재가 사용되어야 하므로 어떠한 소재를 사용할 것인가를 계약시에 정해두어야 한다.
- 물품의 성질, 운송수단과 거리, 환적여부, 포장비와 운임, 기후조건, 당사국의 포장규정이나 상관습 등을 감안하여 포장재와 포장단위를 약정하되 과대포장(over packing)되지 않도록 유의해야 한다.

2 | 화인(shipping mark)

화물의 식별과 취급을 용이하게 하기 위해 포장의 외장에 특정한 기호나 문자 따위를 표시하는 것을 말한다.

이렇게 포장의 외부표면에 확실한 표시를 하지 않으면 화물이 지정항에서 하역되지 않는 사고가 발생할 가능성이 있고, 하역작업을 하는 인부들이 함부로 취급을 하여 물품에 손상이 발생할 수도 있으므로 확실하게 표시를 해야 한다.

① 주화인(main mark): 다른 화물과의 식별을 용이하게 하기 위해 특정한 기호(symbol)를 표시하고 그 안에 수입업자의 상호 등의 약자를 표시

② 부화인(counter mark): main mark만으로 다른 화물과의 구별이 어려울 때, main mark 아래에 생산자 또는 공급자의 약자를 표시

③ 상자번호(case number): 송장(invoice), 적하목록(manifest: MF) 기타 운송서류와 대조하여 식별, 확인하기 위해 표시하는 화물의 일련번호(running number)

④ 도착항표시(port mark): 화물이 다른 곳으로 잘못 운송되는 것을 막기 위한 필수적인 화인으로서 복수항로의 경우 New York via Seattle 등으로 표시

⑤ 중량표시(weight mark): 운임계산, 통관, 하역작업 등을 용이하게 할 수 있도록 순중량(net weight)과 총 중량(gross weight)을 표시

⑥ 원산지표시(origin mark): 생산국을 외장의 맨 아래에 표시

⑦ 주의표시(care mark, side mark, caution mark): 화물취급상 특히 주의할 점을 외장의 측면에 표시(예: this side up/fragile/keep dry/do not turnover/no hooks 등)

⑧ 기타의 표시: 수입자의 요청에 따라 주문번호(order no.), 지시표시(attention mark), 물품의 등급(grade) 또는 품질표시(quality mark)가 추가될 수 있다.

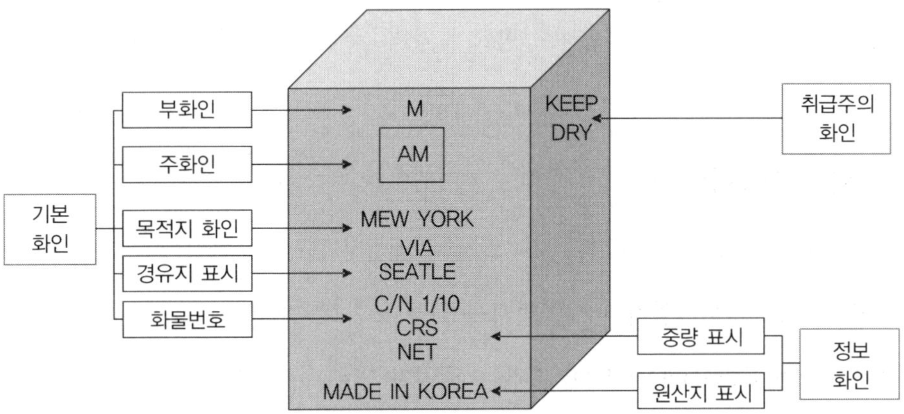

그림 3-1 ◦ 화인(Shipping Mark)

TIP

필수 화인

① 필수화인: 열거된 모든 화인을 표시해야 하는 것은 아니지만, 주 화인/도착항/상자번호/원산지 등은 필수적으로 표시해야 한다.

② 화인의 내용이나 형태는 통상 sales note나 purchase order 등에 표시된다.

07 보험조건

보험조건과 관련, 약정해야 할 사항으로는 보험계약자, 보험조건, 보험금액 등을 들 수 있다.

보험계약자는 일반적으로 인코텀즈 2000의 13가지 조건 중 어떤 조건을 선택했느냐에 의해 결정되는데, CIF조건과 CIP조건에서는 수출업자가 보험계약을 반드시 체결해야 하나 나머지 조건의 경우에는 보험계약을 체결할 의무부담자는 없다.

보험조건으로는 런던보험자협회가 만든 협회적하약관(Institute Cargo Clauses)을 사용하고 있는데, ICC(F.P.A.), ICC(W.A.), ICC(A/R), ICC(C), ICC(B), ICC(A)와 또한 부가위험을 담보하기 위해 만들어진 특약이 있다. 따라서 보험계약자는 위 여섯 개의 보험조건 중 하나를 선택하고 필요에 따라 특약을 첨부하여 보험계약을 체결하게 된다.

1 | 보험계약자

① EXW, FCA, FAS, FOB, CFR, CPT조건: 수입업자(의무가 아님)

② CIF, CIP조건: 수출업자가 수입업자를 위해 보험계약체결(의무)

③ DAF, DES, DEQ, DDU, DDP조건: 수출업자(의무가 아님)

2 | 보험조건

❶ 구증권상의 보험조건

– F.P.A(free from particular average: 단독해손부담보조건): 구증권의 보험조건중 담

보범위가 가장 좁은 조건으로 단독해손이란 특정인의 부보화물 일부에 발생된 손해를 말한다.

– W.A.(with average: 분손담보조건): 단독해손도 보상해주는 조건이므로 F.P.A조건보다는 담보범위가 넓다.

– A/R(all risks: 전위험담보): 구증권 보험조건 중에서 담보범위가 가장 넓다. 그러나 A/R조건에서도 전쟁이나 폭동 등의 위험은 담보해주지는 않으므로 필요하다면 특약을 첨부해야 한다.

* ICC(F.P.A.) < ICC(W.A.) < ICC(A/R)

❷ 신증권상의 보험조건

– ICC(C): F.P.A.조건과 유사

– ICC(B): W.A.조건과 유사

– ICC(A): A/R조건과 유사

* ICC(C) < ICC(B) < ICC(A)

❸ 부가약관

화물의 특성에 따라 필요한 경우 추가보험료를 납부하고 아래의 특약을 첨부할 수 있다. 한편 ICC(A)나 ICC(A/R)조건을 선택한 경우에는 아래에 열거된 특약을 첨부할 필요가 없다.

– TPND(theft, pilferage and non-delivery): 도난, 발하, 불착손

– RFWD(rain and/or fresh water damage): 비나 민물에 의한 손상

– Breakage: 파손

– Sweat and Heating Damage: 습기와 열에 의한 손상

– Leakage/Shortage: 누손 및 부족손

– JWOB(jettison and washing overboard): 투하 및 갑판유실

– Denting and/or Bending: 곡손

– Spontaneous Combustion: 자연발화

– Mould and Mildew: 곰팡이손

– ROD(rust, oxidation, discolouration): 녹, 산화, 변색

– Hook and Hole: 갈고리손

– Contamination: 오염손

TIP

CIF조건에서의 보험계약

- 보험계약자: 수출업자
- 보험조건: 최소담보조건[ICC(F.P.A)나 ICC(C)]
- 보험금액: 물품금액의 110%

04 무역계약서 작성 및 체크 포인트

01 무역계약의 내용 및 유형

1 | 무역계약의 내용

무역계약도 계약자유의 원칙이 지배하므로 내용결정의 자유가 있다. 즉, 계약당사자들이 계약의 내용을 스스로 결정할 수 있는 것이다.

그리나 계약당사사들이 계약에서 장래 발생할 수 있을 모든 내용을 스스로 결정하는 것은 불가능하다. 따라서 이러한 공백을 메우기 위해 거래관행이나 관습, 나아가 법률에 의존해야 하는 경우도 있다.

이처럼 계약의 내용은 당사자들이 약정한 사항과 거래관행 그리고 법률로 구성되는데, 당사자들이 약정한 사항을 명시조건(express terms), 거래관행을 묵시조건(implied terms), 법률을 준거법(governing law)라 한다.

1 명시조건(express terms)

무역계약서에 명기되는 조건으로, 일반적으로 품질 · 수량 · 가격 · 선적 · 결제 · 보험 · 포장조건 · 불가항력 · 중재 · 준거법 등을 들 수 있다.

한편 위 조건들이 모두 명시조건이기는 하나 품질 · 수량 · 가격 · 선적 · 결제 · 보험 · 포장조건 등은 청약과 승낙을 통해 매번 거래시 마다 확정해야 하는 변동되는 사항인 반면에, 불가항력 · 중재 · 준거법 등은 거의 변동이 없는 사항이므로 거래의 신속한 전개 및 편의를 위해 일반거래협정서(general terms and conditions of business)에 인쇄된 채 활용되게 된다.

2 묵시조건(implied terms)

일반거래협정서를 포함하여 계약서에 명기되지 않은 사항은 대부분 거래관습에 따른다. 구속력 있는 거래관습이 무엇인가에 대한 의문이 있을 수 있겠으나, 대표적인 무역거래관습으로 인코텀즈(INCOTERMS)를 들고 있다.

인코텀즈를 사용함으로써 물품의 인도장소 등을 구체적으로 합의하지 않은 경우의 공백이 메워진다.

3 준거법(governing law)

인코텀즈는 물품의 인도와 관련된 사항만을 다루고 있다. 따라서 계약위반에 따른 당사자의 권리구제나 계약의 유효성 등에 대해서는 당사자들이 약정하지 않은 경우 법률을 통해 그 공백을 메워야 한다.

한편 자국법을 선호하는 경향이 있으므로 무역계약의 협상이 결렬되는 경우도 예상할 수 있다. 이러한 문제를 해결하기 위해 무역거래에 활용될 수 있는 통일법으로 UNCITRAL에서 국제물품매매계약에 관한 UN 협약(United Nations Convention on Contract for International Sale of Goods: CISG: 이하 비엔나협약, 1980이라 한다)을 제정한 바 있다. 동 협약은 1988년에 발효되었는데, 우리나라는 지난 2004년에 가입하였다.

2 | 무역계약의 유형

1 개별계약(case by case contract)

개별계약이란 특정품목을 거래할 때마다 매번 구체적인 거래조건에 대해 합의하는 방식으로 체결되는 계약을 말한다. 따라서 약정 품목이 인도되고 대금결제로 모든 계약은 종료된다. 이 방법은 최초의 거래 시나 거래가 1회로 종결되는 경우 또는 중장기연불방식에 의한 수출입 등 거래내용이 복잡할 경우에 주로 사용되는 방법이다.

이 경우 계약서는 통상 표면과 이면의 양면으로 구성하는 것이 바람직하다. 계약서의 표면에는 거래대상의 품질 · 수량 · 가격 등 구체적인 협의 내용을 기재하고, 이면에는 무역거래일반조항(general terms and conditions of business)을 기재하여 사용한다. 이는 수출입거래시 일반적으로 적용되는 공통사항으로, 품질 · 수량 등에 대한 기준, 가격결정방법 및 선적조건, 보험조건 등의 해석기준, 클레임조항, 중재조항 및 준거법 등 무역의 일반적인 사항을 다루고 있다.

2 포괄계약(Master Contract)

동일한 품목을 빈번하게 거래하는 경우 매번 거래조건에 대해 합의를 하고 이를 문서화하는 것은 번거로운 일이다. 이러한 경우 일반거래조건에 대해 포괄적으로 합의한 약정서를 교환하고 필요할 때마다 선적을 해주는 방식의 포괄계약을 체결하면 편리하다. 따라서 포괄계약은 동일한 상대방과 거래가 지속적으로 이루어지는 경우, 일반거래조건에 관한 협정(Memorandum of Understanding/Agreement on General Terms and Conditions of Business)을 체결하여 향후 거래 시 적용될 수 있는 기본원칙을 규정한다. 그리고 구체적인 개별거래는 포괄계약서에 정한 방법에 따라 청약(주문)과 승낙으로 개별적으로 계약조건을 확정한다.

02 비밀유지계약(NDA)과 양해각서(MOU)

1 | 비밀유지계약(non-disclosure agreement: NDA)

1 비밀유지계약의 의의와 필요성

비밀유지계약(non-disclosure agreement/confidentiality agreement)은 구체적인 내용의 계약체결을 위한 협상에 앞서 체결되는 경우가 많다.

즉, 계약의 체결을 위하여 여러 사항에 대하여 협상을 진행하되 협상진행 시 교환된 여러 정보들을 제3자에게 알리지 않을 것을 상호의무로 하고 이를 위반한 경우 손해배상 등을 가할 수 있도록 하는 것을 주요 내용으로 하는 계약이다.

그러나 비밀유지계약이 국내계약에서는 많이 활용되지 않고 있고 외국기업의 경우(특히 미국기업의 경우는 거의 일반화되어 있음) 많이 활용되고 있다. 우리나라의 경우 의료기기를 수입하는 일부 업체도 비밀유지계약을 체결하고 있다.

2 비밀유지계약의 체크포인트

❶ 비밀정보를 명확히 규정

단지 '비밀정보'라고 해도 무엇이 해당되는지 확실하지 않아서 후일 분쟁이 발생할 수 있기 때문이다. 추상적으로 정의하기보다는 **구체적으로 눈에 보이는 형태로 예를 들어 설계도 · CD · 디스켓 등과 같이 눈에 보이는 형태를 정의**하는 것이 바람직하다.

❷ 비밀정보의 공개가능범위를 설정하고 종업원과 비밀유지계약을 맺도록 규정

비밀정보의 수취자가 비밀준수의무를 지는 것은 당연하다. 그러나 비밀정보를 접하는 사람이 계약당사자만 있는 것은 아니다. 예를 들어, 회사의 임원이나 종업원 또는 하청업체도 비밀정보를 접할 수 있다. 그러므로 다음과 같은 형태의 조문구성이 필요하다. 우선 수취자는 필요한 경우에 한해 일정 범위의 사람에 대해서만 정보공개를 공개하도록 하고, 이렇게 정보공개를 하는 경우 수취인은 종업원과의 사이에 '비밀준수계약'을 맺어야 한다고 규정하는 것이다.

❸ 일정한 경우에 한해 비밀정보의 누출에 대해서 면책을 규정

기술과 정보의 매매와 관련된 계약에서는 기술(정보)의 제공자가 수취자에게 제공하는 기술과 정보에 대해서 엄격한 비밀유지의무를 요구하는 것이 일반적이다. 이때 모든 정보누설에 대해서 책임을 지는 것이 아니고 **일정한 예외가 있음을 명시**해야 할 것이다. 예를 들어 수취자 자신의 귀책사유 없이 누설된 경우, 제공된 정보 중 이미 일반 대중들에게 공개된 정보인 경우 등에는 책임이 없다는 취지로 문장구성을 하는 것이 바람직하다.

2 | MOU(memorandum of understanding), LOI(letter of intent)

MOU(양해각서) 또는 LOI(의향서)라고 불리는 문서는 아직 완성된 형태의 계약은 체결되지 않은 상태에서 현재까지 잠정적으로나마 합의를 이룬 내용을 정리하고 향후 본 계약에 이르기까지 협력을 계속하자는 내용으로 구성되는 경우가 일반적이다. 이에 대해 과연 MOU가 계약서로서 법률적 구속력이 있는가 하는 점이 의문이다. 이에 대해 MOU는 협상기간 동안의 우선협상권 및 비밀유지의무 정도를 법적인 의무로 규정하고 나머지 사항들은 협조사항에 불과한 경우가 대부분이며, 양자의 공통의 비전에 대해서 추상적인 규정을 두는 경우가 많으므로 구속력이 없다는 것이 일반적인 시각이다.

그러나 그 제목과 관계없이 본문내용에 법률적 구속력을 갖게 하는 표현 또는 내용이 기재되어 있다면 비록 MOU 또는 LOI라는 표제를 사용하였다 하여도 법적 구속력이 발생되므로 반드시 본문을 검토한 후 서명하는 세심함이 요구된다.

03 무역계약의 일반조항(general agreement)

1 | 종료(termination)

계약의 종료원인으로는 기간만료 이외에 해제에 의한 경우도 있다. 그러나 어느 경우에 해제할 수 있는가를 명확히 약정해 놓아야 한다.

> Either party may terminate this Agreement if:
> (i) the other party breaches this Agreement, or
> (ii) the other party goes bankrupt.
> 각 당사자는 아래의 어느 경우에 본 계약을 종료할 수 있다.
> (i) 상대방이 본 계약에 위반한 경우, 또는
> (ii) 상대방이 파산한 경우.

일반적으로 계약을 해제할 수 있는 주된 이유는 '상대방의 계약위반', '상대방의 신용악화', '불가항력' 및 '일정기간을 둔 통지(최고)'가 있다. 이 중에서 가장 중요한 것이 계약위반에 의한 계약해제이다.

계약위반을 경미한 것과 중대한 것으로 나눌 수 있는데, 만일 구체적으로 약정하지 않고 "계약위반의 경우에 해제할 수 있다"라고만 규정한다면, 경미한 위반의 경우에도 계약을 바로 해제하고 다른 거래처와 거래를 진행하고자 하는 자가 있을 수 있기 때문이다. 따라서 자신이 처한 상황을 고려해서 위반을 할 가능성이 높은 자(일반적으로 수입업자보다는 수출업자가 계약을 위반할 가능성이 높다)는 중대한 위반의 경우에 한해서 해제할 수 있다고 규정하는 것이 안전할 것이다.

2 | 불가항력(Force Majeure)

> Neither party shall be liable for delay or failure to perform any of its obligations hereunder if such delay or failure is due to fire, earthquake, flood, strike, labor dispute, war, government order, riot, revolution, or any other cause beyond the reasonable control of the parties.
> 어느 당사자도 본 계약상 의무의 지체 또는 불이행이 화재, 지진, 홍수, 파업, 노동 쟁의, 전쟁, 정부의 명령, 내란, 혁명, 그 밖에 양 당사자의 합리적인 지배가 미치지 못하는 원인에 의한 경우는 그 지체 또는 불이행에 대해 책임을 지지 않는다.

① 일반적으로 계약으로 정해진 약속을 지키지 않으면, 상대방으로부터 계약을 해제당하거나 손해배상을 청구 당하게 된다. 그러나 자연재해나 불법파업 등의 이유로 계약을 이행하지 못한 경우에조차 손해를 배상해야 한다면 이는 억울한 일이다. 이러한 경우에 대비해서 사용되는 조항이 불가항력 조항이다.

② 불가항력조항에는 먼저 불가항력에 해당되는 사항을 구체적으로 기술하는 것이 좋다. 단순히 "act of God"만을 기재한다면, 홍수나 지진과 같은 자연재해는 포함되겠으나, 파업이나 원자재의 부족 등은 포함하지 않는 것으로 해석되므로 예상되는 사항을 구체적으로 기재하는 것이 바람직하다.

수출업자라면 원자재의 부족을 비롯하여 가능한 한 많은 사항을 기재함으로써 만일의 경우에 대비하는 것이 좋다.

③ 다음으로는 불가항력에 해당되는 사태가 발생된 경우 단순히 면책된다고만 규정하지 말고 이행기간이 일정기간 동안 연장됨을 규정하는 것이 좋다. 예를 들어 불가항력에 의해 선적기간 내에 선적을 이행하지 못한 경우 일정기간 동안 선적기간이 연장된다고 규정하는 방식이다.

그 외에 덧붙여 불가항력의 사유가 일정 기간 계속된 경우에는 계약을 해제할 수 있다고 규정하는 일도 있다.

3 | 손해배상액의 예정(liquidated damages)

In the event that the Seller delays shipment of the Goods in accordance with the shipment Schedule for reasons solely attributable to the Seller, the Buyer shall grant the Seller [seven days] grace, without liquidated damage on each specified delivery.
After that [seven days'] grace, the Buyer has the right to claim [one percent(1%)] of the contract price of the Goods of which shipment shall have been delayed, per each full week from [seven days] after the scheduled delivery date until actual shipping date thereof.
매도인의 귀책사유로 선적스케줄에 의한 선적이 지연되는 경우에는 매수인은 예정된 인도에 관한 예정손해금 없이 [7일간]의 유예기간을 허여해야 한다. [7일간]의 유예기간 후, 매수인은 예정된 인도기일로부터 [7일] 후부터 실제로 선적된 일자까지 매주마다 선적이 지연된 상품의 계약금액의 [1%]를 손해배상으로 청구할 권리를 가진다.

상대방이 계약을 위반한 경우, 손해배상을 청구하기 위해서는 계약위반사실과 손해액을 입증해야 한다. 그러나 손해액을 입증하는 것이 쉬운 일은 아니다. 이러한 이유로 계약위반의 경우에 지급 혹은 청구할 수 있는 손해배상액을 계약체결 시에 약정하는 경우가 일반적인데, 이러한 조항을 손해배상액의 예정(liquidated damages)조항이라 한다. 이러한 손해배상액의 예정조항과 관련하여 주의해야 할 사항으로는 다음과 같다.

첫째, 이 조항을 기재한 경우 손해액을 입증하지 않아도 된다.

둘째, 약정된 금액이 과도하다면, 신청에 의하여 법원은 합리적인 한도까지 감액할 수 있다.

한편 약정된 금액의 크기와 관련해서 주의해야 할 점으로는 손해배상액은 사전 예상되는 손해액을 의미하는 것이므로, 거래액을 과도하게 초과해서는 안 된다는 점이다. 영국과 미국에서는 손해배상액이 과다한 경우 해당 조항을 강제하지 않기 때문이다. 즉 계약서에 손해배상액의 예정조항이 있음에도 불구하고 마치 계약서에 이 조항이 없는 경우와 마찬가지로 손해액을 입증해야 하는 것이다.

셋째, 약정된 금액보다 더 많은 손해가 발생되었음을 입증하는 경우에도 약정된 금액까지만 청구할 수 있다. 따라서 추가적인 손해액까지도 보상받고자 한다면 이 조항에 별도의 문장을 추가하는 것이 바람직하다. 예를 들어 '이 조항에 의해 초과 발생된 손해액을 청구할 수 있는 권리가 방해받지 않는다.' 는 취지로 기재하는 것이다. 이와 관련하여 상대적으로 계약위반가능성이 높은 수출업자는 이러한 추가문장의 삽입을 피해야 한다.

4 | 클레임(claims)

> Any claims by Buyer of whatever nature arising under this agreement shall be made by fax within thirty(30) days after arrival of the goods at the destination specified in the bills of lading. Full particulars of such claim shall be made in writing and forwarded by registered mail to Seller within fifteen(15) days after fax-transmission.
>
> 본 계약하에서 제기되는 수입업자의 모든 클레임은 선화증권에 기재된 목적지에 물품도착 후 30일 이내에 팩스로 제기되어야 한다. 그러한 클레임의 구체적인 사항은 팩스전송 후 15일내에 서면으로 등기우편으로 발송되어야 한다.

수입국의 시황이 악화되거나 혹은 어떤 원인에 의해 수입업자가 약정된 물품의 수령을 거절하고자 의도한 경우 마켓클레임(market claim)을 제기할 수도 있다. 이러한 경우에 대비하여 클레임조항을 두어야 한다.

클레임조항에는 물품의 검사 후 하자를 통지할 기한과 정식클레임 제기기한, 클레임 증명서류 등이 기재된다. 이렇게 하자통지기한 등을 정해놓으면, 정해진 기간이 경과된 후 제기된 클레임을 수령할 의무가 없어지게 된다. 즉 수출업자는 기간의 경과로 해방되는 것이다. 따라서 수출업자는 이 기간을 짧게 설정하려고 노력해야 한다. 이에 반해 수입업자는 길게 설정하려고 노력해야 한다.

또한 클레임증명자료를 기재한다면 수입업자가 마켓클레임을 제기했을 경우 증명자료를 만들지 못할 것이므로 수출업자는 보호받을 수 있게 된다.

한편 클레임 해결방법(예: 중재)도 미리 약정해 놓으면 클레임 해결이 신속해 질 수 있다.

5 | 중재(arbitration)

> "All disputes, controversies, or differences which may arise between the parties, out of or in relation to or in connection with this contract, or for the breach thereof, shall be finally settled by arbitration in Seoul, Korea in accordance with the Arbitration Rules of the Korean Commercial Arbitration Board and under the laws of Korea. The award rendered by the arbitrator(s) shall be final and binding upon both parties concerned."
> 이 계약으로부터 또는 이 계약과 관련하여, 또는 이 계약의 불이행으로 말미암아 당사자 간에 발생하는 모든 분쟁, 논쟁, 또는 의견 차이는 대한민국 서울특별시에서 대한상사중재원의 중재 규칙 및 대한민국법에 따라 중재에 의하여 최종적으로 해결한다. 중재인(들)에 의하여 내려지는 판정은 최종적인 것으로 당사자 쌍방에 대하여 구속력을 가진다.

중재란 중재인이 당사자의 주장을 듣고 판단을 내린다는 법률상의 수속이다.

위 예문은 대한상사중재원이 제공하는 표준중재조항인데, 분쟁의 발생에 대비해서 위와 같은 중재조항을 기재해놓으면 향후에 중재에 의해 분쟁을 해결할 수 있게 된다.

중재조항에는 중재지, 중재기관, 준거법 등을 필수적으로 기재하게 되는데, 가능하다면, 중재인의 숫자 · 중재인 선정방법 · 사용될 언어 등도 추가하면 편리하다.

6 | 준거법(governing law)

> This Agreement shall be governed by and construed in accordance with Vienna Convention, 1980.
> 본 계약은 국제물품매매계약에 관한 UN협약에 따라 적용되고 해석된다.

국제거래에서 분쟁이 발생된 경우, 여러 국가가 관련을 맺게 되며 결과적으로 여러 국가의 국내법과도 관련을 맺게 된다. 따라서 계약에서 당사자들이 구체적으로 합의하지 않은 사항이 존재하거나 계약서의 내용을 해석해야 하는 경우에, 법원은 어떤 법을 사용할 것인가를 정할 필요가 있다. 이렇게 활용되는 법을 통상 준거법(governing law)이라 한다. 위와 같은 조항이 바로 그와 같은 내용을 담고 있다.

따라서 준거법을 계약에서 미리 정해 놓은 경우, 법원은 당사자들이 선택한 법률을 활용하여 문제를 해결할 것이므로, 어떤 분쟁의 결과에 대한 예측가능성을 높이기 위해 준거법을 합의해놓을 필요가 있다.

대부분의 당사자들은 자국법을 선호할 것이므로 한국법이 선택될 것이라 확신할 수 없다. 따라서 국제물품매매계약의 경우 준거법으로 한국법을 주장하다가 관철되지 않는다면, 상대방국가의 법률보다는 차라리 UN에서 제정한 국제물품매매계약에 관한 UN협약을 선택하는 편이 낫다.

한편 상대국의 법률이라고 해서 반드시 불리한 것은 아니고 어쩌면 한국의 법률보다도 유리할 수도 있다. 그러므로 경우에 따라서는 민감하고 실질적인 조항을 얻어내기 위해 준거법을 양보하는 전략도 생각해봐야 한다.

7 | 재판관할(Jurisdiction/Choice of Venue)

Each party hereby sublimes to the exclusive juridiction of, and waives any venue or other objection against, any federal court sitting in the State of XXX, U.S.A., or any XXX state court in any legal proceeding arising out of or relating to this agreement.
Each party agrees that all claims and matters may be heard and determined in any such court and each party waives any right to object to such filing on venue, forum non-conveniences or similar grounds.
(양당사자는 본 계약과 관련하여 또는 본계약으로부터 발생되는 모든 법적 절차에 있어 미국 XXX주에 있는 연방법원 도는 XXX주의 모든 법원의 전속적관할에 복종한다.
양당사자는 모든 주장은 그와같은 법원에서 심리 및 결정되며, 양당사자는 그와 같은 법원에 제소하는 데 대하여 이의제기할 수 있는 권리를 포기한다.

준거법조항에서는 분쟁이 발생하는 경우, 법원이 활용하게 될 법률을 지정하는 조항이고, 재판관할조항에서는 분쟁해결장소를 지정한다. 즉, 어느 나라의 법원에서 재판을 할 수 있는가를 규정하는 조항이 재판관할조항이다.

협상력이 약해서 준거법을 양보한 경우라면, 재판관할지를 자신에게 유리한 곳 즉 자사소재지를 선택하는 전략도 생각할 수 있다.

일반적으로, 당사자들은 재판관할지로 본사소재국 또는 대부분의 사업을 수행하고 있는 장소를 선택하고자 한다. 그 이유로는 자신을 변론하기 위해 선택된 법률가들이 당해 법원의 시스템 등에 친숙하다는 점, 소송을 위해 외국으로 출장을 나가지 않아도 된다는 점, 동법원이 같은 장소에 있는 자신들에게 유리한 판결을 내려줄 것이라는 일반적인(잘못된) 생각 등을 들 수 있다.

기업이 외국 정부와 거래하는 경우, 반드시 당해 국가의 법원에 제소해야 하는 것은 아니므로, 외국 정부와의 계약에서 활용하는 것도 좋겠다.

한편, 소송 또는 분쟁이 발생될 가능성이 무척 낮다면, 준거법이나 재판관할지에 관해서는 양보하고 이러한 양보의 대가로 다른 사항에서 유리한 결과를 끌어내는 전략도 필요하겠다.

또한 예문의 밑줄과 같이 기재된 경우, 전속관할이라 하는데, 이 경우 기재된 장소 외의 장소에서는 재판을 진행할 수가 없게 된다. 따라서, 만일에 대비하여 상대방국가를 재판관할지로 정해야 하는 경우라면 비전속관할로 정하는 것이 좋겠다.

재판관할과 관련하여 함께 생각해야 할 것은 법원의 확정판결의 집행부분이다.

자사가 자사소재국의 법원에서 확정판결을 받은 경우, 자사소재국에 상대방의 자회사나 재산 등이 없다면 강제집행을 통해 얻어낼 수 있는 것에는 한계가 있기 때문이다. 이 경우, 상대 기업의 소재국의 법원에 강제집행을 위한 판결을 구해야 하는데, 상대국가의 법원이 이를 인정해 줄 것인가 하는 점은 또 다른 문제이다. 따라서 소송을 제기해야 할 상황에 처할 것인지 아니면 반대의 입장에 처할 것인가도 역시 재판관할지를 정함에 있어 고려해야 할 사항이다.

8 | 권리불포기(Waiver)

> Failure of either party to insist on strict compliance with any of the terms, covenants, and conditions of this agreement shall **not be deemed a waiver** of such terms, covenants, and conditions, or of any similar right or power hereunder **at any subsequent time**.

본 조항의 취지는 간단하다. 한 번 포기 또는 묵인한 것이 어떤 권리를 영원히 포기하는 것은 아니라는 것이다. 즉 1회 용서했어도 나중에 발생된 계약위반에 대해서는 권리를 행사해서 책임을 물을 수 있다.

예를 들어 3개월 할부선적을 약속한 상황에서 첫 번째 달의 선적분에 대한 선적지연에 대해 아무런 클레임을 제기하지 않았다 하더라도, 두 번째 달의 선적분에 대한 선적지연에 대해서까지 클레임을 제기할 수 없는 것은 아니다. 즉, 두 번째 달의 선적분에 대한 선적지연에 대해서는 손해배상 등을 청구할 수 있는 권리가 있는 것이다.

만일 이 조항이 없는 상황에서 예에서와 같은 상황이 발생된다면, 일부 법원에서는 장래의 선적지연에 대한 클레임제기권을 모두 다 포기했다고 해석할 소지도 있으므로 위의 조항을 포함시킬 필요가 있다.

9 | 분리가능(Severability)

> If any provision of this agreement shall be declared by any court of competent jurisdiction to be illegal, void, unenforceable, **the other provisions shall not be affected but shall remain in full power and effect.**
> If the non-solicitation or non-competition provisions are found to be unreasonable or invalid, these restrictions shall be enforced to the maximum extent valid and enforceable.

본 조항이 규정하고 있는 사항은 계약의 내용 중 특정 조항이 어떤 이유로 인해 무효가 되는 경우 당해 문제된 조항만이 계약으로부터 빠지는 것일 뿐 그 이외의 나머지 조항들의 효력에는 영향이 없다는 것이다.

예를 들어 일방이 상대가 자국의 법률상의 요건에 대해 무지하다는 것을 이용하여 무효로 인정될 수 있는 조항을 포함시킨 후, 후일에 문제발생 시 그와 같은 무효로 될 수 있는 조항을 기초로 계약전체를 무효라고 주장하는 경우를 생각할 수 있다. 또한 계약기간이 장기간이어서 계약기간 중 법률의 내용이 바뀜으로 인해 특정 조항이 문제가 될 여지도 있다.

이와 같은 경우에 대비하여 위의 조항을 포함시키게 되면, 나머지 조항의 효력에는 영향이 없으므로, 상대는 계약위반을 한 일방에 대해서 손해배상을 청구하는 등의 권리행사가 가능해진다.

다음으로 두 번째 문장에서는 경쟁금지조항이 문제가 된다면, 법원은 법률이 허용하는 정도까지만 강제할 수 있도록 규정하고 있다. 즉, 법원으로 하여금 문제가 되는 조항을 법률과 일치되게 해석할 수 있도록 허용함으로써 문제된 조항의 완전 삭제를 피하고 있는 것이다.

10 | 완전합의(Integration Provision/Entire Agreement)

This agreement sets forth and constitutes the entire agreement and understanding of the party with respect to the subject matter hereof.
This agreement supersedes any and all prior agreements, negotiations, correspondence, understandings, promises, covenants, arrangements, communications, representations, and warranties, whether oral or written, of any party to this agreement.
이 계약은 당해 계약의 목적과 관련하여 당사자들간의 모든 합의에 해당한다.
이 계약은 당해 계약 당사자들 간의 구두 또는 서면으로 행해진 과거의 모든 합의보다 우선한다.

일반적으로 계약서를 작성, 최종적으로 서명하기까지 당사자들은 전화나 이메일, 팩스 등을 통해 많은 사항을 논의하게 된다.

그런데 이렇게 논의된 사항이 최종적으로 서명한 계약서에서 누락된 경우도 예상할 수 있다. 이와 같은 경우 일방은 계약서에는 기재되어 있지 않으나 합의한 사항이므로 실천을 요구하고 이에 대해 상대방은 계약서에 있지 않으므로 무효라고 주장하게 된다.

이러한 경우에 대비해서 사용되는 조항이 완전합의 조항이다. 당사자들은 위의 조항이 포함된 계약서에 기재되지 않은 사항 즉 과거에 교환된 문서 또는 구두로 합의된 사항을 주장할 수 없는 것이다. 만일 위의 조항이 없다면 서명된 계약서는 당사자 간에 합의한 내용은 무엇이었는가를 결정하기 위해 활용될 많은 증거자료 중 하나로 취급될 뿐이다.

과거의 협의사항이 기재된 문서나 계약서 또는 부속자료 등 첨부자료가 있는 경우라면 계약서에 당해 첨부자료 역시 계약의 내용에 포함된다는 점을 명확히 표기해야 한다.

05 인코텀즈 2010

01 인코텀즈의 의의와 적용범위

1 인코텀즈의 의의

무역거래에서 계약체결 시 모든 사항에 대해 구체적으로 논의하는 것은 상당히 번거로운 일이다. 이에 상인들은 FOB나 CIF 조건과 같은 정형거래조건을 사용하여 이러한 불편을 극복해왔다.

정형거래조건이란 물품이 인도되기까지 필요한 운송계약/보험계약체결자, 운임/보험료부담자, 수출입통관의무자 등의 각종 의무부담자와 비용부담자를 구분해주는 조건을 말한다. 그런데 국가나 지역별로 상관습과 법체계가 달라 정형거래조건에 대한 해석상의 오해와 분쟁이 야기되기도 하였다.

이에 ICC(International Chamber of Commerce: 국제상업회의소)가 그 불확실성을 해소하기 위하여 1920년대부터 추진한 무역거래조건의 해석에 관한 국제적인 표준규칙을 인코텀즈(INCOTERMS)라고 하며, 정식명칭은 "정형거래조건의 해석에 관한 국제규칙"(International Rules for the Interpretation of Trade Terms)이다. 이 규칙 내의 조건들을 가리켜서 인코텀즈라고 칭하기도 한다.

2 인코텀즈의 적용범위

- 인코텀즈는 약정된 장소에서 수출업자가 물품을 인도하는 것을 규정하고 있으므로 컴퓨터프로그램 등의 무형재를 인터넷을 통해 전송하는 거래에는 적용되지 않는다. 물론 컴퓨터프로그램을 CD 등에 수록하여 제공하는 경우는 적용할 수 있다.
- 인코텀즈는 물품의 매매계약에 따른 수출입업자 간의 관계만을 규정하고 있다. 따라서 매매계약과 관련되어 수출업자 혹은 수입업자가 체결해야 하는 운송계약, 보험계약 등에 대해서는 규정하지 않는다.
- 인코텀즈는 매매계약에 따른 소유권의 이전, 계약위반에 따른 권리구제 또는 의무면제의 사유 등은 다루지 않는다.
- 인코텀즈는 민간기구가 만든 규칙이므로 당사자간에 이를 적용한다고 합의한 경우에 적용된다.

예를 들어 계약서에 "Trade Terms: Unless otherwise stated, the trade terms under this contract shall be governed and interpreted by the Incoterms 2010"와 같은 준거문언을 기재하는 것이 바람직하다.

TIP

① FOB, CFR, CIF조건에서의 "On Board"의 의미

- FOB, CFR, CIF조건에서는 수출업자가 선박 내로 계약물품을 반입, 인도해야 하나 오늘날 컨테이너 운송이 보편화되어 계약물품을 선박에 반입하기 전에 운송인에게 인도하는 것이 관행이 되어 있다. 따라서 on board 인도방식은 현실성이 떨어지므로 FOB, CFR, CIF보다는 FCA, CPT, CIP를 채용하는 것이 실무상 바람직하다.

② 운송방식에 따른 거래조건

- 해상운송전용조건 : FAS, FOB, CFR, CIF
- 모든 운송방식에 적합한 조건 : EXW, FCA, CPT, CIP, DDP

3 인코텀즈 2010의 주요 내용

첫째. 인코텀즈 2010에서는 도착지인도조건 4개를 신설된 2개로 통합, 11개의 조건을 다음과 같이 운송방법을 기준으로 두 유형으로 분류하였다.

표 5-1 ◈ 인코텀즈 2010의 분류

모든 운송수단에 사용가능한 조건	Ew Works EXW (named place of delivery)
	Free Carrier FCA (named place of delivery)
	Carriage Paid to CPT (named place of destination)
	Carriage and Insurance Paid to CIP (named place of destination)
	Delivered At Terminal DAT (named terminal at port or place of destination)
	Delivered At Place DAP (named place of destination)
	Delivered Duty Paid DDP (named place of destination)
해상운송에 사용가능한 조건	Free Alongside Ship FAS (named port of shipment) Free on Board FOB (named port of shipment) Cost and Freight CFR (named port of destination) Cost Insurance and Freight CIF (named port of destination)

- 첫번째 유형은 운송수단에 관계없이 사용이 가능한 조건들이다. 해상운송이 포함되어 있는지 여부, 복합운송인가의 여부는 고려할 필요가 없다.

- 두번째 유형은 물품 인도지점 및 목적장소가 모두 항구인 경우에 사용이 가능한 조건들이다.

둘째. 인코텀즈 2010에서는 국내상거래에의 적용가능성을 명문으로 인정하고 있다.

인코텀즈는 전통적으로 국제매매에서 사용되었으나, 일부지역(예를 들어, EU)에서는 국경을 통과하는 데 필요한 절차(예를 들어 통관절차 등)가 의미없게 되었다.

그 결과, 인코텀즈 2010에서는 국제 및 국내매매에 적용될 수 있음을 공식적으로 인정하고 있다. 이에 따라, '수출입에 필요한 절차를 이행할 의무는 적용가능한 경우에 한해 존재' 한다는 점을 여러 곳에서 명확히 하고 있다.

셋째. 인도지점으로서 선측난간(ship's rail)을 삭제하였다.

FOB, CFR, CIF조건에서 인도지점으로 사용되던 선측난간의 폐지여부는 그 동안 인코텀즈 개정과정에서 항상 논쟁거리였는데, 금번 개정에서는 이를 삭제하고 대신 물품이 선박에 적재된 때(when they are 'on board' the vessel) 인도된 것으로 규정하였다.

넷째. 다음과 같이 2개의 조건으로 4개의 조건을 대체하였다.

사라진 조건 : DAF, DES, DEQ, DDU

신규 조건 : DAT, DAP

- DAT : 도착된 운송수단으로부터 양하하여 매수인의 처분하에 놓는 조건(구 규칙의 DEQ와 유사)
- DAP : 도착된 운송수단으로부터 양하하지 않은 채 매수인의 처분하에 놓는 조건(구 규칙의 DAF, DES, DDU와 유사)

TIP

- 인코텀즈 2010하에서는 DES, DEQ 불필요하게 됨
- DAT에서 합의된 터미널이 항구에 있을 수 있는데, 이 경우 DAT는 DEQ가 사용되었던 경우에 선택될 수 있음
- DAP에서 도착된 운송수단이 선박이고 합의된 목적장소가 항구일 수 있는데, 이 경우 DAP는 DES가 사용되었던 경우에 선택될 수 있음

02 11가지 조건의 개관

표 5-2 ● 인코텀즈 2010의 구조

Group E Departure	EXW Ex Works(공장인도)
Group F Main Carriage Unpaid	FCA Free Carrier(운송인인도) FAS Free Alongside Ship(선측인도) FOB Free On Board(본선인도)
Group C Main Carriage Paid	CFR Cost and Freight(운임포함인도) CIF Cost, Insurance and Freight(운임 · 보험료포함인도) CPT Carriage Paid To(운송비지급인도) CIP Carriage and Insurance Paid to(운송비 · 보험료지급인도)
Group D Arrival	DAT Delivered At Terminal(도착터미널인도조건) DAP Delivered At Place(도착장소인도조건) DDP Delivered Duty Paid(관세지급인도)

E group: 수출업자가 자신의 영업장에서 물품을 인도하는 조건

F group: 수출업자가 주 운송비를 지급하지 않고 적출지에서 물품을 인도하는 조건. 수입업자가 목적지까지의 운송계약 및 운임부담의무가 있으며, 수출업자가 지정된 운송인이나 운송수단에 물품을 인도할 때 물품에 대한 위험부담이 수입업자에게 이전된다

C group: 수출업자가 주 운송비를 지급하고 적출지에서 물품을 인도하는 조건. 수출업자가 자기비용으로 합의된 목적지까지의 운송계약을 체결하나 이는 결코 도착지 인도조건이 아니므로 위험부담의 이전은 F group과 마찬가지이다.

D group: 수출업자가 목적지까지 물품을 운송하는 데 따른 모든 위험과 비용을 부담하는 도착지인도조건

표 5-3 ● 각 조항의 제목

매도인의 의무(seller's obligations)	매수인의 의무(buyer's obligations)
A1. 매도인의 일반의무 (General obligations of the seller)	B1. 매수인의 일반의무 (General obligations of the buyer)
A2. 허가, 인가, 보안통관 기타 절차(Licences, authorizations, security clearances and other formailities)	B2. 허가, 인가, 보안통관 기타 절차(Licences, authorizations, security clearances and other formailities)
A3. 운송계약과 보험계약(Contracts of carriage and insurance)	B3. 운송계약과 보험계약(Contracts of carriage and insurance)
A4. 인도(Delivery)	B4. 인도의 수령(Taking delivery)
A5. 위험의 이전(Transfer of risks)	B5. 위험의 이전(Transfer of risks)
A6. 비용의 분담(Allocation of costs)	B6. 비용의 분담(Allocation of costs)
A7. 매수인에 대한 통지(Notices to the buyer)	B7. 매도인에 대한 통지(Notices to the seller)

(계속)

표 5-3 ● 각 조항의 제목(계속)

매도인의 의무(seller's obligations)	매수인의 의무(buyer's obligations)
A8. 인도서류(Delivery document)	B8. 인도의 증빙(Proof of delivery)
A9. 점검 - 포장 - 하인(Checking-packaging-marking)	B9. 물품검사(Inspection of goods)
A10. 정보에 관한 협조 및 관련비용(Assistencewith information and related costs)	B10. 정보에 관한 협조 및 관련비용(Assistence with information and related costs)

1 EXW(Ex Works: 공장인도)

수출통관되지 않은 물품을 수출업자의 영업장 구내에서 수입업자에게 인도하는 조건으로 구체적으로는 자신의 영업장 구내에 있거나 또는 지정된 장소에 있는 작업장, 공장, 창고 등에서 인도한다.

수출업자는 물품의 수출통관이나 수입업자의 수거용 차량에 적재할 책임이 없다. 영국에서는 일명 "loco"(현지인도) 또는 "On spot"(현장인도)라고도 불리며, 미국에서는 "Ex... point of origin"(지정원산지인도), "FOB factory"(공장본선인도) 등으로 불린다.

수출업자는 물품의 제조원가와 이윤, 수출포장비, 품질 및 수량점검비용, 기타 자신의 영업장 구내에서 인도할 때까지의 부대비용을 가산한 요소비용을 부담하며, 그 후 물품을 수거용 차량에 적재하고 수입국까지 운반하는 데 소요되는 비용과 위험은 수입업자가 부담한다.

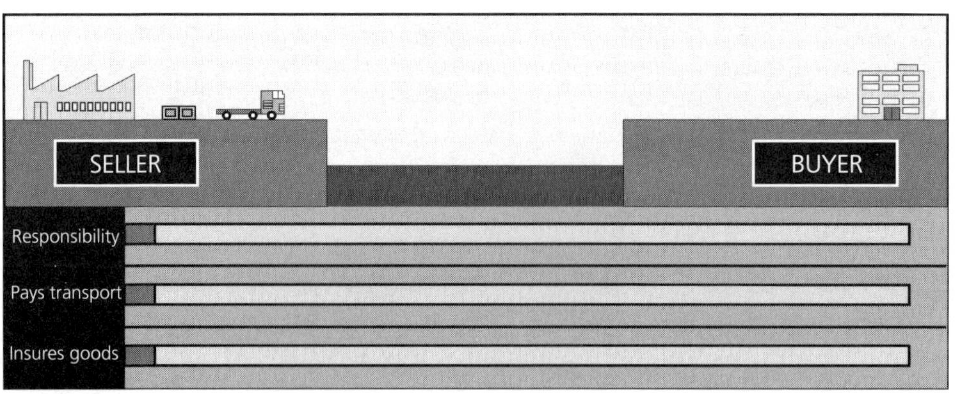

그림 5-1 ● EXW

2 FCA(Free Carrier: 운송인인도)

수출통관된 물품을 약정된 장소에서 수입업자가 지정한 운송인에게 인도하는 조건이다. FCA조건에서는 아래와 같이 인도장소에 따라 인도방법을 달리한다.

–인도장소에 따른 인도방법

① 수출업자의 영업장 구내인 경우–적재인도: 수출업자는 수입업자가 지정한 운송인의 수거용 차량에 물품을 적재할 때까지의 위험과 비용을 부담

② 기타 장소인 경우–반입인도: 수출업자가 약정된 장소로 물품을 이동, 운송수단에서 물품을 양하하지 않은 채 임의처분하에 적치할 때까지의 위험과 비용을 부담

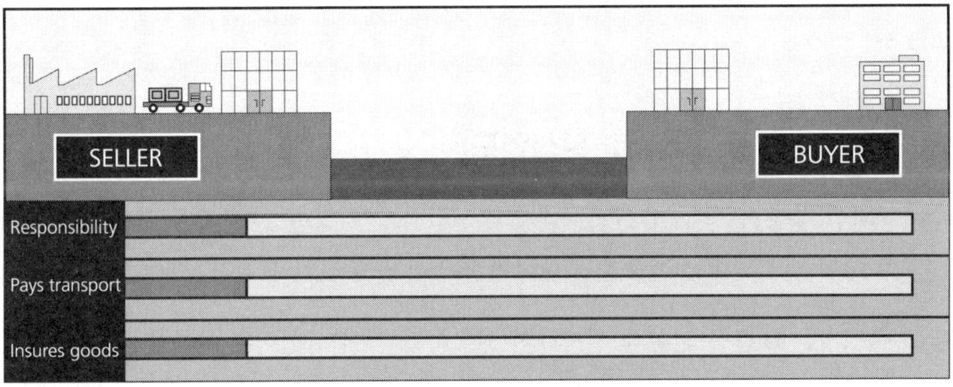

그림 5–2 ◦ FCA

3 FAS(Free Alongside Ship: 선측인도)

수출통관된 물품을 약정된 선적항에서 수입업자가 지정한 본선의 선측(부두 혹은 부선내)에 인도하는 조건

① 본선의 선측: 본선이 상용하는 양화기나 기타 선적용구가 도달할 수 있는 장소를 의미한다. 따라서 물품이 부두에 적치되었다 하더라도 본선의 선적용구가 도달하지 못하는 곳에 있거나 또는 본선의 도착 전에 인도된 때에는 수출업자는 그 책임을 다하였다고 볼 수 없으며, 또 본선이 외항에 정박하고 있을 때에는 수출업자는 본선이 있는 곳까지의 부선료(lighterage)를 부담해야한다.

② FAS조건은 일반화물의 수출입보다는 본선에 적재하는 데 비용이 많이 소요되는 원목, 원면, 곡물 등의 Bulk Cargo의 거래에 주로 사용한다.

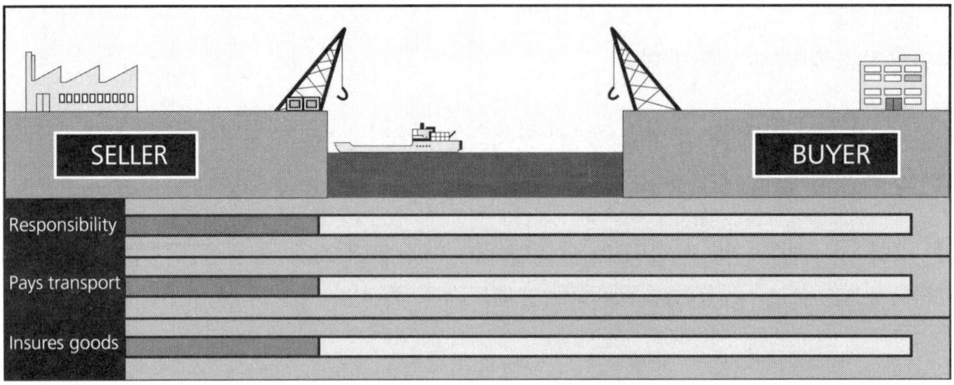

그림 5-3 FAS

4 FOB(Free on Board: 본선인도)

수출통관된 물품을 약정된 선적항에서 수입업자가 지정한 본선내에 적재하여 인도하거나 이미 선적되어진 물품을 구매하여 제공하는 조건이다.

① 수출업자는 물품을 본선에 선적하여 인도하거나 이미 선적된 물품을 구매하여 건네줘야 한다.

인코텀즈 2010에서 이미 선적된 물품을 구매하여 건네주도록 규정한 것은 1차산품의 거래형태를 고려한 것이다. 예를 들어, 광물 등 1차산품은 운송 중(즉, 선적 이후)에도 수차례 거래가 성립, 진행되고 있으므로 수출업자는 이미 선적된 물품을 구매하여 수입업자에게 건네주어도 된다.

② FOB조건은 일반적으로 컨테이너터미널이나 부두에서(즉, 본선에 적재되기 이전에) 운송인에게 건네지는 컨테이너화물의 경우에는 사용하지 않는 것이 바람직하다.

그러한 경우에는 FCA조건을 사용하는 것이 적절하다.

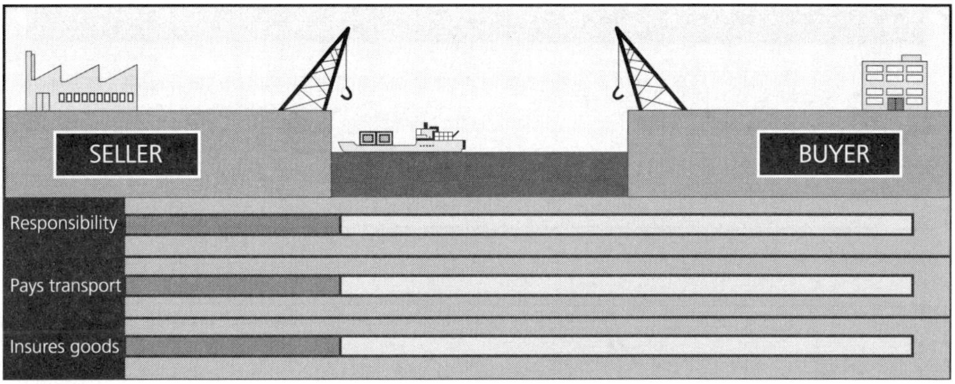

그림 5-4 • FOB

5 CFR(Cost and Freight: 운임포함인도)

수출통관된 물품을 수출업자가 선정한 선적항에서 수출업자가 수배한 본선에 적재하여 인도하거나 이미 선적된 물품을 구매하여 제공하는 조건이다.

① 수출업자는 물품을 본선에 선적하여 인도하거나 이미 선적된 물품을 구매하여 건네줘야 한다.

인코텀즈 2010에서 이미 선적된 물품을 구매하여 건네주도록 규정한 것은 1차산품의 거래형태를 고려한 것이다. 예를 들어, 광물 등 1차산품은 운송 중(즉, 선적 이후)에도 수차례 거래가 성립, 진행되고 있으므로 수출업자는 이미 선적된 물품을 구매하여 수입업자에게 건네주어도 된다.

② CFR조건은 위험의 분기점이 본선내에 적재될 때라는 점에서 FOB조건과 동일하다. 그러나, 수출업자가 약정된 목적항까지의 해상운송계약을 체결하고 운임을 지급해야 한다는 점, 또한 선적항을 약정하지 않고 도착항만을 약정한다는 점에서 FOB조건과 다르다.

③ CFR조건은 일반적으로 컨테이너터미널이나 부두에서(즉, 본선에 적재되기 이전에) 운송인에게 건네지는 컨테이너화물의 경우에는 사용하지 않는 것이 바람직하다.

그러한 경우에는 CPT조건을 사용하는 것이 적절하다.

TIP

- CFR, CIF조건에서 수출업자는 통상적인 조건으로 운송계약을 체결하고 운임을 지급해야 하므로, 목적항에서의 양륙비(unloading costs) 부담자는 운송계약, 항구의 관습 등에 따라 달라진다. 통상 정기선사는 운임속에 양륙비를 포함하여 운임을 부과하나, 부정기선사의 경우에는 그렇지 않은 경우도 있다(예: FO(free out)조건).

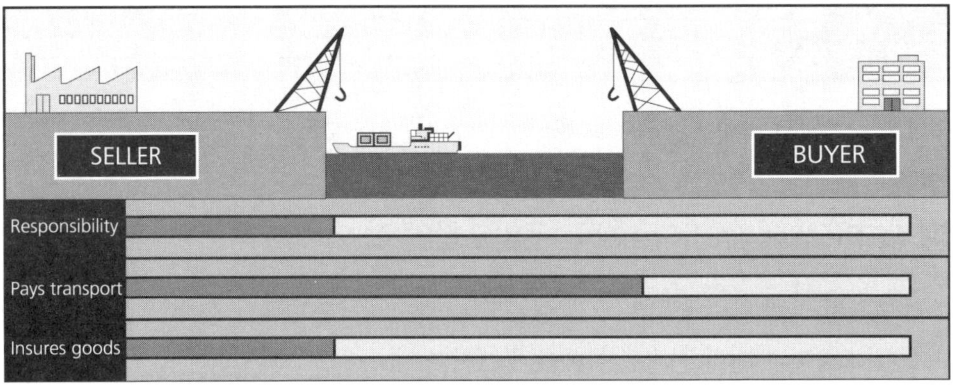

그림 5-5 ● CFR

6 CIF(Cost, Insurance and Freight: 운임보험료포함인도)

수출통관된 물품을 수출업자가 선정한 선적항에서 수출업자가 수배한 본선에 적재하여 인도하거나 이미 선적된 물품을 구매하여 제공하는 조건이다.

① 수출업자는 물품을 본선에 선적하여 인도하거나 이미 선적된 물품을 구매하여 건네줘야 한다.

인코텀즈 2010에서 이미 선적된 물품을 구매하여 건네주도록 규정한 것은 1차산품의 거래형태를 고려한 것이다. 예를 들어, 광물 등 1차산품은 운송 중(즉, 선적 이후)에도 수차례 거래가 성립, 진행되고 있으므로 수출업자는 이미 선적된 물품을 구매하여 수입업자에게 건네주어도 된다.

② CIF조건은 위험의 분기점이 본선내에 적재될 때라는 점에서 FOB, CFR조건과 동일하다. 그러나, 수출업자가 약정된 목적항까지의 해상운송계약을 체결하고 운임을 지급해야 한다는 점에서는, 또한 선적항을 약정하지 않고 도착항만을 약정한다

는 점에서 FOB조건과 다르다. 또한 운송계약에 추가하여 해상보험계약을 체결하고 보험료를 부담해야 한다는 점에서는 CFR조건과 다르다.

③ CIF조건은 일반적으로 컨테이너터미널이나 부두에서(즉, 본선에 적재되기 이전에) 운송인에게 건네지는 컨테이너화물의 경우에는 사용하지 않는 것이 바람직하다.

그러한 경우에는 CIP조건을 사용하는 것이 적절하다.

④ 별도의 합의가 없는 경우의 보험계약내용 :

- 보험조건 : ICC(F.P.A.)조건 혹은 ICC(C)조건

- 보험금액 : 송장금액의 110%

- 부보통화 : 송장상의 통화

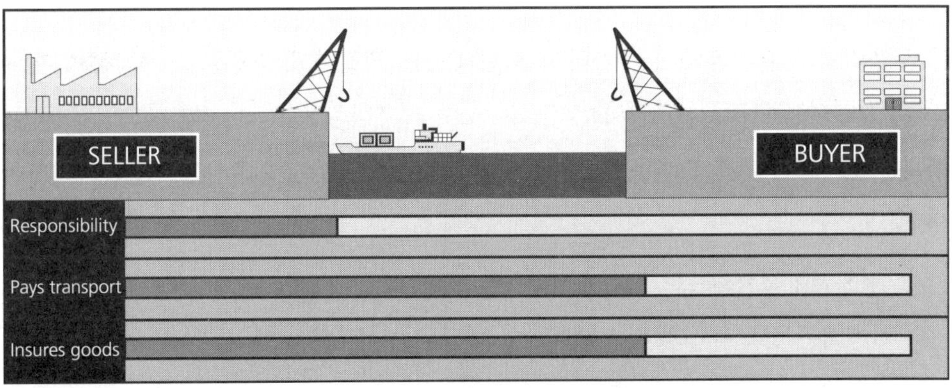

그림 5-6 ◦ CIF

7 CPT(Carriage Paid To: 운송비지급인도)

수출통관된 물품을 수출업자가 임의로 선정한 장소에서 수출업자가 지정한 운송인에게 인도하는 조건이다.

수출업자가 약정된 장소까지의 운송계약을 체결하고 운임을 지급한다는 점에서 CFR 조건과 동일하다.

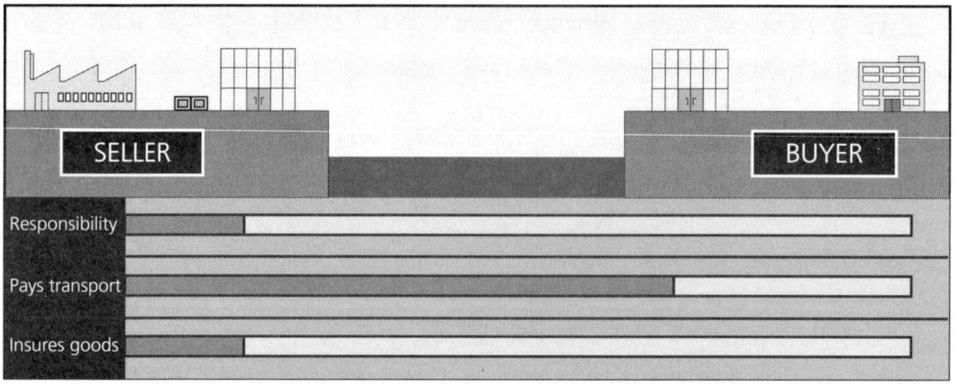

그림 5-7 ◦ CPT

8 CIP(Carriage and Insurance Paid to: 운송비보험료지급인도)

수출통관된 물품을 수출업자가 임의로 선정한 장소에서 수출업자가 지정한 운송인에게 인도하는 조건이다.

① 수출업자가 운송계약에 추가하여 보험계약을 체결하고 보험료를 지급해야 한다는 점에서 CPT조건과 다르다.

② 해상운송전용조건인 CFR, CIF조건과 달리, CPT, CIP조건은 운송방법에 제한이 없다.

- CFR, CIF조건에서는 반드시 통상적인 운송서류를 제공해야 하나, CPT, CIP조건에서는 반드시 그렇지는 않다. 즉, 해당되는 운송방식에서 관습적인 경우에 한하여 통상적인 운송서류를 제공하면 된다.

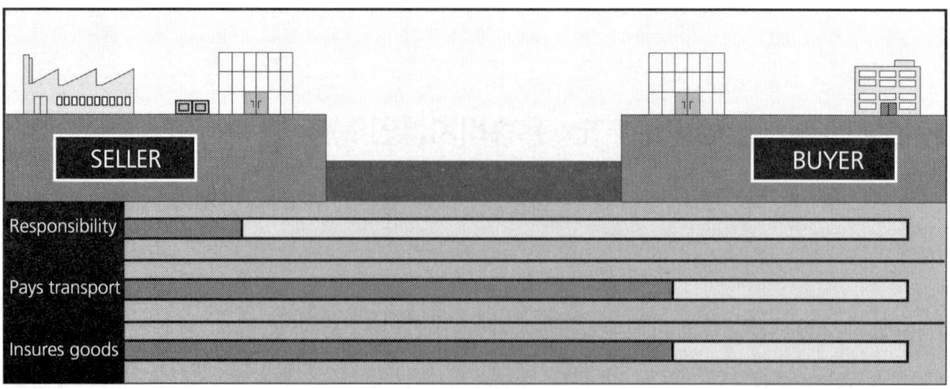

그림 5-8 ◦ CIP

9 DAT(Delivered at Terminal: 도착터미널인도조건)

도착된 운송수단으로부터 양하하여 약정된 항구(혹은 장소)에 있는 약정된 터미널에서 매수인의 처분하에 놓았을 때 매도인의 인도의무가 완료되는 조건이다.

① 수출상은 수입국 등 목적국의 약정된 항구 혹은 장소에 있는 터미널까지 물품을 운송하여 양하할 때까지의 위험을 부담하게 된다.

터미널은 모든 장소일 수 있음. 예를 들어, 부두, 창고, CY, 도로/철도/항공화물터미널 등을 모두 포함함

따라서, 터미널을 가능한 한 명확하게 정하는 것이 바람직하며, 가능하다면, 약정된 항구(혹은 장소)에 있는 터미널 내의 구체적인 지점까지 정하는 것이 현명하다.

② 한편, 수출상으로 하여금 터미널로부터 또 다른 장소까지의 물품운송과 관련된 위험과 비용을 부담하도록 의도한다면, DAP나 DDP를 사용하는 것이 적절하다.

③ 수출상은 수입통관의무가 없으며 또한 수입관세를 납부할 의무도 없다.

10 DAP(Delivered at Place: 도착장소인도조건)

약정된 도착장소에서 물품을 양하하지 않은 채 도착된 운송수단에서 매수인의 처분하에 놓았을 때 매도인의 인도의무가 완료되는 조건이다.

① DAP 조건은 약정된 도착장소 내의 지점을 가능한 한 명확하게 정하는 것이 바람직하다.

② 수출상은 수입통관의무가 없으며 또한 수입관세를 납부할 의무도 없다.

③ 당사자들이 수출상으로 하여금 수입통관을 하고 수입관세를 지급할 것을 의도한다면, DDP조건을 사용하는 것이 적절하다.

11 DDP(Delivered Duty Paid: 관세지급인도)

수입통관된 물품을 약정된 목적지에 도착된 운송수단으로부터 양하하지 않은 상태로 인도하는 조건이다.

① 수입통관절차 및 이에 따르는 비용까지도 수출업자가 부담한다.

② DDP조건은 수출업자가 수입지에서 직 · 간접적으로 수입허가와 통관절차를 이행할 수 없을 경우에는 사용할 수 없으며, 수입지에 수출업자의 지점이나 수입대리점이 있을 경우에 사용하기 적합.

③ 수입통관절차 및 이에 따르는 비용을 수입업자가 부담하고자 하는 경우에는 DDU조건을 사용해야 한다.

관세(duty)란 통관절차의 책임과 비용, 관세, 조세 및 기타 부과금의 지급까지를 포함한다. 따라서 수입시에 지급되는 기타 비용, 예컨대 부가가치세를 수출업자의 부담에서 제외시키려면 "DDP(VAT unpaid)" 등을 계약서에 기재하여 명확히 해야 한다.

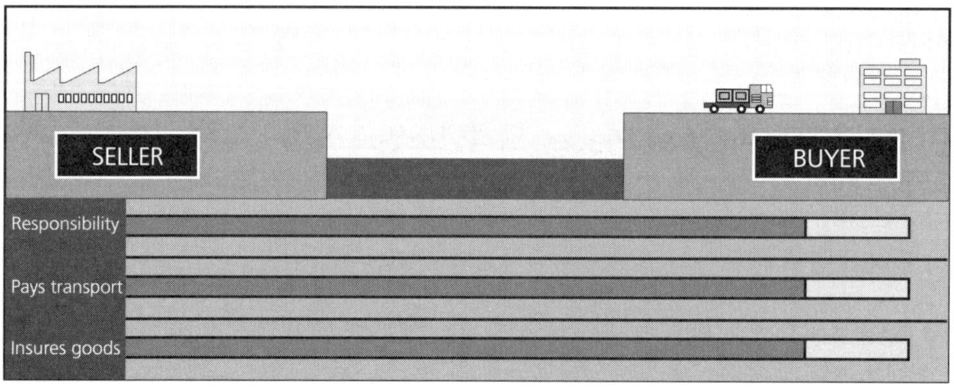

그림 5-11 ◉ DDP

06 무역클레임과 상사중재

01 무역클레임

1 | 무역클레임의 개념

무역거래에서 클레임이라는 말은 다양한 의미로 사용되고 있다. 일반적으로 클레임이라 하면 수출업자가 물품을 늦게 발송하거나 아예 물품을 발송하지 않는 경우 또는 수입업자가 대금을 지급하지 않아 상대방이 손해를 입게 되었을 때 약속한대로 이행할 것을 요구하거나 손해배상을 청구하는 것을 의미한다.

2 | 클레임의 예방

클레임을 피하기 위해 해야 할 일들을 거래제의 이전과, 무역계약 체결 시, 신용장개설 및 수취 시와 같이 3단계로 나누어 살펴본다.

1 거래제의 단계

신용상태가 좋지 않은 업체와의 거래를 피하고 부도덕한 거래선으로부터의 마켓클레임을 제기당하지 않기 위해서는 거래선 발굴단계에서부터 상대방에 대한 철저한 신용조사가 선행되어야 한다. 신용조사는 수출보험공사나 KOTRA와 같은 국내기관을 이용하면 편리하다.

2 무역계약 체결 시

무역계약의 체결이 바로 양자 간에 첫단추를 채우는 단계이다. 그러므로 이 단계에서 최악의 상황을 가정하여 충분히 검토하지 않은 채 협상 및 계약서에 서명한다면 이후의 여러 문제를 해결하기 위한 노력은 사실상 부질없는 일이 되는 것이다.

무역계약을 협상할 때 주의해야 할 점들은 무척 많은데 그 중 일부를 정리해보면 다음과 같다.

❶ 견본거래 시 유의사항

공산물을 거래하는 경우 견본을 이용하여 물품에 대해 협상하는 경우가 많은데 이때 성능이나 디자인을 너무 많이 보완한 물품을 견본으로 발송하게 되면 이후 선적된 물품이 견본과 다르다는 이유로 클레임이 발생되기 쉽다. 따라서 이후 선적품에 대해서 동일한 노력을 기울여 수선할 것이 아니라면 견본으로 표준품을 발송하는 것이 적절하다. 다음으로 견본과 관련된 표현이 문제를 야기하기도 한다. 예컨대 'same as the sample' 이나 'up to the sample' 과 같은 표현이 바로 그러한데 이와 같은 표현보다는 'similar to the sample' 처럼 조금은 부드러운 표현을 쓰는 것이 현명하다. 이와 관련해서는 제품생산과정이 표준화되어 매번 동일한 물품이 생산되는 경우라면 앞의 표현을 사용해도 될 것이다. 즉, 제품의 특성을 고려한 문장구성이 필요하다 하겠다.

마지막으로 견본은 상대에게 발송하는 것만 준비할 것이 아니고 자신도 역시 동일한 견본을 보관해둬야 한다. 이와 같이 자신이 보관하게 되는 견본을 keep sample 또는 file sample이라 한다.

❷ 계약서 작성 시 유의점

계약서 작성 시 가장 유의할 점은 주관적 표현을 쓰지 말라는 점이다. 예를 들어 '수입업자에게 만족스러운 품질의 물건' (the goods with quality satisfactory to the buyer), '가능한 한 빨리 선적하겠다' (shipment shall be made as soon as possible) 와 같은 표현을 사용한 경우 수출업자입장에서는 불안한 입장이 된다.

먼저 첫 번째 표현과 관련해서는 수입업자가 만족했는가 하는 점은 수입업자만 아는 사실이다. 즉 수입업자의 속마음을 수출업자가 확인할 수 없으므로 만일 수입업자가 만족하지 못했다고 하면서 클레임을 제기한다면 수출업자는 난처한 입장에 처하게 된다.

두 번째 문장과 유사한 표현들 즉 '신속하게 선적하겠다,' '즉시 신용장을 개설하겠다'는 등의 표현은 수출업자와 수입업자가 해석을 달리함에 따라 다툼이 있을 수 있다.

다음으로 그 사용을 피해야 할 표현으로는 'best efforts, sole determination' 등이다. 위와 같은 표현은 그 기준이 너무 높거나 너무 일방적이라서 문제가 되는 표현이다.

❸ 신용장 수령 시

신용장은 매매계약의 내용을 반영하여 개설되어야 한다. 만일 그렇지 않고 매매계약의 내용과 다르게 개설된다면 수출업자의 대금회수에 문제가 발생한다. 따라서 신용장 수령시 안도할 것이 아니고 매매계약과 모순되는 조건, 애매모호한 표현, 수입업자가 악용할 수 있는 조건의 유무를 충분히 검토한 후 조건변경을 요청하는 등의 조치를 취해야 할 것이다.

3 | 클레임 발생시의 행동

1 클레임 제기자

클레임 제기자가 가장 먼저 해야 할 일은 클레임을 제기할 상대방을 결정해서 신속하게 통지하는 일이다. 특별한 경우가 아니라면 클레임을 통지받을 상대방은 계약서에 기재되어 있는 계약당사자 중 일방이 될 것이다. 한편 클레임 발생 시 신속하게 통지하는 것은 통상 계약에서 'claims: 14 days after receipt of goods'와 같이 클레임 제기 기한을 설정하고 있으므로 이 조건을 만족시키기 위한 것이다.

그 후 SGS, GESCO 또는 INTECO와 같은 국제적인 검사기관으로부터 검사증명서를 확보하는 등 자신의 주장을 뒷받침하는 증명자료와 함께 구체적인 요구사항을 기재한 서면을 이용하여 정식으로 클레임을 제기해야 한다.

2 클레임 피제기자

이에 대해 클레임을 제기당한 상대방은 상대방의 클레임 통지가 기한내에 행해진 것인가를 먼저 확인하고 이후 도착된 클레임 증명자료는 정당한 것인가 또한 상대방이 요구하는 사항 예를 들어 청구하는 손해배상액이 과도하게 높은 것은 아닌가 하는 사항들에 대해 검토하고, 필요하다면 변호사 등 관련분야의 전문가의 조언을 구해야 한다.

4 | 무역클레임의 제기기한

클레임은 가능한 한 신속하게 제기해야 한다. 앞서 소개된 바와 같이 클레임 제기시기를 놓치면 시효에 걸릴 뿐 아니라 증거를 확보하기도 어렵게 되어 상대방이 클레임을 수락하지 않게 될 것이기 때문이다.

이와 같이 클레임과 관련한 첫 번째 쟁점은 클레임을 언제까지 제기할 것인가 하는 클레임 제기기한이 되는데, 당사자 간에 이에 관한 약정이 있으면 그 기간 내에 제기해야 할 것이고, 그렇지 않다면 거래과정 및 물품의 검사가능성 등을 고려한 합리적인 기간 내에 제기해야 한다. 어느 경우든 클레임을 증명하는 자료를 확보하여 손해배상 등 구체적인 요구사항을 요구하기에 앞서 1차적으로 도착물품의 검사 및 하자에 대한 클레임의 통지가 선행되어야 한다.

TIP

무역클레임의 제기와 관련하여 클레임조항(claim clause)을 계약서에 포함시키는 것이 현명하다. 클레임조항에서는 클레임을 제기하기 전 하자통지기간과 정식 클레임 제기기간 및 증빙서류 송부, 클레임 제기방법 등에 관하여 규정하는 것이 보통이다.
이러한 클레임조항에 추가하여 중재조항(arbitration clause), 재판관할조항(jurisdiction clause), 준거법조항(governing law clause) 등이 포함된다면 훌륭한 계약이 될 것이다.

❶ 제기기한을 약정한 경우

클레임 제기기간은 일반적으로 클레임조항(claim clause)에서 다루게 된다. 따라서 클레임조항에 기재된 기간 내에 제기해야 한다.

클레임조항에는 클레임 제기기간에 추가하여 클레임 제기방법과 클레임을 입증하는 자료를 요구한다.

> **클레임조항의 예**
>
> Buyer shall give written notice by registered airmail of any claim within thirty(30) days from the arrival of the goods at the port of destination stipulated on the face of this contract. Unless such notice, accompanied by proof certified by an authorized surveyor, is sent by buyer within thirty(30) days period, buyer shall be deemed to have waived all claims. In no case shall buyer make any claim for indirect or consequential damages.

❷ 제기기한을 약정하지 아니한 경우

클레임 제기기간을 계약에서 약정하지 않은 경우, 상거래관습 등이 없다면 준거법에 따라 클레임 제기기간이 결정되게 될 것이다.

① 한국: 즉시 통지, 잠재하자의 경우 6개월이다. 상법 제69조는 매수인이 목적물을 수령한 때에는 지체없이 이를 검사하여야 하며, 하자 또는 수량부족을 발견한 경우에 즉시 매도인에게 그 통지를 발송하여야 한다고 규정하고 있다. 또한 목적물에 즉시 발견할 수 없는 하자 즉, 잠재하자가 있는 경우에는 6개월 이내에 클레임을 제기하도록 규정하고 있다.

② 일본: 즉시 검사하고 곧 통지

③ 미국: 상당한 기간 내 통지

④ 비엔나협약(Vienna Convention, 1980): 단기간 내 물품검사, 상당한 기간 내 통지, 잠재하자의 경우 2년

5 | 무역클레임의 제기절차와 서류

클레임 사유가 발생하여 클레임을 제기할 때에는 제기방법에 대하여 당사자 간에 약

정이 있는 경우에는 그 약정에 따르고, 약정이 없는 경우에는 일반적으로는 다음과 같은 절차를 따르게 된다.

1 클레임 제기절차

❶ (물품검사 후) 클레임 통지(notice of claim)

클레임을 제기할 때에는 먼저 가장 빠른 방법으로 신속하게 클레임의 발생사실을 상대방에게 통지한 후 즉시 서면에 의한 정식 클레임을 제기해야 한다.

클레임 통지란 모든 증빙서류를 갖추기 전에 먼저 클레임의 발생사실을 통지하는 것으로 클레임의 예고장에 해당된다.

❷ (물품검정 후) 정식 클레임의 청구

공인된 검정인의 물품검정을 받고, 그 결과 하자가 확인되면 검정보고서(survey report)를 교부받는다. 그 후 청구내용 등 클레임 제기내용을 구체적으로 기술하여 클레임 제기장(claim note)을 발송한다.

TIP

클레임 제기자와 동일한 기업그룹에 속하는 검정인의 검정보고서에 의한 클레임 제기는 정당한 클레임으로 인정되지 않을 수도 있으므로 유의해야 한다.

02 무역클레임의 해결방법

1 | 당사자에 의한 해결방법

1 클레임 포기(wavier of claim)

피해자가 상대방에게 청구권을 행사하지 않는 경우로서, 이는 대체적으로 상대방이 사전 또는 즉각적으로 손해배상 제의를 통해 해결된 경우에 이루어진다.

2 화해(amicable settlement, composition, compromise)

당사자 간에 자주적인 교섭을 통해 합의점을 발견함으로써 분쟁을 원만하게 해결하는 방법이다. 이 경우 대체적으로 화해계약을 체결한다. 화해는 ㉠ 당사자가 서로 양보할 것, ㉡ 분쟁을 종료할 것, ㉢ 그 뜻을 약정할 것 등 3가지 요건을 필요로 한다(민법).

2 | 제3자의 개입을 통한 해결방법

1 알선(intercession, recommendation)

① 의의: 공정한 제3자가 당사자의 일방 또는 쌍방의 의뢰에 의하여 분쟁사건에 개입하여 그 해결을 위해 조언하는 것을 말한다. 국제거래에서는 무역클레임의 해결을 위한 알선기관으로 각국의 상업회의소(chamber of commerce)가 대표적이다.

- 알선은 당사자 쌍방의 협력이 있어야 하고 강제력은 없으나 알선기관이 당사자에게 강한 영향력을 행사할 수 있기 때문에 성공하는 경우가 많다.
- 알선이 조정이나 중재와 다른 점은 형식적인 절차를 요하지 않고, 당사자 일방의 의뢰에 의해서도 가능하다는 점이다.

② 특징: 알선은 중재조항의 유무와 관계없이 분쟁당사자의 일방이 분쟁해결을 위한 요청으로 서면으로 대한상사중재원에 제출하면 진행될 수 있다.

2 조정(conciliation, mediation)

① 의의: 당사자 쌍방의 조정합의(submission to conciliation)에 따라 공정한 제3자를 조정인(conciliator)으로 선임하고, 그가 제시하는 조정안에 쌍방이 동의함으로써 클레임을 해결하는 방법이다.

② 특징: 당사자들은 조정인이 제시한 조정안을 받아들일 의무가 없다. 따라서 분쟁의 해결방법으로서는 불완전하지만, 절차가 간단하고 공정한 제3자가 조정안을 제시하기 때문에 비교적 소액의 분쟁해결에 이용되는 경우가 많다.

TIP

중재규칙상의 조정

① 중재신청인과 피신청인은 상대방과의 합의로 중재신청의 접수통지 수령일로부터 30일 이내(국내중재 15일)에 조정신청이 가능하다.
② 사무국은 중재판정부를 구성하듯 중재인명부에서 조정인을 선정한다.
③ 조정인 선정일로부터 30일 이내에 조정이 성립되지 않으면 조정절차 자동종료, 중재절차를 재개한다. 단, 당사자의 합의로 기간연장이 가능하다.
④ 조정이 성립되면 사무국에서는 양당사자의 서명, 날인을 받아 조서를 작성한다, 이를 근거로 중재판정의 형식으로 조정인이 서명, 날인한다.
⑤ 조정이 성립되면 그 효력은 중재판정과 동일한 효력이 있다(중재규칙).

3 중재(arbitration)

당사자 간의 중재합의에 의해 그들의 분쟁을 법관이 아닌 중재인(arbitrator)에게 부탁하고 중재판정부(arbitral tribunal)의 중재판정(arbitral award)에 복종함으로써 분쟁을 최종적으로 해결하는 방법이다.

중재의 경우 당사자는 중재인이 내린 중재판정을 거부할 수 없을 뿐만 아니라 중재판정은 법적 구속력이 있기 때문에 당사자는 이에 복종해야 한다.

우리나라 중재법상 중재판정은 법원의 확정판결과 동일한 효력이 있다. 그러나 강제집행을 위해서는 법원의 집행판결을 받아야 한다. 이러한 집행판결에 의해 중재판정의 적법성이 인정되고 그 집행력이 발생한다.

한편 외국중재판정의 승인 및 집행에 관한 유엔협약(United Nations Convention on the Recognition and Enforcement of Foreign Arbitral Awards: 일명 뉴욕협약)에 따라 각 체약국내에서는 외국중재판정의 승인 및 집행을 보장받게 된다.

표 6-1 ● 알선, 조정, 중재의 비교

구분	실행요건	해결방안의 성격	효력요건
알선	일방 또는 쌍방의 의뢰	의견의 선택	당사자의 자율적 선택
조정	쌍방의 요청	조정안	당사자의 자율적 선택
중재	중재합의를 전제로 한 당사자 일방의 신청	중재판정	강제력

4 소송(litigation)

국가의 사법기관인 법원의 판결에 의해 분쟁을 강제적으로 해결하는 방법이다. 외국에 있는 당사자와의 거래인 무역의 경우, 우리나라 재판권이 상대국에까지 미치지 못한다는 장애가 있으므로 외국과의 사법협정이 체결되어 있지 않는 한 소송에 의한 판결은 외국에서의 승인 및 집행이 보장되지 않는다는 단점이 있다.

표 6-2 ● 중재와 소송의 비교

구분	소송	중재
대상	민사, 상사, 행정, 선거 등 모든 분쟁	당사자가 처분할 수 있는 사법상의 모든 분쟁
요건	당해 법원이 관할권을 가질 것, 소 제기가 유효할 것, 당사자 능력이 있을 것, 적당한 당사자일 것, 권리보호의 자격과 필요가 있을 것	당사자간의 서면에 의한 중재합의가 있으면 족함. 다만 분쟁물은 당사자가 자유로이 처분할 수 있어야 함
효력	구속력(불가철회성), 형식적 확정력, 기판력, 집행력, 형성력이 있음	법원의 확정판결과 동일한 효력(강제집행을 할 때는 법원의 집행판결을 구하면 됨)
신속성	복잡한 소송절차와 삼심제도 때문에 오랜 시일이 걸림	절차가 간단하고, 단 한 번의 중재판정으로 분쟁이 종료되므로 매우 신속함
경비	변호사보수, 인시대 등 많은 비용발생과 심급이 올라갈수록 변호사도 다시 선임해야 하므로 비경제적임	단심제이므로 한 번의 중재비용 지출로 족하며, 변호사를 선임하지 않아도 되어 경비가 소송에 비해 훨씬 저렴함
심판자	법관이 판결을 하나, 현실적으로 법관은 법이론과 실무에는 밝지만 전문적인 상거래의 실무와 관습에 관한 경험도 반드시 그에 비례하는 것은 아님	고도로 전문화되고 상거래에 정통한 중재인이 판정하므로 개개의 분쟁에 따라 실정에 맞는 합리적 해결을 할 수 있음
공개성	소송은 공개주의가 원칙이므로 영업상의 비밀이나 사인(회사)의 비밀이 공개되어 대외신용도가 실추되기 쉬움	엄격한 비공개주의에 따라 사인의 비밀이 절대 보장되므로 대외신용도에 부정적 영향을 받을 우려가 없음

03 상사중재제도

1 | 중재의 특징

① 단심제: 중재판정은 법원의 확정판결과 동일한 효력이 있다. 따라서 판정에 불만이 있어도 재판처럼 2심 또는 3심 등 항소절차가 없다.

② 전문가에 의한 판단: 중재에 의하면 무역실무, 무역관계법규범, 무역관습 등에 정통한 전문가에 의한 판단으로 공정한 해결을 도모할 수 있다.

③ 신속한 분쟁해결: 중재는 단심제이므로 신속한 해결을 기대할 수 있다. 우리나라의 경우, 심리(hearing)의 종료일로부터 30일 이내에 판정함을 원칙으로 하고 있는데(중재규칙 제48조 1항), 국내중재가 약 4개월, 국제중재가 약 6개월 정도 소요된다.

④ 중재절차의 비공개(closed proceedings) : 중재진행절차는 재판과는 달리 공개되지 않는다.

⑤ 외국에서의 강제집행(enforcement of foreign arbitral award): 중재판정은 뉴욕협약에 의해 외국에서도 강제집행될 수 있다.

⑥ 저렴한 비용

2 | 중재합의

1 중재합의의 의의

소송의 경우에는 당사자의 일방이 일방적으로 법원에 소송을 제기할 수 있지만 중재의 경우에는 당사자 간에 중재에 의하여 분쟁을 해결하기로 한다는 중재합의가 반드시 있어야 한다. 중재합의도 일종의 계약이므로 중재실무에서는 중재합의를 중재계약(arbitration agreement)이라고 부르는데 당사자 간에 이와 같은 중재계약이 없으면 중재제도를 이용할 수 없다.

2 중재합의의 방식

중재계약에는 2가지 방식이 있는데 하나는 계약서상에 중재조항(arbitration clause)을 미리 넣어 두는 경우이고(사전합의), 다른 하나는 분쟁이 발생한 후에 당사자간에 중재에 부탁(회부)하기로 한다는 합의를 해서 새로이 부탁(회부)계약(submission to arbitration)을 체결하는 경우(사후합의)이다.

일단 분쟁이 발생되면 불리하다고 판단하는 측에서 중재부탁에 동의하지 않거나 동의에 장시간을 지체하는 것이 보통이므로 일반거래협정서(Agreement on General

Terms and Condition of Business)와 같은 계약서상에 중재조항을 인쇄하여 사전에 합의하는 것이 좋다.

3 중재합의의 내용

이러한 중재합의의 실효성을 확보하기 위해서는 일반적으로 ① 중재지(심문장소 또는 중재장소와는 구별됨), ② 중재기관(중재를 관할할 기관의 명칭), ③ 준거법[3]이 중재조항 속에 포함되어 있어야 한다.

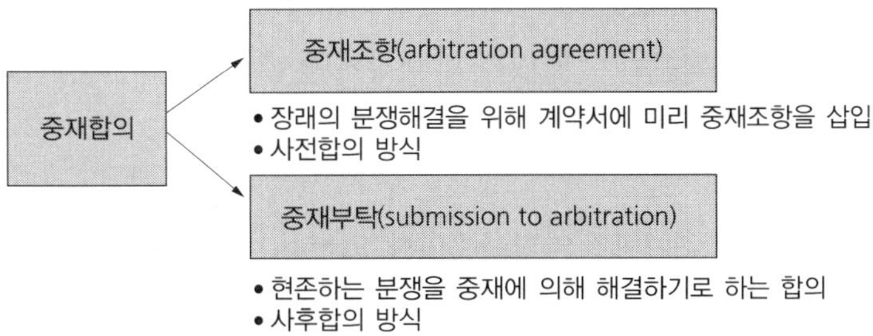

그림 6-1 ◦ 중재합의의 종류

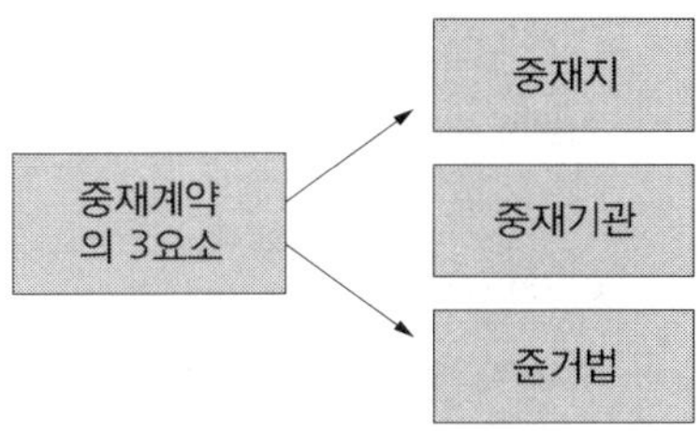

그림 6-2 ◦ 중재계약의 요소

---

3) 일반적으로 각국의 상설 중재기관이 계약서에 삽입하도록 권고하는 표준중재조항에는 이러한 요소를 모두 갖추고 있다. 그러나 국제거래의 실제에 있어서 외국의 당사자와 계약을 체결함에 있어서는 한국 측 당사자의 뜻대로만 되는 것은 아니다. 특히 이들 기본적 요소 중 쉽게 합의에 도달하기 어려운 부분은 중재지에 관한 합의이다. 중재지는 분쟁이 발생한 경우 증거제출, 심문에의 출석, 비용절감 등의 측면에서 당사자에게는 중요한 문제가 되기 때문에 서로 선호하는 중재지를 고집하다보면 본 계약 자체의 체결이 지연되는 수가 있다. 이러한 경우에 계약을 순조롭게 성립시키기 위해서는 중재지를 사전에 확정시켜 두는 대신 양 당사자 소재국의 중재기관간에 체결되어 있는 중재협정상의 중재조항을 이용하는 것이 피차 유리하게 된다.

이외에 중재규칙, 중재인의 수와 그 선임방법, 중재시 사용할 언어 등이 포함될 수도 있다.

4 중재합의의 효력

❶ 직소금지

중재법 제9조에서는 "중재합의의 대상인 분쟁에 관하여 소가 제기된 경우에 피고가 중재합의 존재의 항변을 하는 때에는 법원은 그 소를 각하하여야 한다."라고 규정하고 있다. 즉, 중재합의가 있음에도 불구하고, 상대방이 법원에 소를 제기하였을 경우 본안전 항변을 통하여 중재계약이 있음을 주장, 입증하면 법원은 소 각하판결을 하게 된다.

❷ 최종해결

중재법 제35조에서는 "중재판정은 당사자간에 있어서 법원의 확정판결과 동일한 효력을 가진다."라고 규정하여 한번으로 분쟁을 해결함을 확실하게 천명하고 있다. 즉, 중재판정이 일단 내려지면 소송과 같이 불복절차인 항소나 상고제도가 허용되지 않는다.

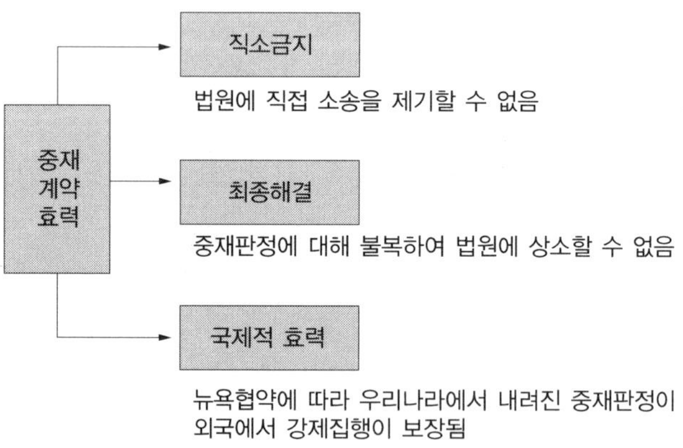

그림 6-3 ◦ 중재합의의 효력

5 표준중재조항

중재합의의 형식적 성립요건은 서면주의이다. 즉 중재계약은 구두로는 불가능하고 반드시 문서에 의해야 한다.

우리 중재법에서도 "중재합의는 서면으로 하여야 한다."고 규정하고 있으며, 독립된

합의 즉, 계약과 별도의 중재합의서를 작성하거나 계약서에 중재조항을 기재함으로써 중재합의를 하여도 좋도록 하고 있으며, 상사중재규칙에서 ㉠ 계약 중의 중재조항으로 또는 ㉡ 현존하는 분쟁을 중재에 의하여 해결하기로 하는 합의로 할 수 있도록 중재법의 규정과 일치시키고 있다.

또한 상사중재규칙은 중재 신청 시에 반드시 중재합의를 증명할 수 있는 서면을 제출하도록 의무화하고 있으며, 영국의 중재법과 뉴욕협약(1958)에서도 서면주의의 원칙이 규정되어 있다.

우리 중재법에 의하면 ㉠ 당사자들이 서명한 문서에 중재합의가 포함된 경우, ㉡ 서신, 전보, 전신 및 모사전송 기타 통신수단에 의하여 교환된 문서에 중재합의가 포함되어 있는 경우, ㉢ 일방 당사자가 당사자 간에 교환된 문서의 내용에 중재합의가 있는 것을 주장하고 상대방 당사자가 이를 다투지 아니하는 경우 등은 모두 서면에 의한 중재합의로 본다고 규정하고 있다. 또한 계약에 서면으로 작성되고 중재조항을 그 계약의 일부로 하고 있는 경우에는 중재합의가 있는 것으로 본다.

TIP

대한상사중재원이 권고하는 표준중재조항

① 국내계약에 사용할 표준중재조항

"이 계약으로부터 발생하는 모든 분쟁은 대한상사중재원에서 상사중재규칙에 따라 중재로 최종 해결한다."

② 국제계약에 사용할 표준중재조항

"All disputes, controversies, or differences which may arise between the parties, out of or in relation to or in connection with this contract, or for the breach thereof, shall be finally settled by arbitration in Seoul, Korea in accordance with the Arbitration Rules of the Korean Commercial Arbitration Board and under the laws of Korea. The award rendered by the arbitrator(s) shall be final and binding upon both parties concerned."

이 계약으로부터 또는 이 계약과 관련하여, 또는 이 계약의 불이행으로 말미암아 당사자 간에 발생하는 모든 분쟁, 논쟁, 또는 의견 차이는 대한민국 서울특별시에서 대한상사중재원의 중재규칙 및 대한민국법에 따라 중재에 의하여 최종적으로 해결한다. 중재인(들)에 의하여 내려지는 판정은 최종적인 것으로 당사자 쌍방에 대하여 구속력을 가진다.

6 중재조항의 작성

앞서 언급한 바와 같이 중재조항에는 중재지, 중재기관, 준거법을 정하고 있다. 따라서 서로 다른 나라에서 영업을 하고 있는 양당사자들은 서로 자국에서 중재절차를 진행하고자 할 것이어서 중재조항의 작성이 그리 간단한 일은 아니다.

일반적으로 중재지는 자국에서 진행하는 것이 좋다. 그 이유는 증거자료 등 정보획득의 용이함 및 시간과 비용절감의 이점이 있기 때문이다.

❶ 신청인주의와 피신청인주의

이러한 이유로 중재조항의 작성과 관련해서는 신청인주의와 피신청인주의가 있다. 신청인주의란 중재신청인의 국가에서 중재를 진행하는 것이고, 피신청인주의는 그 반대가 된다. 따라서 수출업자가 물품의 품질불량이나 선적지연으로 인해 클레임을 제기당할 가능성이 있는 거래인 경우에 수출업자는 피신청인국가를, 수입업자는 신청인국가를 중재지로 하는 중재조항을 준비해야 한다. 그러나 후지급방식 또는 송금방식 등 수출업자에게 대금결제와 관련된 위험이 큰 거래인 경우라면 위와 정반대의 중재조항을 준비해야 할 것이다.

① 신청인주의의 예

All disputes in relation to this contract shall be finally settled by arbitration <u>in the country of the claimant</u>. In case the claimant is a Korean enterprise, the arbitration shall be held at The Korean Commercial Arbitration Board. In case the claimant is a Chinese enterprise, the arbitration shall be held at the China International Economic and Trade Atbitration Commission.

② 피신청인주의의 예

All disputes in relation to this contract shall be finally settled by arbitration <u>in the country of the respondent</u>. In case the respondent is a <u>Korean</u> enterprise, the arbitration shall be held at The <u>Korean</u> Commercial Arbitration Board. In case the respondent is a <u>Chinese</u> enterprise, the arbitration shall be held at the <u>Japan</u> Commercial Arbitration Association.

❷ 선택적 중재조항

분쟁의 해결에 쓰이는 시간과 비용이라는 두 가지 사항만을 기준으로 판단한다면 소송보다는 중재가 더 나은 분쟁해결수단이라는 점에 동의할 수 있다. 그러나 위 두 가지사항 이외의 다른 사항들을 모두 고려한다면 소송과 중재 중 어느 것이 더 나은 분쟁해결수단이라 단정짓기가 쉽지 않다. 중재는 관련 분야의 전문가가 참여하는 것이나 이들 전문가들이 법률가가 아닌 민간인들인 경우가 많아서 정서적인 측면에서 흔들릴 수 있다. 또한 단심제이기 때문에 중재판정에 문제가 있다 하여도 중재판정을 취소할 수 있는 사유가 되지 않는다면 그대로 집행되게 된다는 점이 있다.

따라서 계약의 협상단계에서 양자를 비교하여 유리한 것을 선택하기가 쉽지 않을 것이며, 더 나아가 대다수는 협상단계에서 분쟁에 대해 고민하며 양자를 비교하려 들지도 않을 것이다.

중재조항이 계약서에 포함되어 있는 경우 소송을 제기할 권리가 박탈되는 것이니 중재조항을 계약서에 포함시킬 것인가를 고민하게 될 것이다. 이와 같은 상황에서 활용할 수 있는 것이 바로 선택적 중재조항이다.

① 소송과 중재의 선택

For all disputes arising from or in relation to this Agreement , the two resolution methods, <u>arbitration or litigation are alternatives: parties cannot choose both of them</u>. If claimant chooses either arbitration or litigation, the choice shall be final and binding upon parties concerned.
When claimant chooses arbitration, it shall be conducted in accordance with the Arbitration Rules of the Korean Commercial Arbitration Board and when claimant chooses litigtion, the suit shall be filed at the Seoul District Court, Korea.

PART 03

수출입대금 결제

07 추심방식과 환어음

I 환어음

환업무란 현금을 이동시키지 않은 채 격지간에 있는 자들 간에 돈을 빌려주거나 갚아줄 때 이용되는 업무인데, 이와 같은 환의 수단으로 이용되는 것이 어음과 수표다. 즉 서울에 있는 사람과 부산에 있는 사람 사이에 현금을 이동하지 않고도 돈을 빌리거나 갚을 수 있는데 이를 환업무라 하는 것이다.

환은 환거래의 당사자 모두가 국내에 있는가 일방이 외국에 있는가에 따라 내국환과 외국환이 있다. 또한 수입업자가 수출업자에 대해 자금을 송금하는 형태인 송금환과 수출업자가 수입업자에 대해 제3자(일반적으로 은행)를 통하여 대금회수를 부탁하는 형태인 추심환(역환)이 있다.

01 환어음의 개념

환어음(bill of exchange 또는 draft)이란 어음 발행인이 지급인에게 어음에 기재된 금액을 만기에 어음상의 권리자에게 지급할 것을 무조건으로 위탁하는 유가증권을 의미한다.

따라서 환어음의 기본당사자는 발행인, 수취인, 지급인이고, 지급인이 인수한 경우에는 인수인이 되어 주채무자가 된다.

❶ 발행인

어음을 발행하는 자이다. 어음의 발행이란 어음에 기재되어야 할 사항들을 기재하여 기명날인 또는 서명 후 수취인에게 교부하는 행위를 말한다.

발행인은 지급인이 지급을 거절하는 경우 등 어음이 부도처리되는 경우 소구의무를 부담하게 된다.

❷ 수취인

수취인이란 어음상에 기재된 금액을 받게 될 자를 말한다. 이러한 수취인은 직접 어음금액을 수령할 수도 있지만, 자기가 수령하지 않고 다른 사람이 수령할 수 있도록 권리자를 변경할 수도 있는데 이를 배서라 한다. 통상 수표를 은행에 입금할 때 수표 뒷면에 주민등록번호나 연락처 등을 기재하게 되는데, 이러한 행위를 배서라고 하는 것이다. 물론 어음에 배서하는 목적과 수표에 배서하는 목적은 약간 다르다.

❸ 지급인

어음을 발행할 때 어음상에 지급인으로 기재되는 자를 말하는데, 지급인으로 기업 또는 은행을 모두 기재할 수 있지만, 보통은 은행인 경우가 많다. 수표는 지급인으로 은행만 기재할 수 있다는 점이 환어음과 차이가 있다.

지급인은 자신의 의사와는 관계없이 발행인에 의해 지급인의 자격을 취득하기 때문에 지급인은 수취인에 대해 어음금액을 지급할 의무가 없다. 그러나 수취인이 어음을 제시했을 때 어음금액을 지급할 의사를 표시한 경우에는 지급의무가 발생하게 되는데, 이를 인수라고 한다. 예를 들어 환어음의 단순한 지급인이 만기에 지급을 거절하거나, 만기 전 인수거절을 하면 발행인 또는 배서인에 대해 소구권을 행사할 수 있을 뿐 지급인에 대해 어음인수 또는 지급을 청구할 수 없다. 그러나 지급인이 인수한 어음을 만기에 지급거절하면 어음소지인은 인수인에 대하여 직접 어음금지급청구권을 행사할 수 있게 된다.

02 만기에 따른 환어음의 종류

만기란 어음금액을 지급해야 할 날을 의미하며, 만기를 기재하는 방식을 기준으로 4가지의 종류가 있다. 만기의 기재가 없는 어음은 일람출급어음으로 취급한다.

❶ 일람출급(一覽出給)

어음금을 지급받기 위해 어음을 제시하는 날을 만기로 하는 어음이다. '일람'이란 눈으로 한 번 본다는 표현이다. 따라서 지급인이 어음을 본 날이 바로 돈을 지급해야 할 날이 되는 것으로 돈을 받아야 하는 자에게 유리한 어음이다. 보통 어음상의 만기기재란을 참조하여 'at sight' 어음이라 부르기도 한다.

❷ 일람후정기출급(一覽後定期出給)

지급인이 어음을 본 날 다음날로부터 정해진 기간의 말일을 만기로 하는 어음이다. 예컨대 일람 후 60일짜리 어음이라면, 7월 25일 어음을 제시받은 지급인은 어음 전면에 그 일자를 기재하고 서명하여 넘겨준다. 어음소지인은 인수일인 7월 25일 다음날부터 정해진 기간 즉, 60일이 되는 날에 다시 제시하여 어음금을 지급받게 된다. 무역거래에서는 보통 'usance' 어음이라 부르기도 한다.

❸ 발행일자후정기출급(發行日字後定期出給)

어음상에 기재된 어음의 발행일 다음날로부터 정해진 기간의 말일을 만기로 하는 어음이다. 지급시기가 뒤로 미뤄져 있다는 점에서 일람후정기출급어음과 유사하지만, 일람후정기출급어음의 만기는 일람이 있어야 계산이 가능한 데 반해 발행일자후정기출급어음은 발행이 있으면 바로 계산이 가능하다는 데 차이가 있다.

❹ 확정일출급(確定日出給)

어음에 기재된 특정된 날을 만기로 하는 어음이다.

03 지급, 인수, 매입 및 소구권

① 지급(payment): 어음의 지급이란 환어음의 지급인 또는 인수인이 돈을 지급하는 행위를 말한다.

② 인수(acceptance): 환어음의 지급인이 지급의 의사를 표시하는 행위로 환어음의 전면에 인수일 기재와 서명을 함으로써 지급의사를 표시한다.

③ 매입(negotiation): 환어음의 만기까지의 이자를 고려하여 할인된 금액으로 환어음을 구매하는 행위를 말한다. 예를 들어 일람 후 60일짜리 어음이라면 일람후 60일이 지나야 어음금을 받을 수 있는 것인데, 자금의 신속한 회수를 원하는 수출업자가 60일을 기다리지 않고 일람 후 10일 후에 은행에 가서 어음을 파는 경우가 있겠다. 그렇다면 은행은 다시 50일을 기다려야 지급인으로부터 돈을 회수할 수 있게 되는 것이므로 50일 동안 자금을 빌려준 셈이 되는 것이다. 그러므로 어음을 사는 은행 입장에서는 50일 동안의 이자에 상응하는 금액만큼 할인해서 어음을 구매하게 되는데 이를 매입이라 하는 것이다.

④ 소구권(recourse) : 환어음을 매입한 자는 만기에 지급인이 어음금의 지급을 거절하게 되면 융자해준 돈을 회수할 수 없게 된다는 위험을 안게 된다. 그러므로 매입을 꺼려할 것이고 그렇게 되면 수출업자의 신속한 자금회수가 곤란하게 될 것이다. 따라서 매입한 자를 보호해주기 위해 인정되고 있는 것이 소구권이다. 즉, 소구권이란 지급인이 지급을 거절한 경우 매입인은 환어음의 발행인 및 자신에게 어음을 판매한 자에 대해 다시 어음금을 돌려달라고 요청할 수 있는 권리를 말한다. 상환청구권이라고도 불린다.

04 환어음 기재란 해석

① 발행일: 어음과 함께 선적서류를 은행이 매입한 날을 기재한다.

② 숫자금액: 상업송장의 금액과 같아야 한다.

물론 신용장상에 'for 100 % of invoice value' 라 기재되어 있다면 송장금액과 동일하게 환어음을 발행하고, 'for 90 % of invoice value' 라 기재되어 있다면 송장금액의 90%까지로 어음을 발행할 수 있다.

③ 만기: at________sight 사이의 공란의 기재방식에 따라 앞서 소개한 어음의 종류가 결정된다. 공란인 채로 발행하거나 at_×××__ sight와 같이 기재된 경우, 일람출급환어음이 된다. at 90 days after sight와 같이 기재된 경우, 일람후정기출급환어음이 된다.

④ 수취인: 수출업자가 기재되어야 할 것이나, 신용장방식에서는 일반적으로 매입은행을 기재하여 발행한다. 물론 추심방식에서는 수출업자를 기재한다.

⑤ 문자금액: 어음금액을 문자로 풀어 기재한다. 위의 숫자금액과 다른 경우 문자금액을 우선한다.

⑥ 지급인: 환어음의 맨 마지막 to 다음에는 지급인을 기재한다. 지급인은 신용장거래의 경우 일반적으로 개설은행이 될 것이나, 반드시 그러한 것은 아니어서 어음발행시 신용장의 내용을 확인 후 발행해야 한다.

⑦ 발행인: 환어음의 발행인은 수출업자가 될 것인데, 발행인은 반드시 어음에 서명날인해야 하며 이 서명은 외국환거래약정시 은행에 제출한 것과 일치해야 한다.

그림 7-1 ◦ Bills of Exchange

II 추심방식

01 정의

추심(Collection)이란 은행이 고객 또는 자신의 거래은행 등의 요청에 따라 유가증권에 기한 금전채권의 지급을 청구하는 업무를 말한다. 추심이라는 용어가 생소하다면 'collect' 라는 영어의 의미를 생각해보면 이해가 쉽겠다.

추심에 관한 통일규칙에서는 추심을 "은행이 접수된 지시에 따라, 지급 또는 인수의 취득, 서류의 지급인도 또는 인수인도, 기타의 제조건으로 서류의 인도 등을 목적으로 금융서류 또는 상업서류를 취급하는 것"이라 정의하고 있다.

TIP

Uniform Rules for Collection, Publication No.522

- ICC가 만든 추심에 관한 통일규칙
- 제3차 개정안이 1996년 1월 1일부터 사용되고 있으며, 총 26개조항으로 구성
- 준거문언 : This collection is subject to Uniform Rules for Collections, 1995 Revision ICC Publication No. 522.

02 추심거래의 당사자(URC522 제3조)

① 추심의뢰인(principal): 은행에 추심을 의뢰하는 자로 수출업자를 말한다.

수출업자는 계약물품선적 후 환어음을 발행하여 이미 확보한 선적서류를 첨부하여 통상 자신의 거래은행에 가서 추심의뢰서(collection instruction)라는 서류를 작성하여 추심을 의뢰한다.

② 추심의뢰은행(remitting bank): 수출상의 요청에 따라 환어음 및 선적서류를 다시 수입국에 있는 은행에게 송부하는 은행을 말한다.

수출업자로부터 추심을 의뢰받은 수출국가의 은행인 추심의뢰은행은 스스로 수입국에 가서 대금을 회수해 올 수 없다. 따라서 수입국가에 있는 자신의 거래은행 또는 추심의뢰서에 기재되어 있는 은행에게 서류를 다시 송부하는 것이다.

추심의뢰은행은 수출상의 금융상의 편의를 위하여 우편기간과 유전스기간에 상당하는 추심이자를 공제하고 추심전 매입(bill purchased: B/P)을 하는 경우도 있다.

③ 추심은행(collecting bank): 환어음상의 지급인 즉, 수입업자에게 환어음과 선적서류를 제시하고 대금을 회수해오는 은행을 말한다. 통상 수입업자의 거래은행이 될 것이나 그렇지 않을 수도 있다. 어떤 이유에서든 수출업자가 추심의뢰서에 추심은행을 수입업자의 거래은행 이외의 은행을 지정하거나, 수출업자가 추심은행을 미지정함에 따라 추심의뢰은행이 임의로 은행을 선택할 수도 있기 때문이다.

④ 제시은행(presenting bank): 수입업자에게 직접 추심서류를 제시하는 은행으로 넓은 의미에서 추심은행에 포함된다. 앞서 언급한 바와 같이 추심은행이 수입업자의 거래은행이 아닌 경우에는 제시은행이 존재하게 되는 것이다. 즉 수출지의 추심의뢰은행이 수입국 소재 자행의 해외지점을 추심은행으로 선정한 경우 그 해외지점과 수입업자가 거래가 없는 때에는 수입업자 거래은행으로 서류를 재송부하여 제시하게 되는데 이 경우에 수입업자의 거래은행이 제시은행이 된다.

위와 같은 추심거래의 당사자 이외에도 추심거래에서 중요한 위치를 차지하고 있는 지급인(drawee)이 있다. 지급인은 당사자는 아니지만, 추심은행의 요구에 따라 지급 또는 인수를 담당하는 수입업자가 된다.

03 추심결제방식의 종류

1 지급인도방식(documents against payment: D/P)

Document는 선적서류를 의미하므로 D/P는 선적서류와 대금이 맞교환되는 방식이다. D/P방식의 거래과정을 간략히 설명하면 다음과 같다.

① 수출업자와 수입업자 사이에 D/P방식의 계약을 체결한다.

② 수출업자는 물품 선적 후 수입업자를 지급인(drawee)으로 하는 일람출급환어음(at sight draft)을 발행하여 확보된 선적서류를 첨부하여 추심의뢰서를 작성, 자신의 거래은행에 추심 또는 추심전 매입(bill purchased: B/P)을 의뢰한다.

- 추심전 매입: 추심전 매입을 의뢰받은 은행은 선적서류에 문제가 없는가를 확인하고 부도에 대비한 채권보전조치를 취한 다음 대금을 선지급한다. 이 경우 추심전 매입은행은 추심서류가 추심은행을 통해 수입업자에게 제공된 후에 매입금액을 회수하게 되므로 돈을 대출해준 셈이 된다. 따라서 우편송달기간에 해당하는 이자성격의 환가료(exchange commission)를 공제하여 지급하게 된다.

- 추심방식: 추심절차에 의하여 추심후 지급으로 취급하게 되면, 추심은행으로부터 대금이 입금되었나를 확인한 후 입금되었으면 전신환매입률로 환산하여 지급한다.

③ 추심의뢰인은행(또는 추심전 매입은행)은 환어음과 선적서류를 추심은행에 송부하고 대금을 자신의 해외 예치환거래은행의 계좌에 입금하도록 의뢰한다.

④ 추심은행은 선적서류를 수령하고 수입업자에게 추심서류 도착통지를 하여 환어음에 대해 결제할 것을 요청한다.

⑤ 선적서류에 하자가 없는 경우, 환어음의 지급인인 수입업자는 일람출급환어음에 대해 수입대금을 지급하고 선적서류를 인도 받아간다. 이때 전신환매도율을 적용하여 환산한 금액을 은행에 지급한다.

⑥ 추심의뢰은행은 추심은행으로부터 송금된 자금을 수출업자에게 지급한다.

2 인수인도방식(documents against acceptance: D/A)

Acceptance는 인수라고 한다. 앞서 일람출급환어음에 대해 지급인이 대금을 지급하고, 일람후정기출급환어음에 대해서는 지급인이 환어음 앞장에 인수일과 서명을 하는 인수를 한다는 점을 소개한 바 있다.

즉, D/A방식은 선적서류와 인수라는 행위가 교환되는 것이고, D/P방식은 선적서류와 대금이 교환되는 것이니 수입업자에게는 D/A가 유리할 것이고 수출업자는 D/P가 유리한 조건인 셈이다.

따라서 D/A방식의 거래과정은 수출업자가 일람후정기출급환어음을 발행함에 따라 지급인인 수입업자가 어음의 전면에 어음의 인수행위를 하고 선적서류를 인도받고, 어음의 만기일에 대금을 지급한다는 점을 제외하면 D/P방식과 같다.

TIP

환어음이나 추심의뢰서에는 서류가 D/P인가 D/A인가를 명시하여야 하고, 그러한 명시가 없는 추심은 D/P로 간주된다(URC522 제7조 6항 참조).

① D/P로 해석되는 표현

- Deliver document against payment
- D/P at sight
- D/P 30days
- D/P, at 30 days after sight
- D/P, at 30 days after B/L date

② D/A로 해석되는 표현

- Deliver documents against acceptance
- 60 D/S(days)
- D/A 60 days after sight
- 60 days after sight
- 60 days after B/L date

08 신용장방식의 이해

01 신용장의 정의

신용장(letter of credit: L/C)이란 일반적으로 수입업자의 요청에 따라 수입업자 거래은행이 발급하는 지급약속문서를 말한다. 신용장의 종류에 따라서는 수입업자가 아닌 국내의 수출업자의 요청에 따라 발행되는 내국신용장(local L/C)도 있고, 고철거래와 같이 큰 금액의 거래에서 수출업자의 계약불이행에 대비하여 사용되는 스탠드바이신용장(stand by L/C: 일명 보증신용장)도 있음에 따라 수입업자만이 신용장의 개설을 요청하는 것은 아니다.

이와 같은 신용장은 어음이나 수표와 같은 절대적 지급수단은 아니고, 조건부 지급수단임에 따라 신용장상 대금의 지급을 청구하는 자는 일정한 조건을 만족시켜야 한다. 이때 일정한 조건이란 다음과 같다.

신용장에는 대금지급을 구하는 자가 충족시켜야 하는 사항들 및 상업송장(commercial invoice), 선화증권(bill of lading), 보험서류 등 제출해야 할 여러 서류들이 기재되어 있다. 따라서 일정한 조건이란 일반적으로 신용장에 기재되어 있는 서류의 제시를 의미한다고 보겠다.

결국 신용장이란 수입업자의 요청에 따라 수입업자측 거래은행이 발행하는 조건부 지급각서라고 정의할 수 있다.

02 신용장의 특성

❶ 독립성

무역계약체결 시 협상하는 조건에는 품질조건, 수량조건, 단가, 선적조건, 결제조건 등이 있다. 이 조건 중 결제조건협상 시 결제수단으로 신용장을 사용하기로 결정되면, 수입업자는 자신의 거래은행에 신용장의 개설을 신청하게 된다.

이와 같이, 신용장은 무역계약의 내용 중 대금결제를 돕기 위해 활용되는 것이다. 그러나, 신용장이 개설된 후 그 자신이 돕고자 했던 무역계약이 파기되거나 조건변경되는 경우에도 그 자신은 아무런 영향을 받지 않는다. 이를 신용장의 독립성원칙이라 한다.

즉, 신용장이 개설된 후 무역계약이 파기되어도 신용장은 파기되지 않는다. 무역계약의 조건이 변경되어도 역시 신용장의 내용은 변경되지 않는다.

❷ 추상성

신용장은 은행이 대금을 지급하겠다는 약속이다. 이 약속을 지킬 것인가 결정함에 있어 은행은 수출업자가 수입업자와의 계약을 충실히 이행했는가 하는 점을 조사, 고려하지 않는다. 은행은 수출업자가 자신에게 제공한 서류만을 보고 대금지급약속의 이행여부를 결정한다.

이와 같이 은행이 무역계약상의 물품 등 계약의 이행여부를 살피지 않고, 서류만을 근거로 하여 대금의 지급 또는 거절을 결정하는 특성을 추성성이라 한다. 따라서 은행은 수출업자가 수입업자에게 제공한 물품이 당초 합의된 그 물품인가 약속된 수량인가 하는 등의 사실관계를 살피지 않고 제시된 서류의 기재내용이 신용장의 내용과 일치하면 대금을 지급한다.

❸ 서류의 엄격일치원칙

은행은 수출업자가 제공한 서류가 신용장의 내용과 엄격하게 일치하는 경우에만 대금을 지급한다는 원칙을 엄격일치원칙이라 한다.

은행은 수출업자와 수입업자 사이의 거래 및 거래대상물품에 대해 지식이 부족하다.

따라서 수출업자가 제시한 서류에 기재된 내용이 신용장의 기재내용과 다를 때, 은행은 그 틀린 내용이 자신의 고객인 수입업자에게 중요한 사항인가를 판단할 수 없을 것이다. 그러므로 은행에게 그 틀린 내용의 중요성을 판단하도록 한다면 너무 과도한 일이 될 것이므로 이를 요구하지 않고, 결국 은행은 그 틀린 내용이 중요한 것인가를 판단하지 않은 채 대금지급을 거절할 수 있도록 하는 것이다.

03 신용장의 관계당사자

신용장의 당사자는 기본당사자와 기타당사자로 나눌 수 있는데, 여기에서 말하는 기본당사자란 신용장이 만들어지기 위해 필요한 자들을 말하는 것일 뿐, 신용장상의 권리 또는 의무를 부담하는 주체를 의미하는 것은 아니다. 이러한 의미에서 기본당사자는 개설은행, 수익자, 개설의뢰인이다.

1 | 기본 당사자

1 개설은행

신용장을 작성한 은행을 말한다.

대금을 지급하겠다는 각서 즉, 신용장을 작성하는 것을 개설 또는 발행이라 한다. 은행의 명칭은 이와 같은 업무에 따라 붙여지는 것으로 신용장의 개설 또는 발행이라는 업무를 하므로 개설은행(issuing bank) 또는 발행은행(opening bank)이라 불린다.

통상, 수입업자의 거래은행이 개설업무를 하므로 개설은행은 수입업자측 거래은행이라 보면 된다.

2 수익자

개설은행이 대금의 지급을 약속한 상대방을 말한다. 통상 수출업자가 수익자가 된다.

따라서 수익자인 수출업자는 개설은행의 지급약속으로 인해 대금지급에 대해 확신을 갖고, 즉, 수입업자의 경제적 능력에 대해 염려하지 않고, 무역거래를 진행할 수 있게 된다. 다만 수익자는 신용장에 기재된 서류들을 기한 내에 개설은행 또는 신용장에 기재되어 있는 은행에 제시해야 대금지급을 요청할 수 있게 된다.

> **TIP**
>
> **수출업자의 명칭**
>
> 매도인(seller), 수출업자(exporter), 수익자(beneficiary), 송화인(consignor), 환어음발행인(drawer)

3 개설의뢰인

신용장의 개설을 요청하는 자를 말한다. 통상 수입업자가 된다.

무역계약에서 결제조건으로 신용장을 사용하기로 합의한 경우, 수입업자는 무역계약의 조건에 따라 정해진 기간 내에 수출업자를 수익자로 하는 신용장을 개설, 제공해야 할 의무를 갖는다.

개설의뢰인은 개설은행을 통하여 어떤 식으로든 신용장거래에 개입하게 되며 또한 개설은행 역시 개설의뢰인의 요구를 가능한 한 수용하여 신용장업무를 처리하게 되므로 개설의뢰인을 신용장거래에서 권리의무의 주체라고 오해할 소지가 있다. 그러나 신용장거래의 당사자는 개설은행과 수익자뿐이다.

> **TIP**
>
> **수입업자의 명칭**
>
> 매수인(buyer), 수입업자(importer), 개설의뢰인(applicant), 수화인(consignee), 환어음지급인(drawee)

2 | 기타 당사자

1 통지은행

신용장이 개설되면 수익자에게 전달해야 한다. 개설은행은 수입업자의 거래은행이므로 수입국에 위치해 있는 까닭에 수출업자에게 직접 전달하는 것은 현실적으로 불가능하다. 이에 따라, 개설은행은 수출국 내에 위치한 자신의 지점 또는 자신의 거래은행(환거래은행)에 신용장의 전달을 의뢰하게 된다. 이처럼 개설은행의 의뢰에 의해 신용장을 전달하는 수출국 내의 은행을 통지은행이라 한다.

일반적으로 은행들간에는 업무협조를 위해 사전에 환거래약정(correspondent agreement)을 체결하고 있는데, 환거래약정을 체결한 은행을 환거래은행(correspondent bank: 보통 코레스뱅크라 부른다)이라 한다. 이와 같은 환거래약정과정에서 서명감(signature book) 또는 비밀번호 등을 교환하고 있는데, 이를 통해 전달받은 서신 또는 전송문의 진위여부를 확인하게 된다. 따라서 신용장은 환거래약정을 맺은 은행을 통해 수익자에게 통지되는 경우가 일반적이다.

통지은행은 신용장의 통지요청을 받았을 때, 그 진위여부를 검토해야 한다. 그러나 자신이 통지한 신용장에 따라 대금을 지급할 책임은 없다.

TIP

예치환거래은행

환거래약정을 체결하면서 상호간에 계좌까지도 개설한 은행 간의 관계를 말한다. 예치환거래약정을 체결하는 경우는 그리 많지 않고 대부분 무예치환거래약정을 체결하고 있다.

2 매입은행

매입이라는 용어는 본래 환어음거래에서 사용되고 있는 용어이다. 매입이란 환어음의 만기까지의 이자를 공제하고, 쉽게 말해 할인(discount)해서 사는 행위이다.

환어음의 종류 중 일람후정기출급환어음(at 90 days after sight: 90 d/s)의 경우, 지급인의 인수일로부터 90일 후(만기)에야 비로소 현금을 지급받게 된다. 이와 같이 만기까지 자금회수가 늦어짐에 따라 경제적인 어려움이 올 수 있으므로 인수된 환어음을 만기까지의 이자를 공제한 가격으로 미리 할인해서 판매하게 되는데, 이러한 경우에 매입이라 하는 것이다.

신용장거래에서의 매입은 그 개념이 조금 확장되어 환어음이 첨부된 선적서류 뿐 아니라 환어음이 없는 환어음을 할인하는 경우까지도 포함시키고 있다. 그러므로 신용장거래에서의 매입은, 환어음의 유무를 구별하지 않고, 만기까지의 이자를 공제하고 구입하는 행위로 이해하면 되겠다. 따라서 매입은행이란 이와 같은 매입을 행하는 은행을 말하며, 신용장에 매입을 할 수 있는 은행을 지정하는 경우와 그렇지 않은 경우가 있다.

신용장의 조건과 일치되는 서류에 대해 매입한 은행은 후에 개설은행으로부터 보상받을 권리가 있다.

3 확인은행

추심방식 또는 송금방식과 같이 은행의 지급약속이 없는 결제방식으로 거래하는 경우, 수출업자는 오직 수입업자의 신용을 믿고 거래해야 한다. 신용장이 개설되면 은행이 대금지급을 약속하게 됨에 따라 좀 더 안전한 거래가 된다.

즉, 신용장거래는 개설은행의 신용에 의지하는 것이나 개설은행의 신용도가 낮거나 수입국의 정치경제적인 상황이 불안정한 경우, 수익자의 대금회수에 대한 확실성은 떨어지게 된다. 이러한 경우 개설은행의 요청에 따라 제3의 은행(통상적으로 수출국내의 은행인 경우가 대부분이다)이 개설은행의 대금지급약속에 자신의 지급약속을 추가하는 경우가 있는데, 이와 같은 은행을 확인은행이라 한다.

4 상환은행

매입은행을 비롯하여 수익자에게 대금을 결제한 은행이 개설은행의 본 · 지점 또는 예치환거래은행이 아닌 경우, 개설은행이 이와 같은 은행에게 대금을 보상해주기 위해 활용하는 은행을 말한다. 개설은행은 신용장상에 자신과 예치환거래약정을 맺고 있는 제3의 은행을 기재하면서 매입은행이 수익자로부터 제시받은 환어음을 이 은행 앞으로 송부하도록 지시한다. 이 경우 개설은행으로부터 사전에 상환수권을 받은 상환은행은 자행에 예치된 개설은행의 계좌에서 청구된 금액을 인출하여 매입은행의 계좌로 입금시키는 방식으로 대금을 보상해준다.

상환은행은 '매입은행이 신용장의 조건과 일치되는 서류에 대해 대금을 결제했다' 는 증명서를 요구해서는 안 되며, 만일 상환은행이 대금을 보상해주지 않으면 최종적으로 개설은행이 보상해줘야 한다.

04 신용장의 종류

1 취소가능신용장과 취소불능신용장

취소가능신용장(revocable credit)이란 개설은행이 일방적으로 취소 또는 조건을 변경할 수 있는 신용장을 말한다. 이에 반해, 취소불능신용장(irrevocable credit)은 신용장거래의 당사자 전원의 합의가 없이는 취소 또는 조건변경이 불가능하다. 즉, 개설은행과 수익자, 확인은행이 있는 경우라면 확인은행의 합의가 있는 경우에 한해 신용장을 취소 또는 조건을 변경할 수 있는 것이다.

물론 위 세 당사자가 모두 동의해야 조건변경이 유효해진다는 의미는 아니다. 즉 조건변경에 동의한 자들 간에는 변경된 내용으로 그렇지 않은 자들 사이에는 변경 이전의 내용으로 신용장이 존재하는 것이다. 예를 들어 개설은행과 수익자는 조건변경에 동의했으나 확인은행은 조건변경에 동의하지 않은 경우, 개설은행과 수익자 사이에는 조건변경된 내용으로 신용장이 구성되는 것이며, 확인은행에게는 조건변경 이전의 원신용장의 내용이 그대로 남아 있는 것이다.

신용장에 취소가능여부에 대한 표기가 없는 경우 당연히 취소불능으로 취급된다.

2 확인신용장과 무확인신용장

신용장의 확인이란 개설은행의 요청에 따라 국제적으로 신용도가 높은 은행이 개설은행의 지급약속에 자신의 약속을 추가하는 것을 말하며, 이와 같이 추가 약속이 있는 신용장을 확인신용장(confirmed credit)이라 한다.

보통 개설은행의 신용이 불안하거나, 수입국의 정치, 경제, 사회상황의 불안정으로 대금회수가 불안한 경우에 이용된다. 일반적으로 수출국소재지의 개설은행의 환거래은행이 개설은행의 요청에 따라 신용장을 통지하면서 확인을 추가하는 경우가 대부분이다. 확인은행은 확인의 대가로 확인수수료(confirming fee)를 받는다.

확인은행은 개설은행의 약속에 자신의 지급약속을 추가한 것이며 개설은행의 약속을 대체하는 것이 아니다. 이는 수익자에게 중요한 의미를 갖는다. 즉 수익자입장에서 개설은행이 2개 있는 셈이 되기 때문이다.

TIP

seller's confirmation

신용장의 확인이란 개설은행의 요청에 따라 이루어지는 것이 원칙이며 수익자가 신청하는 것이 아니다. 그러나 현실적으로는 수익자의 요청에 의해 이미 개설된 신용장에 대해 추가적인 약속을 하는 경우가 있는데, 이와 같은 경우를 seller's confirmation이라 칭하고 있다.

3 양도가능신용장과 양도불능신용장

신용장거래에서 대금을 지급받고자 하는 자 즉 수익자는 신용장에 기재된 서류를 제공해야 한다. 신용장에서 요구하고 있는 서류에는 통상 상업송장(commercial invoice), 선화증권(bill of lading: B/L), 보험증권(insurance policy)이 포함된다.

상업송장은 수출업자가 수입업자와의 계약에서 정한 품질 및 수량의 물품임을 증명하는 물품의 명세서이다.

선화증권은 계약에서 정한 기간 내에 약속된 물품을 선적했다는 증명서이다.

보험증권은 계약에서 정한 내용대로 보험회사와 보험계약을 체결했다는 증명서이다.

위 3가지 서류를 확보하기 위해서는 그에 따르는 업무를 진행해야 한다. 즉, 수익자는 위 3가지 서류를 제공해야 대금을 지급받게 되므로, 위 서류를 확보하기 위해 각각의 업무를 진행해야 하는 것이다. 그러므로 신용장을 양도받아 수익자가 된다는 것은 당초 수출업자와 수입업자와의 계약을 이행하는 자가 된다는 의미가 된다.

수입업자는 여러 수출업자들 중 당해 수출업자 즉 최초의 수익자가 여러 면에서 적절하다고 판단하여 무역거래를 진행하고 있는 상태일 것이다. 그런데 신용장이 양도되면 업무를 진행하는 자가 바뀌므로 이는 수입업자는 자신이 선택한 자가 아닌 제3

자와 거래를 진행하는 셈이 되는 것이어서 수입업자의 기대가 파괴되는 결과를 낳게 된다.

이러한 이유로 신용장의 양도가능성은 원칙적으로 인정되지 않는 것이다. 다만 신용장의 양도로 피해를 입는 개설의뢰인 즉, 수입업자가 이를 인정한다면 금지할 이유가 없다. 그러므로 양도가능신용장(transferable credit)이란 신용장상에 신용장의 양도를 허용하고 있는 경우의 그 신용장을 말한다. 신용장에 양도를 허용하는 문구가 기재되지 않는다면 양도불능신용장(non-transferable credit)으로 양도는 불허된다. 신용장을 양도가능하게 하는 문구는 'transferable'이며 이 경우 양도는 수직적으로 1회에 한한다. 즉, 제1수익자의 양도 후 재양도는 허용되지 않는다.

4 매입신용장과 지급신용장

매입이란 만기까지의 이자를 공제하고 즉, 할인하여 구입하는 행위를 말한다.

매입신용장(negotiating credit)이란 이와 같은 매입을 허용하고 또 매입한 자들에게 대금의 보상을 약속하고 있는 신용장을 말한다. 매입신용장에는 '환어음 발행인(drawer), 어음의 배서인(endorser) 및 어음의 선의의 소지자(bona-fide holder)' 에 대한 지급을 약속하는 문구가 기재된다.

이에 반해, 지급신용장(straight credit)이란 환어음의 배서인이나 선의의 소지인에 대한 지급확약은 없고 오로지 수익자에 대한 지급약속만 있는 경우를 말한다.

지급신용장은 원칙적으로 환어음을 요구하지 않고 선적서류와 교환으로 지급할 것을 약속하는 형태로 개설되어야 하는 것이나, 현실적으로 환어음을 요구하는 경우도 적지 않다. 이 경우 환어음은 일람출급환어음(at sight draft)을 요구하는 것이 옳다. 따라서 지급신용장 수령 시 수익자는 환어음의 종류를 살펴봐야 할 것이다.

5 지급신용장과 인수신용장

지급신용장이란 선적서류 또는 환어음이 포함된 선적서류의 제시 시 즉시 대금을 결제하는 형태의 신용장을 말한다. 지급신용장은 원칙적으로 환어음이 필요없으나 요구하는 경우 일람출급환어음이어야 한다.

이에 반해 인수신용장이란 일람후정기출급환어음이 포함된 선적서류를 요구하고, 또한 서류제시일에는 어음 전면에 인수일을 기재하는 등 인수행위를 할 뿐이고 대금의 결제는 만기일에 가서야 이루어지는 형태의 신용장을 말한다.

수익자는 인수된 환어음을 할인함으로써 만기일에 앞서 자금을 회수할 수도 있다.

TIP

무역인수(trade acceptance/seller's usance) VS.
은행인수(bank acceptance/banker's usance)

무역인수나 은행인수 양 방식에서 개설의뢰인 즉, 수입업자는 선적서류를 입수한 이후에 은행에 대금을 보상해준다. 즉, 수입업자 입장에서 양자는 모두 외상방식인 것이다. 그런데, 양자는 외상을 주는 자가 누구인가에 따라 구분된다.

무역인수방식에서 수익자는 은행을 지급인으로 하는 일람후정기출급환어음을 발행한다. 따라서 수익자는 은행에 선적서류를 제시하고 인수된 환어음만 회수할 뿐 대금은 만기에 가서 받게 된다. 즉, 수출업자가 수입업자에게 외상으로 물품을 파는 방식이다.

이에 반해 은행인수방식에서 수익자는 은행을 지급인으로 하는 일람후정기출급환어음을 발행하고 은행에 제시시 바로 대금을 회수한다. 이후 은행은(개설은행이라면) 수입업자에게 대금의 보상을 요구하게 되는데 이와 같은 대금의 보상을 일정 기간 이후에 신청함으로써 마치 개설은행이 수입업자에게 자금을 빌려준 효과를 준다.

TIP

신용장(Letter of Credit)
일람불(Sight)-송금방식

SEND-NO:7-000024-00 DATE:200.02.04 SWF ID:1700050224558362

==

FM:KOREA EXCHANGE BANK, SEOUL
TO:BANK OF CHINA, SHANGHAI
DATE:050224

::700 ISSUE OF A DOCUMENTARY CREDIT

:27 SEQUENCE OF TOTAL:1/1
:40A FORM OF DOCUMENTARY CREDIT:IRREVOCABLE TRANSFERABLE

:20 DOCUMENTARY CREDIT NUMBER:M06A052XS00064
:31C DATE OF ISSUE:050223
:31D DATE AND PLACE OF EXPIRY:050330IN CHINA
:50 APPLICANT:ABC CO LTD
BYUCKSAN DIGITAL VALLY I
GURODONG,GUROGU,SEOUL,KOREA
T:82 2 868 0030 F:82 2868 4724
:59 BENEFICIARY:SHANGHAI TEXTILE UNITED CO.,LTD
SHANGHAI,CHINA
:32B CURRENCY CODE,AMOUNT:USD17,995.8
:39A PERCENTAGE CREDIT AMOUNT TOLERANCE:02/02
:41D AVAILABLE WITH...BY...ANY BANK
BY NEGOTIATION
:42C DRAFTS AT ....SIGHT
:42D DRAWEE:KOREA EXCHANGE BANK GURO BRANCH
:43P PARTIAL SHIPMENT:ALLOWED
:43T TRANSSHIPMENT:ALLOWED
:44A LOADING/DISPATCH/TAKING CHARGE AT/FROM:SHANGHAI, CHINA
:44B FOR TRANSPORTATION TO ....YANGON,MYANMAR
:44C LATEST DATE OF SHIPMENT:050315
:45A DESCRIPTION OF GOODS AND/OR SERVICE: +ORIGIN:CHINA
+STYLE:OE3 78K5
100PCT COTTON TWILL 20X16/128X60/128X60 43/44" P/D W/R PEACH
8,970YDS AT USD1.34/YD
STYLE:OE3 29B5
COTTON CANVAS 10/2X10/2/40X34
3,320YDS AT USD1.80/YD
+PRICE TERM:FOB CHINA
:46A DOCUMENTS REQUIRED:
+SIGNED COMMERCIAL INVOICE IN 03FOLD
+FULL SET OF CLEAN ON BOARD OCEAN BILLS OF LANDING MADE OUT TO THE ORDER OF KOREA EXCHANGE BANK MARKED FREIGHT COLLECT AND NOTIFY APPLICANT
+PACKING LIST IN 03 FOLD
+BENEFICIARY CERTIFICATE STATING THAT THEY HAVE BEEN SENT THE FOLLOWING DOCUMENTS COPY TO APPLICANT BY FAX WITHIN 48 HOURS
AFTER SHIPMENT
-BILL OF LADING

-INVOICE
-PACKING LIST
+A PHOTOCOPY OF INSPECTION CERTIFICATE ISSUED BY ENTER.B GLOBAL CO.,LTD.MR.Y.S.KIM
+AWB IS ACCEPTABLE

:47A ADDITIONAL CONDITIONS:
+NEGOTIATION/PAYMENT UNDER RESERVE OR AGAINST AN INDEMNITY PROHIBITED. IN THAT CASE, NEGOTIATION SHOULD BE PROCESSED UNDER OUR APPROVAL. A DISCREPANCY FEE OF USD80.00 OR EQUIVALENT THEREOF IS PAYABLE BY THE BENEFICIARY FOR EACH DRAWING PRESENTED WHICH DOES NOT STRICTLY COMPLY WITH THE TERMS OF THIS LETTER OF CREDIT AND WHICH HAS TO BE REFERRED TO THE APPLICANT.
+02 PCT MORE OR LESS IN QUANTITY AND AMOUNT ARE ACCEPTABLE.
+SHIPMENT MUST BE EFFECTED BY SHANGHAI OCEANAIR LOGISTICS CO.,LTD.C/O PLEX LOGISTICS CO.,LTD(SHANGHAI). ADD:FLOOR 21,NO.895, YAN AN WEST TOAD,SHANGHAI 200052,CHINA. TEL:+86 21 6295 1973/ 1963, FAX:+86 21 6295 1972 ATTN:MS CINDY LEE.
+UPON RECEIPT OF DOCUMENTS IN CONFORMITY WITH THE TERMS AND CONDITIONS OF THIS LETTER OF CREDIT, WE WILL REMIT THE PROCE-SSEDS TO THE BANK DESIGNATED BY YOURSELVES.
+TRANSFERRING BANK IS BANK OF CHINA
SHANGHAI BR.

:71B CHARGES:ALL BANKING CHARGES OUTSIDE KOREA
AND REIMBURSEMENT CHARGES ARE FOR
BENEFICIARY'S ACCONT

:48 PERIOD FOR PRESENTATION:DOCUMENTS TO BE PRESENTED WITHIN
15 DAYS AFTER THE DATE OF SHIPMENT
BUT WITHIN THE VALITY OF THE
CREDIT

:49 CONFIRMATIN INSTRUCTIONS:WHITOUT

:78 INST TO THE PAY/ACCEPT/NEGOTIATE BANK
ALL DOCUMENTS MUST BE FORWARDED TO KOREA EXCHANGE BANK INTERNATIONAL OPERATION TEAM/2ND FLOOR 181. ULCHIRO 2-14. CHING-KU SEOUL 100-793 REPUBLIC OF KOREA IN ONE LOT BY REGISTERED AIRMAIL/COURIER, SERVICE.

:57D "ADVICE THROUGH" BANK:BANK OF CHINA
SHANGHAI BR.

:72 SENDER TO RECEIVER INFORMATION:

+UNLESS otherwise EXPRESSLY STATED,
THIS CREDIT IS SUBJECT TO THE
UNIFORM CUSTOMS AND PRACTICE FOR
DOCUMENTARY CREDIT, 1993 REVISION,
ICC PUBLICATION NO. 500

******* END OF MESSAGE *******

05 신용장 샘플 검토

❶ 700 issue of a documentary credit

신용장개설통보문임을 나타내는 것이다. 현재 신용장의 개설 및 통지 또는 양도통지에 SWIFT가 이용되고 있다.

SWIFT란 Society for Worldwide Interbank Financial Telecommunications의 약어로 은행들 간에 활용되는 금융망이라 이해하면 되겠다. 서로 다른 나라에 위치한 은행들간에 정보전달을 위해 SWIFT망을 이용함으로써 전보나 텔렉스를 이용하던 과거에 비해 비용과 시간을 많이 절약할 수 있게 되었다.

신용장업무와 관련하여 SWIFT망 이용 시 문서양식을 표준화하는 것이 편리할 것이라 판단하여 현재는 표준화된 문서양식을 이용하고 있는데, 이를 Message Type(MT)이라 한다. 주요 양식은 다음과 같다.

MT 700 – 화환신용장발행
MT 707 – 신용장 조건변경
MT 720 – 신용장 양도통지
MT 742 – 대금결제신청
MT 750 – 신용장조건 불일치통보
MT 754 – 신용장 지급 · 인수 · 매입 통보

❷ 40A form of documentary credit

신용장의 종류를 말하며, 본 신용장은 취소불능이며 또한 양도가능한 신용장에 해당된다.

신용장에 취소여부에 대한 표기가 없으면 당연 취소불능신용장으로 취급된다. 취소불능신용장은 수익자가 동의하지 않으면 그 내용이 변경될 수 없으므로 안전하다.

한편, 신용장상의 '특수조건' (additional conditions) 항목에 수익자가 충족시키는 것이 곤란한 조건은 없는가 검토해야 한다. 만일 그러한 조건이 포함되어 있다면, 신용장이 취소불능하다는 점은 의미가 없기 때문이다.

신용장은 원칙적으로 양도할 수 없다. 신용장을 양도하게 되면, 양수인이 선적서류를 제시하고 대금을 지급받게 된다. 그런데 신용장의 양도란 단순히 수익자가 변경되는 것이 아니고, 무역계약을 이행하는 자가 변경되는 결과가 되기 때문에 수입업자를 보호하기 위해 양도를 금지하고 있다.

만일 신용장을 양도가능하게 만들고자 한다면 본 신용장에서처럼 'transferable' 이라는 용어가 포함되어 있어야 한다. 그 이외의 유사한 의미의 단어를 사용해서는 안 된다.

❸ 31C date of issue

신용장 개설일을 말하며, 본 신용장은 2005년 2월 23일에 개설된 것이다.

일반적으로 신용장 개설일은 그리 중요한 요소가 아니다. 그러나, 무역계약 협상시, 신용장개설기간을 약정한 경우에는 중요한 요소가 된다. 예를 들어, 무역계약에서 신용장개설기간을 'within 10 days after the contract date' 와 같이 약정했다면, 계약에 서명 후 10일 내에 신용장이 개설되어야 하며 그렇지 않으면 계약위반에 해당하는 것이다.

❹ 31D date and place of expiry

신용장의 유효기간 및 유효장소를 말하며, 유효기간은 2005년 3월 30일까지이고 유효장소는 중국이다. 따라서 중국에서 05년 3월 30일까지 본 신용장을 사용할 수 있다고 볼 수 있겠다.

수익자는 선적기간과 유효기간을 대조하여 선적기간의 만료일로부터 유효기간이 너무 짧지 않은가 살펴야 한다. 유효기간이 너무 짧으면 물품의 선적 후 필요한 서류를 확보, 제시하는데 어려움이 있을 수 있기 때문이다. 또한 유효장소가 수출국가가 아닌 수입국가를 기준으로 하고 있는가 살펴, 수출국가를 기준으로 하도록 해야 할 것이다.

❺ 50 applicant

신용장의 개설의뢰인을 말하며, 통상 무역거래의 상대방인 수입업자가 기재된다.

신용장통일규칙에서 신용장에 기재된 개설의뢰인과 수익자 주소의 세부사항은 수익자가 제시한 서류에 동일하게 기재될 필요는 없다고 규정하고 있으나, 문제의 소지를 없애도록 신용장 수령 시 무역계약서에 기재된 주소와 동일한가를 대조해보고 후에 서류작성 시에도 조금 더 신경 써서 작성하는 것이 필요하다.

❻ 59 beneficiary

신용장상 수익자를 말한다.

신용장거래와 관련된 분쟁 중 하나는 수익자와 개설의뢰인 이름의 오타에서 발생된 것이다. 많은 법원의 판결에서는 수익자명 등 사람(회사)의 이름에서의 오타는 다른 오타와 달리 은행이 수리 거절할 수 있는 근거가 됨을 인정하고 있다. 따라서 수익자는 신용장 수령 시 자신의 이름이 정확한가 살펴야 하며 오타가 있다면 조건변경 등의 절차를 밟아야 할 것이다.

❼ 32B currency code, amount

신용장 금액 및 통화단위를 말한다.

무역계약협상 시 수출대금 중 일부를 선지급방식 등 다른 방식으로 결제하기로 합의한 경우가 아니라면, 신용장 금액과 무역거래금액이 동일하게 된다. 예를 들어 T/T 30%, L/C 70%와 같이 약정했다면, 신용장금액은 수출금액의 70%에 해당하는가 살펴야 한다.

❽ 39A percentage credit amount tolerance

신용장거래에는 수출업자가 제시한 서류의 기재사항이 신용장에 기재된 내용과 동일해야 한다는 엄격일치원칙이 지배한다. 따라서 신용장 금액과 수출업자가 준비하는 상업송장(commercial invoice)과 환어음(draft)상의 금액은 일치해야 한다.

그런데 무역계약의 협상시 수출업자가 수입업자에게 제공했던 수출단가가 변동되는 경우가 있다. 예를 들어 국제운송비 또는 보험료가 변동되는 경우가 그와 같은 경우이다. 또한 살물(bulk cargo)의 거래 시에도 역시 수출업자가 청구하는 금액에 약간의 변동이 발생할 가능성이 있다. 이와 같은 이유로 신용장 금액으로부터 약간의 이탈을 허용할 필요가 있는데 본 항목은 그 허용치를 기재하는 곳이다.

❾ 41D available with ... by ...

신용장의 사용장소 및 사용방법을 기재하는 항목이다.

with 다음에 기재된 장소(은행)가 본 신용장을 사용할 수 있는 장소로, 이는 수익자가 그 기재된 은행에 서류를 제시하고 대금지급을 청구할 수 있다는 의미이다. by 다음에는 신용장의 사용방법 즉, 지급(payment) 연지급(deferred payment), 인수(acceptance), 매입(negotiation) 중 하나를 기재하게 된다. 따라서 with 이하에 기재된 은행은 by 이하에 기재된 방법으로 신용장거래에 참여하는 것이며, 이에 따라 신용장의 종류와 은행의 명칭이 결정되는 것이다. 본 신용장의 경우 매입방식으로 어느 은행에서나 이용가능한 경우이다. 따라서 매입신용장에 해당하는 것이다.

❿ 42C drafts at...

신용장에서 환어음을 요구하는 경우 환어음의 종류를 기재하는 곳이다.

환어음은 통상 일람출급환어음(at sight draft)과 일람후정기출급환어음(usance draft)이 많이 활용되고 있고, 일람출급환어음의 경우 'draft at... sight' 와 같이 기재되고, 일람후정기출급환어음은 'draft at ... 90 days after sight' 또는 'draft at 90 d/s' 와 같이 기재된다.

매입신용장의 경우에는 양자 중 어느 것이나 이용할 수 있으나, 지급신용장과 인수신용장의 경우에는 이용가능한 환어음의 종류가 결정되어 있다.

지급신용장은 원칙적으로 환어음이 필요 없는 것이나, 환어음을 요구하는 경우에는 일람출급환어음을, 인수신용장의 경우 일람후정기출급환어음을 요구하는 것이 정상이다. 만일 그렇지 않다면 조건변경을 요구해야 한다. 연지급신용장에서는 환어음을 요구하면 안되며, 매입신용장의 경우 환어음의 종류는 그리 큰 문제가 되지 않는다.

⑪ 42D drawee

환어음의 지급인을 기재하는 곳이다.

환어음의 지급인은 통상 개설은행 또는 개설은행과 예치환거래약정을 맺고 있는 은행인 경우가 많다.

한편, 개설의뢰인을 지급인으로 기재하는 경우가 종종 있는데, 개설의뢰인을 지급인으로 하는 환어음을 요구해서는 안 된다.

⑫ 43P partial shipment

분할선적의 허용 또는 금지여부를 기재하는 곳이다.

본 신용장에서는 분할선적을 허용하고 있는데, 금지하는 경우에 'not allowed' 또는 'prohibited' 와 같이 기재하게 된다. 분할선적을 금지하고 있는 경우, 수출업자는 약속된 수량을 1회에 발송해야 하며 나누어 발송하면 안 된다. 다만 동일한 배를 이용, 부산에서 일부, 고베에서 일부 선적하여 목적지로 운송되는 경우에는 비록 선적일이 다를지라도 분할선적으로 취급되지 않는다.

⑬ 43T transshipment

환적의 허용 또는 금지여부를 기재하는 곳이다. 환적에 대해 허용한다는 기재가 없는 한, 환적은 금지된다.

신용장거래에서의 환적이란 신용장에 기재된 선적항과 양륙항 사이에서 환적이 이루어진 경우만을 의미하므로, 선적항 또는 양륙항에서 환적되는 경우에는 문제가 되지 않는다.

예를 들어 '선적항: 부산항,' '도착항: 뉴욕항' 인 조건에서 인천에서 선적된 화물을 부산항에서 환적하는 경우나 뉴욕항에 도착된 선박으로부터 타 선박으로 환적하는 것은 신용장거래에서 관심사항이 아니다.

⑭ 44A loading/dispatch/taking charge at/from

선적항 또는 인수장소를 기재하는 곳이다.

⑮ 44B for transportation to

도착항을 기재하는 곳이다.

신용장상에 '선적항' 또는 '도착항' 란에 항구명이 아닌 넓은 공간 예를 들어 국가명을 기재하는 경우가 종종 있다. 이러한 경우에도 수출업자가 제시한 선화증권에는 해당 란(선적항 또는 도착항)에 항구명을 기재해야 하며 신용장과 일치시키기 위해 국가명을 기재해서는 거절사유가 되므로 유의해야 한다. 즉, 신용장상에 'any korean port' 로 기재되어 있는 경우, 부산항에서 선적했다면 선화증권에는 'any korean port' 가 아닌 '부산항 '이라 기재해야 하는 것이다.

⑯ 44C latest date of shipment

최종 선적기간을 기재하는 곳이다.

선적기간은 무역계약의 내용과 일치해야 한다. 선적기간이 너무 짧으면 수출업자가 계약물품을 확보 및 선적하는 데 서둘러야 하므로 충분한 기간을 확보해야 한다.

⑰ 45A description

계약물품 즉, 수출물품의 명세를 기재하는 곳이다.

신용장거래에서 불일치사항 중 가장 대표적인 것이 물품명세의 불일치이다. 물품명세를 가능한 한 너무 자세하게 포함시키지 않도록 하는 것이 필요하며, 후에 상업송장을 작성하는 때에는 반드시 신용장상의 물품명세와 동일하도록 대조하면서 작성하는 신중함이 필요하다.

⑱ 46A dcouments required

수익자가 제출해야 하는 서류를 기재하는 곳이다.

수익자가 자신이 준비할 수 없거나 확보가 곤란한 서류는 없는가 또는 자신이 만족시킬 수 없는 조건은 포함되어 있지 않은가를 본 항목과 다음 항목(47A additional conditions)을 꼼꼼히 살펴보아야 한다.

⑲ 47A additional conditions

추가조건을 기재하는 곳이다.

수입업자는 수출업자의 충실한 계약이행을 담보하기 위해 본 항목에 추가적인 여러 조건을 기재하는 경우가 많다. 그런데 그 조건들에는 수출업자가 만족시키기에 곤란한 조건들이 포함되는 경우가 있다. 따라서 수출업자는 본 항목을 자세히 검토해야 한다.

- 2 percent more or less in quantity and amount are acceptable: 신용장금액 및 수량의 2%의 과부족을 허용한다.

⑳ 71B charges

신용장거래는 수입업자의 대금지급의무의 이행을 위해, 수입업자의 요청에 따라 개시되는 것이다. 따라서 원칙적으로 신용장거래에 참여하는 은행관련 경비는 모두 수입업자의 몫이다. 그러나 현실적으로 본 항목에서 수입국가 이외의 국가에서 발생된 은행관련 수수료 및 경비를 수출업자에게 전가시키고 있다.

'all banking charges outside 수입국 are for account of beneficiary' 로 기재되는 경우가 가장 흔하다.

㉑ 48 period for presentation

본 항목은 선적서류제시기간을 기재하는 곳이다.

선적서류제시기간은 용어 그대로 제시기간이며, 신용장의 유효기간은 신용장상 은행의 약속이 살아있는 기간이다. 따라서 수익자는 양 기간을 모두 만족시켜야 비로소 대금지급 받을 권리를 얻는다.

선적서류제시기간은 통상 선적기간의 마지막 일로부터 10일 정도로 설정하는 것이 보통이다. 기간이 너무 짧으면 서류를 준비하여 제시하는 데 있어 수익자에게 불리하므로 연장시켜야 한다.

신용장에 선적서류제시기간이 기재되는 것이 보통이나, 미기재된 경우 선적일 다음 날로부터 21일이 선적서류제시기간이다.

수익자는 유효기간과 선적서류제시기간 양 기간을 모두 충족시켜야 하므로 양 기간 중 앞선 일자까지 서류를 제시해야 한다.

㉒ 49 confirmation instructions

본 항목을 통해 확인은행이 있는가를 알 수 있다.

개설은행이 통지은행에 신용장의 통지를 요청하면서 당해 통지은행에게 확인을 추가하도록 요청했는가를 기재하는 곳이다. 본 신용장에서는 확인을 요청하지 않았기에 'without' 이라 기재되어 있다. 확인을 추가한 경우에는 'confirm' 이라 기재된다.

09 신용장거래 과정

I 신용장의 개설

01 신용장 개설신청 기간

무역거래에서 결제조건으로 신용장을 합의한 경우, 수입업자는 자신의 거래은행에 신용장의 개설을 신청하게 된다.

신용장의 종류 및 신용장을 개설, 수출업자에게 제공할 기한은 모두 무역계약에서 정해지는 것으로 통상 다음과 같은 문장이 사용되고 있다.

"Payment : by irrevocable L/C at sight"

"Payment : by irrevocable L/C to be established within 10 days after contract"

"L/C to be opened well in advance for shipment"

첫 번째 문장과 달리, 두 번째와 세 번째 문장은 개설을 위한 기한이 설정되어 있어 주의를 요한다. 즉, 두 번째 문장과 세 번째 문장의 경우 각각 계약 후 10일 내 그리고 선적 전에 신용장을 개설하지 않은 경우 계약위반에 해당되어 수출업자의 선적지연에 대해 클레임을 제기할 수 없게 되는 것이다. 그러므로 수입업자는 자신의 업무인 신용장의 개설을 선적과 연계시키지 않도록 해야 하고, 이에 반해 수출업자는 신용장의 개설과 자신의 업무인 선적을 연계시키는 것이 바람직하다.

02 신용장 개설 신청

1 | 외국환거래약정 체결

신용장의 개설은 수입업자에게 금융을 제공하는 것이다. 따라서 은행은 수입업자의 지급여력에 대한 검토 또는 담보물의 확보 등 안전장치를 마련한 후 신용장 개설신청에 응하게 될 것이다.

외국환거래약정은 무역거래를 처음으로 진행하는 경우, 예를 들어 수출대금의 회수 또는 수입대금의 지급을 처음으로 진행하는 경우 은행과 맺는 약정을 말한다. 따라서 현재 무역업에 종사하고 있는 기업은 은행과 외국환거래약정을 맺은 상태이므로 신용장의 개설을 위해 별도의 외국환거래약정을 체결할 필요는 없다.

이와 같은 외국환거래약정은 추심방식에 적용되는 부분과 신용장방식에 적용되는 부분 등 여러 거래형태에 대한 거래조건을 전부 다 기재하고 있어 신용장방식인 경우 총론에 해당되는 부분과 신용장방식에 대한 부분이 합쳐져 하나의 계약이 되는 형태이다.

신용장방식에 관한 조건에는 수입화물에 대한 모든 권리는 은행이 갖는다는 취지의 조건이 포함되어 있어 외국환거래약정 역시 은행입장에서는 채권담보에 활용된다고 볼 수 있겠다.

2 | 신용장 개설 신청서 작성

1 신용장 자체에 관한 사항

❶ 취소가능여부

2007년 7월 1일 발효된 신용장통일규칙(UCP600)에 따르면 '신용장은 취소불능한 약속'이다. 따라서 원칙적으로 취소가능한 신용장은 사용될 여지가 없게 되었다.

이에 따라 과거와 달리 취소가능여부에 대한 검토는 필요없다고 볼 여지가 있다. 그러나 볼리비아를 비롯한 일부 국가에서는 해당 국가의 법률에 따라 취소가능여부에 대한 표기가 없는 신용장을 취소가능이라 취급하고 있어 여전히 취소가능여부에 대한 표기는 유의해야 할 사항이다.

❷ 사용방법

신용장은 지급확약문구에 의해 신용장의 사용방법과 사용장소가 결정되는데 다음과 같다.

This credit is available with ABC bank by Payment.

This credit is available with ABC bank by Deferred Payment.

This credit is available with ABC bank by Acceptance.

This credit is available with ABC bank by Negotiation.

위로부터 순서대로 지급방식(payment), 연지급방식(deferred payment), 인수방식(acceptance), 매입방식(negotiation)이다. 이와 같이 신용장에는 지급, 연지급, 인수, 매입방식 중 하나의 사용방법을 정해서 개설되어야 한다. 한편 인수방식의 경우 수출업자가 신용을 제공하는 shipper's usance 방식인지 은행이 신용을 제공하는 banker's usance방식인지를 정확하게 기재할 필요가 있다.

신용장의 사용방법과 더불어 함께 기재되는 것이 사용장소에 대한 기재이다. 위 4가지 문장은 모두 사용장소를 ABC 은행으로 제한하고 있는 경우이다. 그런데 매입방식의 경우에는 사용장소를 지정하지 않은 채 개설하는 경우도 있으며, 그와 같은 경우의 문장은 다음과 같다.

This credit is available with any bank by Negotiation.

이와 같이 사용장소가 지정된 경우에는 그 지정된 장소에 서류를 제시하고 대금결제를 요구해야 하나, 미지정된 경우에는 어떤 은행이건 이용할 수 있다. 그러나 통상 수출업자의 거래은행이 이용되는 경우가 많다.

UCP600에서는 매입방식이 아닌 기타 사용방법에서도 사용장소를 지정하지 않은 채 개설되는 것이 가능하다.

❸ 신용장 금액

일반적으로 신용장금액은 무역계약상의 금액과 일치되는 것이 보통이다. 따라서 신용장금액이 무역계약상의 금액과 일치하도록 기재해야 할 것이며, 특별히 과부족을 허용하는 경우에는 과부족한도를 정확하게 표기해야 할 것이다. 물론 무역계약에서 T/T방식에 의한 선지급 30%, L/C방식에 의한 결제를 70%로 약정한 경우에는 그와 같은 계약내용을 반영하여 작성해야 할 것이다.

❹ 환어음

신용장에서 환어음을 요구하는 경우에는 종류, 금액, 지급인을 기재해야 한다.

첫째, 환어음은 만기를 기준으로 일람출급환어음과 일람후정기출급환어음, 발행일후정기출급환어음, 확정일자출급어음의 4종류가 있으므로 그 종류를 기재해야 한다. 예를 들어 일람출급환어음의 경우라면 'at sight', 일람후정기출급환어음의 경우라면 외상기간에 따라 'at 90 days after sight' 또는 '90 d/s' 와 같이 표기해야 한다.

둘째, 환어음 금액은 통상 신용장 금액과 같은 금액이겠으나, 달리 정할 수도 있다. 예를 들어 'for 95% of invoice value' 와 같이 기재되는 경우 송장금액의 95%의 금액에 해당되는 금액의 환어음을 발행하게 된다.

❺ 유효기간과 서류제시기간

신용장을 통해 수출대금을 지급받기 위해서는 신용장에 기재된 선적서류를 기재된 기한 내에 제시해야 한다. 신용장상의 일자는 발행일, 선적기간, 유효기간, 선적서류제시기간의 4가지가 있다. 이 중 유효기간은 신용장이 살아있는 기간이다. 따라서, 수출업자는 원칙적으로 신용장상의 유효기간 내에 선적서류를 제시하면 대금을 지급받을 수 있는 것이다. 그러나 대부분의 신용장에는 유효기간에 추가하여 선적서류제시기간을 두고 있는데, 선적서류제시기간은 통상 선적일로부터 일주일 혹은 10일로 규정하는 경우가 많다.

결국 수출업자는 선적서류제시기간과 유효기간 양자를 계산하여 앞선 날까지 선적서류를 제시해야 대금을 지급받게 되는 것이다. 비록 이 기간이 수출업자와 관련된 것이지만 너무 단기간을 설정하면 안 된다. 보통 유효기간은 선적일로부터 10일 정도로, 선적서류제시기간은 선적일로부터 일주일 정도로 설정해서 개설하는 경우가 많다.

❻ 준거문언

신용장은 미국을 비롯한 일부 국가를 제외한다면, 그 성격상 당사자들 간의 약속일 뿐 법률에 의해 규율되는 장치가 아니다. 따라서 해석상 다툼이 발생된다면 이를 해결해 줄 규범으로 신용장통일규칙(UCP)이 제정된 것이므로 신용장 개설 시 준거문언으로 신용장통일규칙이 적용될 수 있도록 해야 할 것이다.

“This Credit is governed and interpreted by UCP 600.”

2 기타

❶ 요구서류

신용장에는 수출업자가 제시해야 할 서류가 기재되어 있어야 하며, 더 정확하게는 요구되는 서류에 기재되어야 할 사항 및 발행자, 그리고 통수까지도 기재되어야 한다.

요구되는 서류는 무역계약의 내용과 충돌되지 않도록 해야 한다. 예를 들어 CFR조건의 무역계약하에서 개설되는 신용장에 보험증권을 요구하는 형태로 개설되었다면, 후일 수출업자는 무역계약과의 모순을 들어 조건변경을 요구하게 될 것이며 이에 따라 조건변경에 따른 수수료가 발생되는 것이다. 따라서 무역계약의 내용을 충분히 검토해서 수출업자에게 요구할 수 있는 서류를 기재해야 할 것이다.

또한, 무역계약의 내용과 충돌되지는 않으나 수출업자가 확보할 수 없는 형태의 서류를 요구하지 않도록 한다. 예를 들어 수입업자가 서명한 서류를 요구하거나 수입국가에만 존재하는 검사기관의 검사증명서를 요구하는 경우가 그와 같은 경우이다. 보통 수입업자가 자신을 보호할 목적으로 혹은 악용하기 위해 포함시키고 있으나, 수출업자가 신용장 수령 시 이와 같은 조건에 대해 조건변경을 요구하게 되면 수입업자가 조건변경에 따라 비용을 지출해야 하므로 자제하는 것이 바람직하다.

일반적으로 신용장에서 요구하고 있는 서류는 다음과 같다.

– 상업송장(commercial invoice)

– 선화증권(Bill of Lading ; B/L), 항공화물운송장(Air Waybill ; AWB) 등의 운송서류

- 보험증권(Insurance Policy), 보험증명서(Certificate of Insurance)(CIF, CIP조건인 경우)
- 검사증명서(Inspection Certificate)
- 원산지증명서(Certificate of Origin)

❷ 상품명세

수출업자가 제시한 서류에서 불일치사항 즉, 하자사항이 많이 발견된다. 한 연구에 따르면, 수출업자가 제출한 서류에 불일치사항이 있는 경우는 90%가 넘는다고 한다. 대부분의 불일치사항은 상품명세의 불일치로 이는 신용장통일규칙에서 상업송장상의 물품명세는 신용장의 그것과 일치해야 한다고 규정하고 있음에 따른 것일 수도 있다. 따라서 신용장상에 물품명세를 너무 복잡하게 기재하지 않도록 해야 한다. 상품명세를 모두 기재하는 불편함을 피하기 위해 견적송장 등을 참조하도록 하는 형태로 기재하는 것도 피해야 한다.

❸ 거래당사자의 이름

상품명세 다음으로 불일치가 많이 발견되는 부분이 수익자명을 비롯한 거래당사자의 이름의 불일치이다. 일반적으로 알파벳 한두 개가 다르거나 알파벳 대신 숫자(예: o대신 0)가 기재되는 경우 오타로 인정되어 지급거절을 정당화시키는 불일치로 보지 않는다.

그러나 다른 사항과 달리 사람 또는 회사명은 그와 같이 사소한 것으로 취급되지 않는다. 그 이유는 그와 같이 다르게 기재된 사람 또는 회사명이 실제로 존재할 가능성이 있기 때문이다. 따라서 신용장 개설 시 무역계약서를 비롯한 거래자료를 토대로 정확하게 이름 또는 명칭을 기재하고 또한 주소 및 연락처 등도 정확하게 기재하도록 해야 할 것이다.

❹ 양도

무역계약의 조건에 따라 양도가능신용장을 개설해야 할 경우라면, 개설신청 시 신용장이 양도가능하도록 개설해야 한다. 양도를 가능하게 할 수 있는 단어는 'transferable' 뿐이므로 유사한 또는 동일한 뜻을 갖는 다른 단어를 사용하지 않도록 유의해야 한다.

II 신용장의 확인

01 확인의 의미

1 | 확인의 의미

신용장거래에서의 확인이란 개설은행 이외의 또 다른 은행이 일반적으로 개설은행과 동일한 지급약속을 추가하는 행위를 말한다. 이때 지급약속을 추가한 은행을 확인은행(confirming bank)이라 부르고, 그 신용장을 확인신용장(confirmed L/C)이라 한다.

확인은 개설은행의 지급약속에 다른 은행이 약속을 추가하는 행위이며 개설은행의 지급약속을 대체하는 것이 아님을 유의해야 한다. 즉, 확인은행은 개설은행을 대신하는 것이 아니고 개설은행의 약속과는 독립된 또 다른 약속을 추가하는 것이다.

2 | 확인신용장이 이용되는 경우

수입업자에 비해 신용도가 높은 은행의 지급약속이 존재함에도 불구하고 또 다른 은행의 지급약속을 추가해야 할 필요는 다음의 경우에 발생한다.

– 개설은행의 신용도가 의심스러운 경우

– 수입국의 정치 및 경제적 상황이 불안정한 경우

02 확인은행의 의무

1 | 확인신용장의 개설

무역거래에서 수출업자와 수입업자간에 결제조건(terms of payment)을 협의하는 과정에서 특별히 확인신용장의 사용에 합의한 경우, 수입업자는 자신의 거래은행에 신용장의 개설을 신청하게 된다. 이 때 무역거래조건에 따라 확인신용장의 개설을 신청하게 되며, 개설은행은 수출국 내의 한 은행에 확인을 추가하여 신용장을 통지할 것을 요구하게 된다. 이러한 과정을 거쳐 해당 은행이 신용장에 'we added our confirmation' 또는 이와 유사한 문장으로 확인의 의사를 기재하여 통지하게 되면 확인신용장이 개설되는 것이다.

2 | 확인은행의 의무

확인이란 대금지급을 약속하는 행위이므로 개설은행의 요청이 있더라도 확인을 추가해야 할 의무는 없다. 따라서 확인과 통지를 요청받은 은행은 확인을 추가하지 않은 채 단순히 신용장 개설에 대한 통지만을 할 수 있다.

그러나 확인을 추가하게 되면 수익자가 제시한 선적서류가 신용장의 조건과 일치함을 전제로 스스로 지급해야 한다. 확인은행이 매입방식으로 지급하는 경우에도 확인은행은 소구권(recourse)을 행사할 수는 없다. 즉 이후 환어음의 지급이 거부되는 경우 수익자에게 대금의 반환을 요구할 수 없는 것이다.

TIP

일부 은행의 경우 확인을 추가하면서 소구권이 있다는 취지의 문장을 추가하는 경우가 있으므로 수익자는 신용장 수령 시 이 점에 유의해서 살펴보아야 한다.

III 신용장 수령 시 검토

신용장은 지급수단이기는 하지만 조건을 만족시켜야 지급받게 된다는 점 즉, 조건부 지급각서라는 점에서 어음 및 수표와 차이가 있다. 즉 수출업자는 신용장에 기재된 조건을 만족시켜야 대금지급을 요구할 수 있게 되는 것이다. 따라서 수출업자는 신용장 수령시 자신이 이행할 수 없는 조건이 포함되어 있는가를 살펴야 한다.

01 수출계약과의 일치 여부 검사

1 | 신용장 개설일과 유효기간 등

❶ 신용장 개설일

일반적으로 신용장의 개설일은 실무적으로 중요시되지 않고 있다. 그러나 무역계약에서 신용장 개설기간을 정한 경우, 정해진 기간 내에 신용장을 개설하지 않는 것은 계약위반에 해당된다. 따라서 수출업자는 이에 대해 클레임을 제기할 수 있으므로 수입업자와의 관계에서 유리한 입장에 놓이게 된다.

❷ 유효기간과 선적서류제시기간

신용장의 유효기간 및 선적서류제시기간은 충분히 여유가 있는가를 살펴, 너무 짧게 설정되어 있다면 조건변경을 요구해서 기간을 연장한 후 무역거래를 진행하는 것이 바람직하다. 수출업자가 선적서류를 확보하기 위해 혹은 수출업자가 제시한 서류에 불일치사항이 있어 이를 수정 후 재제시하기 위해서는 긴 시간이 좋다. 통상 선적일의 마지막 일로부터 일주일 또는 10일 정도의 기간이면 적절하다.

선적서류제시기간은 통상 다음과 같이 기재된다.

'within 10 days after date of shipment'

일부 수입업자는 이를 악용하기 위해 'after 10 days after date of shipment'와 같은 형태로 기재하는 경우가 있다. 이 경우 수출업자는 선적 후 바로 대금을 회수할 수 없고 10일 경과 후에야 대금을 회수할 수 있어 불리하게 되므로 문장을 확인할 필요가 있다.

2 | 신용장금액 및 요구서류

❶ 신용장금액

무역계약체결 시 수출대금 중 일부만을 신용장을 이용하여 결제하기로 합의한 경우가 아닌 한, 신용장금액은 수출금액과 동일해야 한다. 또한 환어음 발행한도와 수출금액과의 일치여부 역시 살펴야 한다. 살물(bulk cargo)과 같이 과부족이 허용되는 물품의 경우처럼 환어음이 초과발행될 가능성이 있는 경우에는 신용장금액에 과부족한도가 기재되어 있는가를 살펴야 한다. 신용장금액의 과부족한도는 신용장상 '신용장금액'의 다음 코너(credit amount tolerance)에 '+/− 3%'와 같이 기재된다.

❷ 요구서류

신용장거래는 추상성원칙이 지배하고 있으므로 신용장상에 기재된 조건의 충족여부는 수출업자가 제시한 서류를 통해 확인된다.

일반적으로 신용장에서 요구하고 있는 서류는 다음과 같다.

상업송장(commercial invoice)

선화증권(bill of lading: B/L) 또는 항공화물운송장(air waybill: AWB)

보험증권(insurance policy) 또는 보험증명서(certificate of insurance)

포장명세서(packing list)

원산지증명서(certificate of origin: C/O)

그런데 위의 서류 중 특별히 보험서류는 무역거래조건에 따라 수출업자 즉 수익자에게 요구할 수 없는 경우가 있다. 예를 들어 CIF조건이나 CIP조건을 제외한 나머지 조건의 무역거래에서는 보험서류를 요구해서는 안 된다. 따라서 수출업자는 보험서류의 요구여부를 살펴보아야 한다.

또한 간혹 선화증권 원본 2통을 개설의뢰인 즉 수입업자에게 직송하도록 요구하는 경우가 있다. 수출업자와 수입업자 사이에 충분한 신뢰관계가 있는 경우 또는 선화증권상 수화인(consignee)이 수입업자가 아닌 경우를 제외하고는 이와 같은 조건이 있는 신용장을 받아들여서는 안 된다. 이는 수입업자가 수입대금의 결제를 하지 않은 채 물품을 회수해 갈 수 있기 때문이다.

3 | 선적조건

선적조건에는 선적항과 도착항, 선적기간, 분할선적과 환적이 있다.

무역거래가 'FOB부산'인 경우 선적항은 '부산', 무역거래가 'CIF New York'인 경우 도착항이 '뉴욕'으로 기재되어 있는가를 살펴야 한다.

선적기간과 무역계약과의 일치여부는 물론 앞서 살펴본 선적서류제시기간은 충분히 여유있는가 살펴야 한다.

분할선적과 환적의 허용여부 역시 수출업자에게 중요한 사항이다. 특별히 성수기와 같이 선박의 수배가 곤란한 상황에서는 분할선적 또는 환적을 통해 계약을 이행하려 할 것이나, 분할선적 또는 환적이 금지된 경우 이것이 곤란해지기 때문이다.

02 비서류조건의 포함 여부 검사

간혹 수출업자가 제시한 서류를 통해 조건의 일치여부를 확인하기 곤란한 조건이 포함되기도 하는데, 이와 같은 조건을 비서류조건 또는 서류비지정조건(non documentary condition)이라 한다. 예를 들어 개설은행이 보관하고 있는 문서상의 서명과 동일한 서명을 요구하는 경우 또는 선령 15년 미만의 선박을 이용하도록 요구하는 경우가 그와 같은 경우에 해당된다. 이와 같은 조건이 포함된 경우, 수출업자의 대금지급이 불투명하게 된다.

우리 법원의 판결 중에는 이와 같은 조건을 서류비지정조건으로 취급, 무시하도록 한 판결도 있고, 비서류조건일지라도 만족시켜야 한다고 한 판결도 있으므로 위와 같은 조건의 포함유무를 살펴야 할 것이다.

03 독소조항 등 이행불능 조건 유무 검사

서류비지정조건과 달리 수출업자가 이행할 수 없거나 또는 이행이 곤란한 조건들이 포함된 신용장이 있다. 예를 들어 수입국가 내에만 존재하는 기관이 발행한 검사증명서를 요구하는 경우가 그와 같은 경우에 해당된다.

이와 같은 조건은 그 이행이 곤란하거나 불가능하므로 결국 수출대금의 회수가능성은 신용장거래에서 개설은행이 개설의뢰인 즉 수입업자에게 문의 후 결제하는 방식인 waiver를 통해 결정됨에 따라 수출업자의 지위가 무척 불안정해진다. 따라서 아래에서 소개되는 문장이 포함된 경우, 반드시 삭제를 요구해야 할 것이다.

- commercial invoice must appear on its face to be signed by the applicant.
- inspection certificate approved and signed by the buyer's agent required.
- shipment subject to further instruction.
- inspection certificate countersinged by the buyer.

*출처 : 무역아카데미, 수출입대금결제, 제245면

IV 신용장 조건의 변경

01 신용장 조건변경의 의의

신용장은 개설은행의 취소불능한 지급약속이다. 따라서 일단 신용장이 개설되면, 개설은행조차도 자신의 약속을 일방적으로 취소 또는 변경할 수는 없다. 그러므로 수출업자 즉 수익자를 비롯한 신용장거래의 당사자들 예를 들어 수익자와 개설은행 그리고 확인은행이 있다면 확인은행의 합의 또는 동의를 거쳐 신용장의 내용을 변경 또는 수정하게 되는데, 이를 신용장의 조건변경이라 한다.

02 조건변경 절차 및 유의 사항

1 | 조건변경 절차

수출업자가 통지받은 신용장에 무역계약과 불일치한 조건 또는 독소조항이 포함되어 있어 이를 수정하도록 요청하는 경우, 현실적으로는 개설은행 독단으로 그 내용을 변경할 수는 없다. 개설은행은 의뢰인인 수입업자의 대금보상약속을 근거로 신용장 거래에 참여하는 것이므로 수입업자와의 교섭을 거쳐 신용장의 조건변경 여부를 결정하게 되는 것이다. 그러므로 수출업자는 개설은행뿐 아니라 무역거래 상대방인 수입업자에게도 신용장 조건변경을 의뢰할 수 있다.

수출업자의 조건변경 요청을 받은 수입업자는 개설은행에 신용장조건변경 신청서를 작성, 조건변경을 의뢰하고, 개설은행은 당초의 통지은행을 통해 수익자에게 조건변경서를 통지함으로써 조건변경업무를 진행하게 된다.

2 | 유의 사항

첫째, 수익자가 신용장 조건변경서를 통지받고 침묵하고 있는 것은 조건변경에 대한 동의가 아니다. 따라서 수익자가 침묵하고 있는 경우 수익자가 제시한 서류를 통해 신용장의 조건변경에 대한 동의여부를 해석할 수 밖에 없다. 즉 원신용장과 조건변경된 내용 양자를 충족하는 서류를 제시한 경우, 조건변경에 동의한 것으로 취급한다.

둘째, 조건변경된 내용 중 일부만을 동의할 수는 없다. 조건변경서에 포함된 조건에 대해 모두 동의해야 한다. 그러나 수 차례의 조건변경이 행해진 경우 각 조건변경은 별개의 것이므로 1차, 2차 조건변경에 대해 동의하고, 3차 조건변경에 대해서는 거절할 수 있다.

셋째, 조건변경이 의미를 갖기 위해서는 수익자, 개설은행, 확인은행의 동의가 필요하다. 그러나 이 세 주체가 모두 동의해야 하는 것은 아니다.

개설은행은 개설 시부터 확인은행은 통지 시부터 조건변경에 취소불능하게 구속되므로 상대방의 동의가 필요한 것은 아니다. 다만 그것이 의미를 갖기 위해서는 수익자의 동의가 필요할 뿐이다.

따라서 확인은행이 조건변경에까지 확인을 연장하지 않은 경우 수익자가 개설은행에 조건변경된 내용에 일치하는 서류를 제시하는 경우에는 비록 확인은행의 동의가 없었더라도 수익자와 개설은행 사이에는 조건이 변경된 것이다.

TIP

조건변경에 대한 동의여부의 통지기한

신용장의 조건변경서에 수익자가 조건변경에 대해 동의 또는 거절을 통지해야 하는 기한을 정해놓는 경우가 있다. 예를 들어 1주일 내에 거절을 통지하지 않는 경우 동의한 것으로 보겠다는 취지의 문장을 포함시키는 것이다. 이와 같은 내용이 포함된 경우 수익자가 조건변경에 대해 동의여부를 고민할 수 있는 기간이 줄어들게 되어 불리해진다. 이에 따라 신용장통일규칙에서는 이와 같은 조건을 포함시키지 못하게 하고 있다.

V 은행의 서류검토 및 불일치서류의 처리

01 은행의 서류검토기준

수익자가 제출한 서류의 기재사항이 일치하는가 하는 점은 신용장에 기재된 내용 및 신용장통일규칙상의 관련 조항 등과 비교하여 판단하게 될 것이므로 여기에서 판단기준을 모두 정리할 수는 없으므로 우선 서류검토기준에 대해 신용장통일규칙 제14조를 중심으로 정리한다.

① 은행은 수익자 등이 제시한 서류만을 근거로 '일치하는 제시'(complying presentation)인가를 판단한다.

② 개설은행과 확인은행을 비롯한 은행은 제시가 일치하는가를 결정하기 위해 제시익일로부터 최대 5일을 갖는다. 한편 이 기간은 유효기간 및 선적서류제시기간의 도래에 영향받지 않는다.

첫째, 은행은 서류의 검토를 위해 5일을 사용할 수 있다. 그러나 항상 5일을 사용할 수 있는 것은 아니다. 즉 서류의 양이 많거나 먼저 제시된 서류가 많은 경우와 같은 예외적인 상황에 한해 5일을 사용할 수 있을 뿐 항상 5일을 사용할 수 있는 것은 아니다.

둘째, 은행이 사용할 수 있는 5일이라는 기간은 은행이 서류를 수령한 다음 날부터 시작된다. 은행의 서류검토는 수익자 등으로부터 서류를 수령한 해당 은행이

업무를 진행하는 날에 행해지므로 해당 은행의 영업일만을 계산에 포함시킨다. 예를 들어 금요일에 서류를 수령했다면, 토요일과 일요일을 제외한 다음 월요일부터 서류검토기간이 시작되는 것이다.

셋째, 서류검토기간은 유효기간 또는 선적서류제시기간의 만료일과 무관하다. 수익자 등이 제시한 서류의 내용이 신용장의 기재내용과 불일치하면, 은행은 대금의 지급을 거절하게 된다. 이때 수익자는 불일치한 내용을 정정하여 다시 제시할 수 있는데, 이처럼 정정 후 다시 제시하는 경우에도 신용장의 유효기간 또는 선적서류 제시기간 내에 제시해야만 한다. 따라서 은행에 의한 서류수령 이후 유효기간 또는 선적서류기간의 만료일이 임박한 경우 은행은 좀 더 신속하게 서류를 검토해야 하는가 하는 의문이 있을 수 있다. 그러나 본 조항에 따라 서류검토기간과는 관계가 없으므로 서류제기기간의 만료일이 임박했다 해서 서류검토를 좀 더 신속하게 행할 필요는 없는 것이다.

요약

- 서류검토기한 : 최대 5 은행영업일
- 서류검토기간의 기산일 : 서류수령 다음날
- 서류검토기간의 계수일 : 은행의 영업일

③ UCP600 제19조~제25조에서 다루고 있는 운송서류 원본을 포함하는 제시는 선적일 이후 21일 이내에 그러나 신용장 유효기간 내에 제시되어야 한다.

신용장에는 그 유효기간과 함께 선적서류제시기간을 기재하는 경우가 일반적이다.

보통 선적서류제시기간은 '선적일 다음날로부터 10일 이내' 와 같이 규정하고 있다. 따라서 신용장의 '유효기간' 과 선화증권상의 '선적일 다음날로부터 10일 이내' 의 양자의 요건을 모두 충족하는 날(두 날짜 중 앞선 일자)까지 서류를 제시해야 한다.

그러므로 신용장에 선적서류제시기간이 기재되어 있는 경우, 본 조항은 적용되지 않는다.

④ 상업송장 이외의 서류에 기재된 물품에 대한 기술은 신용장상의 그것과 충돌되지 않는 일반적인 용어로 기술될 수 있다.

⑤ 만일 신용장에서 그 발행자나 기재사항을 규정하지 않은 채 운송서류 · 보험서류 · 상업송장 이외의 서류를 요구하는 경우 제시된 서류의 기재사항이 요구된 서류의 기능을 수행하는 것으로 보이고 또한 제14조(d)항과 일치한다면, 은행은 그와 같이 제시된 서류를 수리할 것이다.

⑥ 신용장에서 요구되지 않았으나 제시된 서류는 무시되고 제시자에게 반송될 것이다.

⑦ 신용장에 어떤 조건이 기재되어 있으나, 당해 조건의 충족여부를 판단할 수 있는 서류를 요구하고 있지 않다면, 은행은 당해 조건이 기재되지 않은 것으로 취급하고 무시한다.

본 항은 서류비지정조건(비서류조건: non-documentary condition)을 다루고 있다. 서류비지정조건이란 신용장에 조건은 기입되어 있으나, 그러한 조건의 일치여부 판단을 위해 제시되어야 할 서류는 명기하지 않는 경우를 말한다. 본 규정에 따라 서류비지정조건은 무시된다.

TIP

서류비지정조건의 예

"Shipment be in ships less than 15 years old."
"goods arrive before Halloween."(10/31)

⑧ 서류는 신용장의 개설일 이전에 발행될 수도 있다. 그러나 신용장의 제시기간 이후의 일자로 발행되어서는 안 된다.

TIP

나이지리아의 경우 서류 발행일이 신용장 개설일보다 앞선 경우 수리 거절된다.

⑨ 신용장에 규정된 서류상 개설의뢰인과 수익자의 주소는 신용장 또는 다른 요구된 서류상의 그것과 동일할 필요는 없으나 신용장에 기재된 주소와 동일한 국가내에 있어야 한다. 그러나 개설의뢰인의 주소가 운송서류상 수화인 또는 통지처의 세부 사항의 일부인 경우, 그것은 신용장에 기재된 것과 동일해야 한다.

원칙적으로 수익자와 개설의뢰인의 주소의 기재사항 중 중요한 것은 국가일 뿐이다. 먼저 신용장상에 기재된 수익자와 개설의뢰인의 주소는 서류상의 그것과 다를지라도 국가만 동일하다면, 은행은 수리하게 된다. 심지어 주소의 일부분을 구성하는 연락처 예를 들어 전화번호, 팩스, 이메일 등은 무시하도록 규정하고 있다. 따라서 중요한 것은 국가일 뿐이다.

예외적으로 개설의뢰인의 주소 또는 연락처가 UCP600 제19-25조에서 다루고 있는 운송서류상의 수화인란(consignee) 또는 화물도착통지처란(notify party)에 표기되어야 하는 경우 그와 같은 서류상의 수화인란 또는 화물도착통지처란에는 신용장상 기재와 동일하게 기재되어야 한다.

⑩ 모든 서류상 물품의 화주 또는 송화인은 신용장상 수익자일 필요는 없다.

모든 서류상 화주 또는 송화인란에 기재되는 자와 신용장상 수익자가 동일인일 필요는 없다고 규정한다.

⑪ 운송서류는 선박 또는 운송수단의 소유자 아닌 자에 의해 발행될 수도 있다. 단 당해 운송서류가 제19조, 제20조, 제21조, 제23조, 제24조의 요건을 충족하는 경우에 한한다.

본 항에서는 운송서류의 발행자에 대한 제한을 풀고 있다. 과거 운송주선업자가 운송서류를 발행하는 경우에는 운송주선업자가 운송인이나 운송인의 대리인 자격에서 발행한 경우에 한해 당해 운송서류를 수리하도록 했었다. 그러나, 본 항에 따라 운송주선업자가 주선업자 자격으로 발행한 경우에도 수리할 수 있게 되었다. 물론 그 발행인이 누구이건 제19조~24조까지의 요건을 충족했을 것임을 전제로 한다.

02 주요 서류에 대한 신용장상 요건 해설

1 | 선화증권의 요건 해설

> ㉠ Full set of ㉡ clean ㉢ on board ocean Bill of Lading made out ㉣ to the order of issuing bank, marked ㉤ freight collect/prepaid and ㉥ notify accountee/applicant/관세사 등

> ㉠ Full set of ㉡ clean ㉢ on board ocean Bill of Lading made out ㉣ to the order of shipper, blank endorsed, marked ㉤ freight collect/prepaid and ㉥ notify accountee/applicant/관세사 등

㉠ 원본 전통을 말한다

선화증권은 통상 원본이 3통으로 발행되므로 'full set'을 원본 전통이라 번역해도 무방하다. '3/3 sets'와 같이 쓰는 경우도 있다. 선화증권은 유가증권으로 대금을 지급하는 은행에게 담보물로서의 가치가 있다. 또한 선화증권은 원본 1통만 제시해도 목적지에서는 물품을 회수할 수 있으므로 대금을 지급한 은행입장에서는 원본 전통을 보유하고 있어야 안심할 수 있어 원본전통의 제시를 요구하고 있다. 경우에 따라, '2/3 sets'와 같이 기재하여 선화증권 원본 중 1통을 개설의뢰인 즉, 수입업자에게 직송하고 나머지 2통만을 제시하도록 요구하는 경우가 있는데, 이는 수출업자와 수입업자 사이에 상당한 신뢰관계가 있는 경우에 이용해야 할 것이다.

㉡ 선화증권상에 선적된 화물이 손상되었다는 기재가 없어야 한다는 의미이다

보통 무고장 또는 무사고선화증권이라 부른다.

선화증권은 영수증이다. 운송회사가 선화증권상에 화물에 이상이 있음을 기재했다 함은 수출업자가 수입업자에게 발송한 물품이 정상물품이 아니라는 의미가 된다. 따라서, 그와 같은 표기가 있어서는 안 된다는 의미이다. 화물에 이상이 있다는 기재가

있는 선화증권을 고장부 또는 사고부 선화증권(dirty/foul B/L)이라 하는데, 화물의 손상이 경미한 경우 수출업자는 운송회사에 대해 파손화물보상장(letter of indemnity)이라는 각서를 제공하고 clean B/L을 요청하고 있다.

ⓒ 화물이 본선에 선적되었음이 드러나야 한다는 의미이다

화물이 이미 본선에 적재된 이후 발행되는 선화증권을 선적선화증권(shipped B/L), 선적 전 발행된 선화증권을 수취선화증권(received B/L)이라 하는데, 선적선화증권의 경우 문제가 없으나 수취선화증권은 그 자체로 화물이 본선에 선적되었음이 드러나지 않으므로 본선적재부기(on board notation)를 포함하고 있어야 한다. 즉 선적선화증권을 제시하는 경우와 본선적재부기가 되어 있는 수취선화증권을 제시하면 'on board' 요건이 충족된다.

ⓔ 선화증권의 수화인란(consignee) 기재방법을 정한 것이다

수화인란에 특정인 또는 기업명을 기입한 경우 기명식 선화증권이라 하며, 이 경우 유통이 불가능하다. 이와 달리, 수화인란에 'to the order of …' 와 같이 기재한 경우 지시식 선화증권이라 하며, 이 경우 배서에 의해 유통이 가능하다.

of 이하에 기재되는 자가 선화증권의 권리자가 되며, 이 자가 배서를 통해 유통시킬 수 있다. 첫 번째 문장의 경우 개설은행이 배서할 수 있는 권리자이며 두 번째 문장은 송화인 즉 수출업자가 권리자가 된다.

첫 번째 문장의 경우 발행 시부터 이미 개설은행을 권리자로 정한 것이므로 수출업자가 개설은행에 선화증권을 제시할 때 권리를 양도하는 절차인 배서를 할 필요가 없다.

그러나 두 번째 문장의 경우 수출업자가 권리자이므로 은행이 담보권을 확보하려면 권리자인 수출업자가 배서 후 제시해야 한다. 이에 따라 첫 번째와 달리 두 번째 문장에서는 백지배서를 하도록 요구하고 있는 것이다.

백지배서란 배서의 한 방법으로 권리자인 양수인과 양수인을 모두 기재하는 것이 아니고 양도인만 증권의 이면(뒷장)에 서명하는 경우를 말한다. 수표를 은행에 입금하는 경우를 예로 들 수 있다. 수표입금 시 양수인이 되는 은행(원)을 기재하지 않은 채 양도인인 입금자의 신원 또는 연락처만을 기재하는 방식이 백지배서이다.

ⓜ 선화증권상에 '운임 선지급되었음' 또는 '후지급 될 것임'과 같은 표기가 있어야 한다는 의미이다

일반적으로 FOB를 비롯한 F 그룹으로 무역거래가 진행되는 경우, 'freight collect' 와 같이 기재될 것이다. 반대로 CIF를 비롯한 C 그룹과 D 그룹으로 무역거래가 진행되는 경우, 'freight prepaid' 와 같이 기재될 것이다.

ⓑ 화물도착통지처를 의미한다

운송회사가 화물도착을 통지하는 상대를 기재하는 곳이다. 보통 수입업자 또는 수입업자가 지정한 관세사가 기재된다. 통상 운송회사는 수입항구 도착 며칠 전에 화물회수에 필요한 준비를 할 수 있도록 화물도착을 통지하게 되며, 이때 화물도착통지처란 (notify party)에 기재된 자에게 도착을 통지(arrival notice)하게 된다.

2 | 보험서류의 요건 해설

ⓐ Insurance Policy or Certificate ⓑ in duplicate ⓒ duly endorsed in blank ⓓ for 110% of invoice value ⓜ covering ICC(A/R) with ICC War Clauses, ⓑ claims payable at 수입국 ⓢ in the same currency as the draft.

❶ 보험증권 또는 보험증명서를 의미한다

보험계약체결에 필요한 모든 사항이 이미 확정된 상태에서 보험계약을 체결하는 것이 일반적이겠으나, 일부 사항이 미확정된 상태에서 계약을 체결하는 경우도 있다.

전자를 확정보험, 후자를 미확정보험이라 한다. 통상적으로 확정보험계약체결 시 발급되는 서류를 보험증권(insurance policy), 미확정보험(예정보험)계약체결 시 발급되는 서류를 보험증명서(insurance certificate)라 하고, 실무적으로 양자를 동일하게 취급하고 있다. 이에 따라, 신용장에서 보험서류를 요구할 때 양자 중 어느 것이나 제출할 수 있도록 규정하고 있다.

❷ 원본 2통을 의미한다

'Duplicate'은 복사품 또는 2통이라는 의미이다. 그러나 실무적으로 보험서류는 원본을 2통으로 발행하고 있고 또한 신용장통일규칙에서 보험서류는 그 발행된 원본 전통을 요구하고 있으므로 원본 2통이라 해석하는 것이다.

❸ 백지배서 후 제시하라는 의미이다

① 신용장에서 보험서류를 요구하는 경우는 당해 보험서류가 수입업자에게 필요한 경우이며 또한 수출업자가 보험계약을 체결해야 하는 경우일 것이다. 위 두 요건을 모두 만족하는 조건은 CIF조건과 CIP조건 뿐이다. 그 외의 조건하에서는 그렇지 않다. 예를 들어 CFR조건과의 경우 운송 중 위험부담자는 수입업자이므로 수입업자에게 보험서류가 필요하나 수출업자가 보험계약을 체결할 의무는 없으므로 CFR조건의 무역계약하에서 개설되는 신용장에서는 보험서류를 요구할 수 없기 때문이다.

② CIF조건과 CIP조건하에서는 수출업자는 수입업자가 보험금을 수령할 수 있는 형태로 보험계약을 체결, 보험증권을 제시해야 한다. 이 경우 수입업자를 피보험자(보험수익자)로 하여 보험서류를 발행했다면 백지배서는 필요없다. 그러나 현실적으로는 수출업자를 피보험자로 하여 보험서류를 발행, 백지배서 후 은행에 제시하고 있다. 그 이유는 다음과 같다. 보험회사가 책임지는 공간은 보험증권에 기재된 수출업자의 창고부터이다. 그런데 수입업자가 위험을 부담하게 되는 공간은 본선부터이므로 본선적재 이전의 손해는 수출업자가 부담해야 하는 것이다. 따라서 본선 적재전 사고에 대해 보험금을 수령할 수 있도록 보험서류 발행 시 피보험자를 수출업자로 하고 이후 백지배서를 통해 보험금을 수령할 수 있는 권리를 양도하고 있는 것이다.

❹ 보험금액은 송장금액의 110%로 하라는 의미이다

보험금액이란 보험사고 발생 시 보험회사가 지급하는 최대금액을 말한다. 따라서 보험사고가 발생하면 송장금액 즉, 수입업자가 수출업자에게 지급한 물품대금에 10%가 더 많은 금액의 보험금을 수령할 수 있게 되는 것이다.

화물보험은 손해보험이며, 손해보험은 실제로 입은 손해를 보상해주는 것이 원칙이다. 그런데 수입화물이 모두 파손되는 등의 사고가 발생되면 수입업자는 수입대금 뿐 아니라 수입물품의 전매를 통해 얻고자 했던 이익까지도 얻을 수 없게 된다. 따라서 최소한의 영업이익까지 보상되어야 한다는 의미로 상업송장의 110%로 부보하도록 규정하는 경우가 일반적이다.

TIP

코코아 거래 시 송장가격의 112.5%로 부보
프랑스의 경우 송장가격의 120%로 부보

❺ 보험조건에 대해 규정하고 있다

예문에서는 구증권의 조건 중 담보범위가 가장 큰 ICC(A/R)조건과 특약으로 협회전쟁약관을 첨부하도록 요구하고 있다.

TIP

구증권의 보험조건: (A/R) (W.A.) (F.P.A.)
신증권의 보험조건: (A) (B) (C)

❻ 보험금을 청구할 수 있는 장소(나라)를 의미한다

수출업자가 수입업자를 위해 보험계약을 체결한다는 점을 생각하면 쉽게 이해할 수 있다. 즉 수입업자가 보험금을 청구할 것이므로 보험금 청구는 수입국에서 이루어져야 하는 것이다.

❼ 보험금 지급통화를 의미한다.

환어음과 동일한 통화로 보험금을 지급받는다는 것으로, 환어음과 동일한 통화란 결국 수입업자가 수입대금을 결제한 통화를 의미하는 것이다.

수입업자가 지급한 통화 이외의 통화로 보험금을 지급받게 되면 경우에 따라 수입업자가 환차손을 입게 될 수 있다. 이에 따라 실제로 입은 손해를 충분히 보상해주지 못하는 결과가 발생되기 때문에 환어음과 동일한 통화로 보험금의 지급이 이루어져야 하는 것이다.

03 불일치서류의 처리

1 | 하자서류의 처리방법

❶ L/G nego(각서부 매입) – 불일치사항이 경미한 경우

수익자가 매입은행에게 '후일 개설은행이 대금보상을 거절하는 경우 수익자가 책임질 것'이라는 취지의 각서를 제공하면서 매입을 요청함에 따라 이루어지는 경우를 말한다.

수익자로부터 선적서류를 매입한 매입은행은 이후 개설은행에 대해 대금보상을 신청한다. 그런데 개설은행의 대금보상은 수익자가 제시한(매입은행이 개설은행에 제시하게 될) 서류가 신용장의 조건과 일치되는 것을 전제로 한다. 따라서 매입은행은 선적서류의 기재사항이 신용장의 조건과 일치하지 않는 경우 서류의 매입을 거절하고자 할 것이다.

이 상황에서 수익자가 판단하기에 매입은행이 서류를 거절하고자 하는 원인 즉 서류의 불일치사항이 경미하고 또 개설은행이 당해 불일치사항을 근거로 매입은행에 대한 대금보상을 거절할 가능성이 낮다고 판단될 때, 매입은행에 대하여 개설은행의 대금보상이 거절된다면 매입대금을 비롯한 경비를 보상할 것이라는 내용의 각서를 제공하면서 매입을 요청하게 된다. 이 각서의 명칭이 'Letter of Guarantee'이므로 L/G nego라 한다.

매입은행 입장에서 보면 L/G nego는 수익자 즉 수출업자의 신용상태를 고려하여 매입에 응하는 경우이다. 따라서 이 경우 매입은행은 어음상의 소구권을 행사하는 데 문제가 없도록 수출업자로부터 매입대금전액에 대하여 매입담보를 확보한 후 매입에 응하게 된다.

❷ Cable nego(조건부 매입) – 불일치사항이 중대한 경우

매입은행이 개설은행에게 불일치사항과 함께 서류의 수리여부를 문의 후 매입에 응하는 경우이다. 이 경우 매입은행은 불일치사항을 모두 명기하여 개설은행에 전신(cable)으로 통지한 후 그 결과가 접수될 때까지 선적서류를 보관하고 있다가, 개설은행의 답신에 따라 결정하는 방법이다.

개설은행 역시 개설의뢰인 즉, 수입업자로부터 대금을 보상받아야 할 것인데, 개설은행의 수입업자로부터의 대금보상 역시 신용장의 조건과 서류의 기재사항이 일치하다는 전제하에 행해지는 것이다. 따라서 매입은행으로부터 불일치사항과 함께 서류의 수리여부를 문의 받은 개설은행은 스스로 판단하기보다는 수입업자에게 문의하여 수입업자의 답신에 따라 수리여부에 대해 통보하게 될 것이다.

이에 따라 전체적인 흐름을 정리하면 다음과 같다. 먼저 매입은행으로부터 서류의 불일치사항을 통보받은 수출업자는 수입업자와 후일 개설은행으로부터 불일치서류의 수리여부에 대한 문의가 있게 되면 수리할 것에 대해 협의한다. 매입은행은 개설은행에, 다시 개설은행은 수입업자에게 불일치서류의 수리여부를 문의하고 수입업자의 결정에 따라 매입은행은 불일치서류를 수리하고 개설은행에 대금의 보상을 신청한다.

❸ 추심(collection)방식으로 전환 후 처리

수익자가 제시한 선적서류상의 불일치사항이 중대하여 개설은행의 서류수리거절이 거의 확실하고 또한 수출업자의 신용상태가 불량하여 후일 소구권의 행사가 어려울 것으로 판단되는 경우에 선택되는 방법이다. 이와 같은 경우 매입을 요청받은 은행은 접수받은 서류를 매입하기보다는 추심방식에서의 추심의뢰은행과 마찬가지로 단순히 서류를 개설은행에 송부해주는 업무만을 담당함으로써 위험을 회피하는 것이다.

❹ 조건변경 후 매입

매입은행이 선적서류상의 불일치사항을 근거로 서류의 수리를 거절함에 따라, 수출업자가 수입업자와의 사이에 불일치사항에 맞추어 신용장의 조건을 변경하도록 협의하고 이렇게 조건 변경된 신용장에 따라 서류를 매입하는 방법을 말한다. 이 방법은 신용장의 조건변경절차를 거쳐야 하므로 시간이 많이 소요되어 신용장의 유효기간 등 시간상의 제약으로 활용도가 그리 높지는 못하다.

PART 04

무역운송

CHAPTER 10 무역운송 개요

CHAPTER 11 무역운송실무 및 물류비용

CHAPTER 12 운송서류

10 무역운송 개요

I 국제물품운송의 의미

운송이란 그 물품의 형태나 성질은 변화시키지 않은 채 장소를 이동시키는 활동으로 일반적으로 운송물품의 수요에 비해 공급이 부족한 장소로 이동함에 따라 당해 물품의 가치를 높이는 결과를 가져오게 한다. 국제운송이란 이와 같은 운송이 국경을 넘어 이루어지는 경우를 가리킨다. 따라서 국제운송은 통상 국내운송에 비해 운송에 장시간이 소요되며 또한 국내운송과정을 거쳐 외국으로 이동함에 따라 운송절차가 복잡하다는 특성을 갖게 된다.

01 무역운송의 형태 및 운송서류

1 | 해상운송

① 의미: 해상운송은 선박을 이용, 해상이라는 공간을 활용하여 물품의 위치를 이동시키는 행위를 말한다. 이와 같은 해상운송은 운송에 이용되는 선박이 정규적으로 운항하는가를 기준으로 정기선(liner)운송과 부정기선(tramper)운송으로 나뉜다. 부정기선운송은 원유나 광물처럼 포장되지 않고 대량으로 거래되는 화물을 운송하는 경우 주로 활용되고 있다. 따라서 운송물품의 취급에 적합한 구조를 갖는 선박이 이용되고 있는데, 우리가 통상 탱커(tanker)라고 부르는 것이 바로 그 예이다.

② 운송서류

해상운송은 일반적으로 정기선을 이용하게 되는 개품운송계약과 부정기선을 이용하게 되는 용선계약으로 나뉘게 되는데, 개품운송계약의 경우에는 선화(하)증권(bill of lading: B/L)이라는 서류가, 용선계약의 경우에는 용선계약서(charter party)라는 서류가 발급된다.

2 | 육상운송

① 의미: 육상운송은 육상이라는 공간을 이용하여 물품의 장소이동을 가져오는 경우를 가리킨다. 이와 같은 육상운송은 해상운송이나 항공운송과 달리 운송수단이 다양해서 다시 철로를 이용한 철도운송과 도로를 이동한 도로운송으로 나눌 수 있다.

일반적으로 이와 같은 육상운송은 유럽이나 중국 또는 러시아처럼 육상을 통해 외국으로의 이동이 가능한 국가들이 이용하고 있고, 우리나라는 주로 국제운송을 위한 시작과 마무리 단계에서 공항 또는 항구까지의 이동을 위해 부수적으로 활용되고 있다.

② 운송서류

철도운송 – 철도화물탁송장(rail consignment note)

도로운송 – 도로화물탁송장(road consignment note)

3 | 항공운송(air transportation)

① 의미: 항공기를 이용하여 공항 간에 물품을 이동하는 활동을 말한다.

항공운송은 신속성 및 적시성이 높다는 특성을 갖기 때문에 소량, 반복주문을 통해 대량구매에 따른 자금압박 및 재고관리의 어려움을 피할 수 있다는 장점을 가지고 있다. 그러나 일반적으로 해상운송의 경우에 비해 운임이 다소 비싼 탓에 주로 고가의 장비나 반도체 등 전자제품의 운송에 많이 활용되고 있다.

② 운송서류–항공화물운송장(air waybill: AWB)

4 | 복합운송(multimodal transport)

① 의미: 앞서 소개된 운송수단을 조합하여 운송하는 경우를 말한다. 예를 들어 선박을 이용하여 수입국의 항구까지 운송된 화물을 다시 철도를 이용, 수입국의 내륙에까지 이동하는 경우이다.

복합운송은 운송수단을 조합하는 탓에 하나의 운송수단으로부터 다른 운송수단으로의 환적으로 인한 물품파손의 위험 및 운송시간의 지체 등의 문제가 있다. 이로 인해 국제운송에서 중요한 비중을 차지하지 못하고 있다가 컨테이너의 사용과 함께 비약적으로 발전함에 따라 통상 컨테이너운송이라 부르는 경우가 많다. 컨테이너를 이용하는 경우 환적에 따른 물품파손의 위험이나 시간의 지체가 최소화되기 때문이다.

② 운송서류–복합운송증권(multimodal transport document: MTD)

II 해상운송

01 해상운송 개요

1 | 의미

해상에서 선박을 이용하여 물품을 운송하는 것을 말한다. 해상운송은 한 번에 대량으로 운송할 수 있고 또한 운송비가 상대적으로 저렴하다는 아주 좋은 특성을 갖고 있으나 이에 반해 운송기간이 길다는 단점이 있다. 운송에 장시간이 소요된다는 것은 물품이 파손되는 등의 위험에 노출되는 시간이 길다는 것과 동일하다. 그러므로 이에 상응하여 보험료가 높아지거나 포장비용이 추가될 수 있을 것이므로 운임이 저렴하다는 특성이 상쇄되는 효과가 있다.

2 | 선박(화물선)의 종류

1 정기선: 재래선과 컨테이너선

재래선은 흔히 Break Bulk Vessel이라 불리고 있다. 화물을 컨테이너를 비롯한 장치 등에 넣어 꾸러미를 꾸리지 않은 채 운송한다는 의미이다. 따라서 재래선 이용시, 화물의 적재 또는 양륙에 장시간이 소요되는 단점이 있다.

이에 반해 컨테이너선은 화물이 적입된 컨테이너를 운송하는 셈이므로 화물 취급이 용이하고 또한 하역시간이 단축되는 등의 이점을 갖는다.

TIP

컨테이너선은 구별기준에 따라 여러 가지의 명칭이 사용되고 있다. 예를 들어 선박 내 하역설비의 보유여부를 기준으로 갑판에 크래인이 설치된 선박을 general container ship 그렇지 않은 경우 gearless container ship이라 부르며, 컨테이너만을 운송할 수 있도록 구조화되었는가에 따라 full container ship과 semicontainer ship 등으로 구분된다.

2 부정기선: 일반부정기선과 살물선

우리가 보통 tramper라 부르는 일반부정기선은 정기선의 재래선과 마찬가지로 일반화물을 운송하지만 운송형태가 불규칙적 · 부정기적이라는 점에서 차이가 있다.

살물(bulk cargo)의 '살' 은 한자 '흩뿌릴 살' (撒)이다. 즉 단위화 또는 포장을 하지 않은 채 취급되어 흩어져 있는 화물을 가리켜 살물(bulk cargo)이라 하는데, 이와 같은 화물을 운송할 수 있도록 구조화된 선박을 가리켜 살물선이라 부르는 것이다. 원유 등을 운반하는 탱커가 대표적인 예이다.

TIP

어떤 화물 하나만을 운송할 수 있도록 구조화된 경우를 전용선, 2개 이상의 화물을 함께 운송할 수 있는 선박을 겸용선이라 부른다. 예를 들어 원유만을 운송할 수 있도록 구조화되어 있다면 살물선이면서도 전용선에 해당된다. 그러나 당해 선박에 공간을 구분하여 광물을 선적할 수 있도록 한다면 이는 겸용선에 속하는 것이다.

3 특수선

–Ro-Ro(roll on/roll off)선: 컨테이너에 샤시를 붙인 채로 또는 육상전용의 트레일러

(주행을 위한 동력장치를 갖추지 않은 피견인차)를 트랙터를 이용해 선미 또는 현측의 현문에서 Ramp(경사로)를 지나 선적 또는 양륙하는 방식으로 하역하는 선박을 말한다.

–LASH(lighter aboard ship): 바지 운반선으로 Flat on/Flat off 방식에 의해 하역된다. 바지운반선에는 LASH 외에 Sea-Bee Ship, Sea-Barge Ship 등이 있다.

02 해상운송의 종류: 정기선 운송과 부정기선 운송

1 | 부정기선(tramp, tramper) 운송의 특징–전세버스로 비유

① 운항형태: 화물수요에 따라 화주가 요구하는 시기와 항로에 선복을 제공하여 불규칙적으로 운항된다.

② 운임: 불확정 운임(open rate), 수요공급원칙에 의해 결정된다.

③ 운송인: 1인 혹은 소수의 특정 화주(용선자)를 대상으로 운송계약을 체결하고 운송서비스를 제공한다.

④ 운송계약형태: 용선계약

⑤ 부정기선의 화물 : 보통 살화물(bulk cargo)의 운송에 이용된다.

2 | 정기선(liner)운송의 특징–셔틀버스나 지하철로 비유

① 운항형태: 특정항로에서 정해진 배선표(shipping schedule)에 따라 예정된 항구를 **규칙적으로 반복운항**하는 운송형태이다.

② 운임: 확정운임(fixed rate)

–운임률표(tariff)를 공시하고 공시된 태리프 범위 안에서 화주 및 화물에 차별을 두지 않고 운송서비스를 제공한다.

③ 운송인: 불특정 다수의 화주를 상대로 운송서비스를 제공하는 운송인

④ 운송계약: 개품운송계약이 체결되며 선화증권이 발급된다.

⑤ 정기선운송은 공산품 등 불특정 다수의 일반화물(general cargo) 또는 포장화물 운송에 이용되며, 일반재래선이나 컨테이너선이 주로 이용한다.

표 10-1 ● 정기선운송과 부정기선운송의 비교

구분	정기선운송(liner)	부정기선운송(tramper)
운항형태	규칙적 · 반복적	불규칙적
취급화물	이종화물	동종화물
화물가치	고가화물이 적절	저가화물이 적절
운송계약의 형태	개품운송계약	용선(운송)계약
운임	동일운임 · 운임표작성	선박의 수요 및 공급에 의해 결정

3 | 주요 정기선 항로

❶ 북미항로

아시아지역과 북미(캐나다와 미국) 간의 수출입항로이다. 현재 현대상선과 한진해운이 취항하고 있다.

❷ 구주항로

아시아 및 극동지역과 유럽 또는 걸프 지역 간의 항로이다. 현대상선이 취항하고 있다.

❸ 한일항로

한일항로에는 우리나라 14개 선사가 취항하고 있다.

❹ 동남아항로

전세계 108개 선사가 취항하고 있으며, 동남아해운, 한진해운, 현대상선이 취항하고 있다.

❺ 한중항로

부산에서 천진 · 연운 · 상해로 운송하거나, 인천에서 청도 · 위해 · 단동 등으로 운송되는 11개의 컨테이너 및 카페리 정기선항로가 있다(허문구, 한승철, 수출입물류 운송 실무 참고).

03 해상운송계약의 종류

1 | 개품운송계약

1 의미

운송인이 다수의 화물의 주인(화주 또는 송화인)들에게 각각의 화물을 운송할 것을 약속하고 상대방인 화주는 그 대가로 운임을 지급하기로 약속하는 계약을 의미한다.

2 특징

개품운송계약은 불특정 다수의 송화인으로부터 다종 다양한 잡화 또는 일반상품의 운송을 인수하는 것이어서 매번 계약의 내용을 구체적으로 협상하는 것은 비경제적이라 할 수 있다. 이러한 이유로 개품운송계약은 정형화된 방식으로 체결되고 있다. 현재 개품운송계약 체결 시 구체적인 내용의 계약서가 작성되는 것이 아니고, 운송인이 물품수령 시 발급하는 영수증 즉, 선화증권 이면에 계약에 포함될 내용을 미리 인쇄해 놓고 있다. 따라서 운송계약의 내용에 대한 자료로 선화증권이 활용되게 된다.

개품운송계약은 주로 헤이그-비스비 규칙 등의 성문법에 의해 규율되는데 이는 협상력의 차이로 인한 피해를 방지하기 위한 것이다. 즉 운송인과의 관계에서 상대적으로 경제력이 약한 화주로서는 운송인과의 계약체결과정에서 불리한 조건을 수용할 수밖에 없고 이와 같은 내용이 선화증권에 기재된다면 낭패가 아닐 수 없다. 따라서 협상력의 열세로 인한 피해를 최소화하기 위해 법을 통한 보호가 필요한 것이다.

2 | 용선계약

1 의미

운송인이 선박의 전부 또는 선복 일부를 제공하여 그곳에 적재된 물품의 운송을 약속하고 상대방(용선자)은 이에 대해 운임(용선료)을 지급할 것을 약속하는 계약이다.

제1용선자는 이렇게 빌린 선박 또는 선복을 자신의 정기선 항로에 투입하여 정기선 운송사업을 할 수도 있고 또는 다시 누군가에게 빌려줄 수도 있다.

2 용선계약의 특징

용선계약은 선복을 임차하는 계약이다. 즉 선박 내 화물의 운송에 활용할 수 있는 공간인 선복의 이용을 목적으로 하는 계약이다.

이와 같은 용선계약은 보통 한 기업이 대형의 선박을 전부 임차하는 형태로 체결된다. 이는 경제적인 힘이 대등한 자들 간의 거래임을 의미하는 것이며 따라서 법이 간섭하지 않고 당사자들은 계약자유의 원칙에 따라 자유로이 계약을 체결할 수 있다.

이때 선주와 용선자와의 관계는 용선계약에 따르며 용선계약하에서 발행된 영수증 즉 선화증권은 운송계약의 증명자료가 되지 않는다. 선화증권이 제3자에게 양도된 경우에는 예외이다.

3 용선계약의 종류

❶ 항해용선계약(voyage charter)

- 항해용선계약은 특정한 1회의 항해 또는 수회의 항해를 단위로 하여 선박을 빌리는 계약이다. 이와 같은 항해용선계약의 주된 특징은 계약의 기간을 정함에 있어서 통상 1개의 항해를 단위로 하고, 화물의 종류를 미리 정한다는 점이다.
- 항해용선계약에서 하역업무는 통상 용선자가 부담하므로 하역이 지연되면 선주가 손해를 보게 된다. 확정운임을 받고 본선의 사용기간이 늘어나게 되기 때문이다. 따라서 항해용선계약서에는(오직 항해용선계약서에만) 하역을 촉진하기 위해 정박기간 및 체선료 약관을 둔다. 또한 운임수입이 화물의 적재량에 의해 좌우되기 때문에 선주는 약정된 운임수입을 보장받기 위해 만선의무약관(full and complete cargo clause)을 둔다. 용선자가 이러한 의무를 위반하는 경우에는 공적운임(dead freight)을 지불해야 한다.

항해용선계약에서 선주는 선박의 지휘, 관리권과 선장 기타 선원의 임명 관리권을 가지므로 선박소유자가 선박의 운항에 관한 비용 및 위험을 부담하며 운송물의 선적 · 양륙비용까지 부담함으로써 제3자에 대해서도 권리의무의 주체가 된다. 그러나 용선계약의 조건에 따라 화물의 선적, 적부, 양하에 대한 책임을 용선자가 부담하는 경우도 있다. 대표적인 용선계약서식인 Gencon 계약서식에는 FIO(Free In & Out) 條件이 추가조건으로 삽입되어 있다.

❷ 정기용선계약(time charter)

– 정기용선계약은 일정기간 동안 선박을 빌리는 계약이다. 그러나 협의의 개념으로는 특수한 약관(baltime form, NYPE form)을 반드시 포함하는 선박의 이용계약을 말한다.

– 용선자는 통상 자신의 선박소유계획에 따라 운항구간과 용선기간을 정하여 정기용선을 하게 되며, 이 경우 선주는 감항능력상태가 유지된 선박을 일체의 속구를 갖추고 선원을 배승시켜 약정된 항구에서 용선자에게 인도하게 된다. 용선료는 선박의 재화중량톤당 월간 요율을 정하여 15일 또는 1개월 단위로 선불로 지급하는 것이 일반적이다.

– 정기용선과 항해용선의 주요한 차이점은 정기용선의 경우 지연위험을 용선자가 부담하고, 항해용선의 경우에는 선주가 부담한다는 점이다.

TIP

정기용선의 경우에는 본선 및 선원에 대한 대가로 지불하는 용선료(hire)가 기간단위로 계산되기 때문에 본선이 몇 항차를 운항하고 운송화물의 수량이 얼마나 되는지는 용선료에 직접 영향을 미치지 않는다. 따라서 정기용선의 경우에는 정박기간 또는 체선료 약관을 둘 필요가 없다.

❸ 나용선계약(demise charter: 선박임대차계약)

일정기간 동안 선박만을 빌리는 계약을 말한다. 따라서 나용선은 정기용선과 유사하지만 정기용선은 선원과 일체의 속구를 갖춘 선박을 빌리는 데 반하여 나용선은 선박 자체만을 용선하여 승무원의 배치, 선체보험료, 항비, 항해비용, 수리비 등의 일체를 용선자가 부담한다는 점에서 차이가 있다.

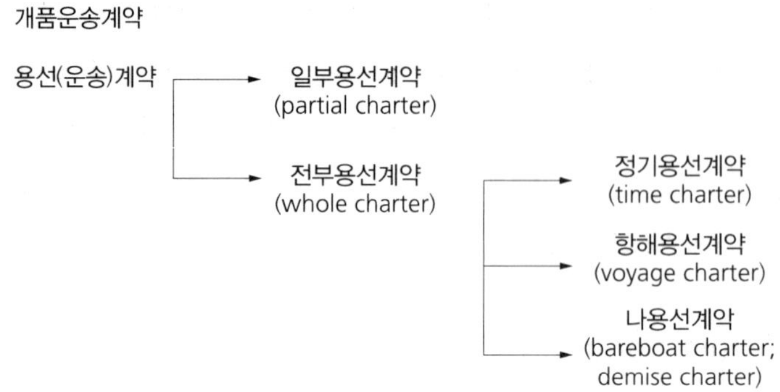

그림 10-1 ● 해상운송계약의 종류

표 10-2 ● 개품운송계약과 용선(운송)계약의 비교

구분	개품운송계약 (contract of affreightment)	용선(운송)계약 (charterparty contract)
거래내용	선주가 **다수의 화주**로부터 **개별적으로 화물을 인수**, 집하하여 운송하는 형태(물품의 운송)	화주가 선사로부터 **선복의 일부 또는 전부를** 빌리고 용선료의 지급을 약속하는 형태(선복)
계약의 증거	선화증권	용선계약서
선내 하역인부임	Liner term(berth term)	FI.FO.FIO(free in&out)
운임	공시운임율(tariff)	수급에 의한 시세
선박형태	정기선 운송	부정기선 운송
화물	잡화와 같은 비교적 적은 화물, 소량화물, 컨테이너화물, 포장화물	대량의 살화물 (Bulk cargo)
화주	불특정 다수의 화주	특정화주
준거법	성문법(헤이그, 헤이그-비스비, 함부르크규칙 등	당사자 간 합의가 중요)

III 항공운송

01 의미

항공기의 선복(plane's space)에 여객과 화물을 탑재하고, 국내외의 공항에서 공로로 다른 공항까지 운항하는 최신식의 수송시스템을 말한다.

국제항공화물(air cargo)이란 항공기에 의하여 수송되는 화물로 **일반적으로 항공화**

물운송장(air waybill)에 의해 수송되는 화물만을 지칭한다. 승객의 수하물(passenger's baggages)과 우편물(mail)은 제외한다.

항공운송은 해상운임이 비해 운임이 비싸다는 단점이 있다. 그러나 항공운송은 해상운송에 비해 운송기간이 짧고 또한 적기에 인도가 가능하므로 물류의 다른 부분 예를 들어 재고관리비용 등을 종합적으로 고려한다면 오히려 해상운송보다 유리한 운송방법이 될 수도 있으므로 단지 운임만을 고려하여 판단하기보다는 여러 가지 사항을 함께 고려하여 품목별 또는 비즈니스상황에 좀 더 유리한 운송방법을 선택해야 할 것이다.

02 단위탑재용기

단위탑재용기(unit load device)란 항공운송에만 사용되는 항공화물용 Container와 Pallet 및 Igloo를 말한다. 단위탑재용기의 사용으로 화물의 보호 및 신속한 작업 등의 이점이 생긴다.

각종 항공기의 화물칸에 맞도록 제작된 것을 Aircraft ULD라 하며 Container, Pallet, Igloo는 대부분 여기에 속한다. 반대로 화물의 종류에 맞추어 화물칸의 탑재상태와는 상관없이 만든 非항공용 Box를 Non-Aircraft ULD라고 한다.

1 | Pallet류

알루미늄 합금으로 제작된 평판이다. 이 위에 화물을 항공기 내부모양과 일치하도록 쌓은 후 그물망(net)이나 가죽끈(strap)으로 묶거나 고정(tie-down)한다.

2 | Certified Aircraft Containers

별도의 보조 장비 없이 항공기내의 화물실에 탑재 및 고정이 가능하도록 제작된 Container이다.

3 | Igloo

① Non-Structural Igloo: 바닥은 없는 상태이며 윗부분은 항공기의 구조를 고려해서 둥근 형태이다. Pallet와 함께 사용되어 Space를 최대한 활용하도록 고안되었다. 바닥에 판을 깔고 그 위에 뚜껑을 덮은 형상을 떠올리면 되겠다.

② Structural Igloo: pallet를 합체시켜 밑바닥을 만든 것이다. 적재된 화물을 그물망(net) 없이 고정시킬 수 있도록 제작되었다.

03 항공화물 대리점

① 일반대리점(항공화물 운송대리점: air cargo agent)

② 혼재업자(consolidator)

③ 상업서류송달업(courier)

TIP

항공화물운송업은 90년대 초반까지 항공법에 의해 항공화물운송대리점업과 항공운송주선업으로 나누어져 있었으나, 1993년 12월 항공법이 개정되면서 복합 운송주선업자로 통합되었다. 이에 따라 현재 항공화물 포워딩업을 규정하고 있는 법규 및 업종은 화물유통촉진법에 의한 복합운송주선업이며, 복합운송주선업자가 종전의 항공화물대리점 및 항공운송주선업자의 기능과 역할을 동시에 수행하고 있다.

1 | 항공화물 운송대리점

항공사 또는 총대리점을 대리, 항공사의 운송약관과 tariff 및 스케쥴에 의거하여 항공화물을 수집, 항공화물운송장(air waybill)을 대리발행하며 항공회사로부터 그 대가로서의 항공운임의 5%를 받고 있다.

–주 업무: 수출입 화물을 집하하여 항공사에 운송을 위탁하는 것

2 | 혼재업자

1 혼재업자의 정의

㉠ 혼재업은 항공업에서 항공화물운송주선업이라 불리며, 혼재업자(Consolidator: Air Freight Forwarder: 항공화물운송주선인)는 타인의 수요에 응하여 유상으로, ㉡ 자기의 명의로서, ㉢ 항공운송사업자(항공회사)의 항공기를 이용하여 화물을 운송하는 것을 업으로 하는 사람을 말한다.

- 항공사와 경쟁하기 위해서 포워더는 관계당국에 독자적인 운임률을 등록하여 사용하고 있는데, 운임률은 항공사보다 10% 정도 낮게 설정하고 있다. 즉 포워더는 여러 화물을 혼재하여 발생되는 운임상의 차액을 그 수입원으로 하여 영업을 하고 있는 것이다.

2 혼재업자를 사용하는 경우의 이점

① 화주는 항공사보다 싼 운임으로 물품을 운송할 수 있다. (단, 혼재수속으로 탑재가 반나절 또는 하루 늦어지는 단점이 있다.)

② 항공사는 혼재업자로부터 단위화된 화물을 일괄인수하므로, 화물처리 및 업무가 간소화된다.

표 10-3 ● 항공화물대리점과 혼재업자 비교

내용	대리점	혼재업자
자체 Tariff	없음	있음
	항공사 Tariff사용	자체 Tariff사용
운송약관	없음 항공사 약관에 준함	있음 자체약관 사용
수화인	매건당 수화인 (master AWB)	Break Bulk Agent가 수화인 (break bulk 및 reforwarding)
이익	IATA 5% 수수료 기타	IATA 5% 수수료 외에 항공운임 중량체감에 의한 화물 수령금 및 항공사 지불 운임의 차이가 이익 혼재에 의한 Volume Weight의 감소
AWB	One AWB 사용 (항공사의 master AWB)	TWO AWB 사용 항공사용 Master AWB M/AWB에 부착하여 고객단위 House AWB 사용

3 혼재화물인수대리점(break bulk agent)

혼재업자의 역할 중에서 가장 중요한 부분이 break bulk agent로서의 업무이다.

지역별로 서류 업무제휴관계를 맺어 혼재화물이 도착하면 ㉠ 항공사로부터 Master AWB과 House AWB 그리고 물품을 인도받아, ㉡ House AWB에 기초하여 화물을 분류(devanning)하여 ㉢ 수화인에게 도착통지를 하고 통관수속을 대행하기도 하며, ㉣ 화물인도 시 운임후불인 경우 운임을 징수하는 업무를 수행한다.

11 무역운송실무 및 물류비용

I 컨테이너 운송

01 컨테이너의 종류

컨테이너의 종류는 분류기준에 따라 다양하나 다음음 표 11-1,2와 같이 분류할 수 있다.

표 11-1 컨테이너의 종류: 사양별

구분	
TEU(twenty-feet equivalent unit: 20피트)	폭-8피트(2.348m)/높이-8피트 6인치(2.376m)/길이-6m
FEU(forty-feet equivalent uint: 40피트)	폭-8피트(2.348m)/높이-8피트 6인치(2.376m)/길이-12m
점보컨테이너(45피트)	
Hi cubic컨테이너	45피트보다 1피트 높음(9피트 6인치)
최대적재가능부피 실적재가능부피 (팔레트 등 고정자재, 틈새공간 때문)	= TEU-33CBM/FEU-67CBM = TEU-25CBM/FEU-55CBM
최대적재가능중량 실적재가능중량 (도로법/도로교통법 등의 과속차량 단속기준 때문)	= TEU-21톤/FEU-26톤 = TEU-17톤/FEU-20톤

표 11-2 ● 컨테이너의 종류: 용도별

구분	
드라이 컨테이너	일반 건화물
리퍼(reefer)컨테이너	과일 · 야채 · 생선 · 육류 등(보냉/보열 요물품) 영하28~영상26°까지 조절 가능한 온도조절장치 부착, receptacle-전원급시설
오픈 톱 컨테이너	파이프 등 긴 화물, 중량품, 기계류 수송(지붕無)
탱크 컨테이너	
플랫 랙 컨테이너	기계류/목재/승용차/ 등 수송. 지붕, 벽 제거하여 기둥과 버팀대만 있음
컨테이너 선박	풀컨테이너선/세미컨테이너선(근해 항해(한-일/한-동남아)에 이용 파나막스선박(panamax, panama maximum)-5만G/T(3000TEU적재 가능) 포스트 파나막스선박(post panamax)-6만 5000GT(5000TEU 적재 가능 /길이 300m 이상)

02 컨테이너 터미널

1 | 임해식

① Berth(선석): 항내에서 선박을 계선시키는 시설을 갖춘 접안장소를 말한다.

② Apron: 갠트리 크레인을 비롯하여 컨테이너의 선적 및 양륙이 이루어지는 장소를 말한다. 부두 안벽(quay or pier)에 접한 야드의 일부분으로 부두에서 바다와 가장 가까이 접한 곳이며, 폭은 30 m~50 m 정도이다.

③ Mashalling Yard(Stacking Area): 방금 양륙된 컨테이너 또는 선적계획에 따라 선적예정인 컨테이너를 정열해 두는 넓은 장소이다. 쉽게 말해 선적 또는 양륙과정에서 컨테이너가 잠시 거쳐하는 곳이다.

④ Container Yard(CY): 컨테이너를 인수하고 또 보관하기도 하는 장소이다. 컨테이너 중에는 화물이 적입된 것도 있겠고 공컨테이너도 있겠으나 결론적으로는 컨테이너가 보관되는 곳이다.

⑤ Container Freight Station(CFS): 컨테이너 한 개를 채울 수 없는 소량화물(LCL화물)을 인수 및 보관하거나 LCL화물을 모집해서 혼재하거나 분류하는 즉, 컨테이너에 적입(stuffing) 또는 끄집어내는(devanning) 작업을 하는 장소를 말한다.

⑥ Off Dock Container Yard(ODCY): 부두 내에 위치한 CY의 토지사용료가 높다. 따라서 넓은 공간을 확보하기에는 부담스럽다. 이에 따라 부두로부터 조금 떨어진 시내에 CY를 두고 있는데 이를 ODCY라 한다.

2 | 내륙식

내륙식 컨테이너 터미널을 Inland Container Depot(ICD)라 하며 현재 경기도 의왕시와 경남 양산시에 위치하고 있다. 내륙 컨테이너 통관기지라고 불리기도 하며, 선박에의 적양하작업에 필요한 공간이 없다는 점을 제외하면 임해식과 차이가 없다.

03 컨테이너 화물의 운송절차

1 | 컨테이너 화물의 종류

① FCL(Full Container Load) Cargo: 어떤 화주의 화물만으로도 컨테이너 1개를 채울 수 있을 만큼 대량인 경우를 FCL화물이라 한다.

② LCL(Less than Full Container Load) Cargo: 컨테이너 1개를 채우는데 부족한 소량화물을 말한다.

2 | 컨테이너 화물의 내륙운송절차

1 FCL 화물의 경우

FCL 화물은 수출자의 공장이나 창고에서 통관된 후 컨테이너에 적입되어 선적지로 내륙운송 되는 경우와 일반화물 형태로 선적지까지 수송된 후 그곳에서 통관을 하고 컨테이너에 적입되는 경우가 있다.

❶ Shipper's pack 상태로 내륙 수송되는 경우

① door order 및 door delivery

운송계약체결 후 화주나 포워더가 운송회사에 공컨테이너를 요청한다. 이를 door order라 한다. 운송회사는 화주의 창고 등으로 공컨테이너를 인도한다. 이를 '컨테이너 도어운송' 또는 'door delivery' 라 한다.

공컨테이너의 영문표현인 empty container를 소리나는대로 표기하여 MT container라 표기하기도 한다.

TIP

컨테이너에 화물적입 후 수출통관단계에서 현물을 확인해야 한다면 낭패가 아닐 수 없다. 따라서 화주는 미리 수출통관절차를 진행하고 보세운송신고를 하는 등의 절차를 진행해야 한다.

② 컨테이너확인 후 컨테이너 수령증명서(기기수도증)에 서명

컨테이너 임대시 CY Operator는 트럭기사를 통해 기기수도증(Equip Interchange Receipt: EIR) 1부를 화주에게 전달한다. 자신의 공장이나 창고에서 공컨테이너를 인수한 화주는 이상 유무를 확인한 후 EIR상에 서명 후 기사에게 전달한다. 기사는 서명된 EIR을 CY Operator에게 넘겨줌으로써 인도의무를 다하게 된다.

③ 화물 적입(stuffing) 및 고정(lashing)

수출신고필증을 발급받은 화주는 스스로 화물을 컨테이너에 적입 및 고정한다. 화주가 컨테이너에 적입된 화물의 내역에 관한 서류인 컨테이너 적치표(Container Load Plan: CLP)를 스스로 작성하는 경우도 있겠으나, 일반적으로 CY Operator나 이와 계약관계에 있는 검수회사에서 선적예약시 화주가 제출한 제반서류를 참고로 CLP를 작성하는 것이 보통이다.

④ 컨테이너 봉인(sealing)

화물을 컨테이너에 적입한 화주는 컨테이너 수령시 받았던 선사봉인(Carrier's Seal)을 컨테이너에 부착한다. 봉인은 대부분 화주의 책임하에 부착되지만, 세관에서 직접조사를 해야 할 필요가 있는 경우나 불성실 업체의 경우 등과 같이 특별한 경우에 한해 세관원이 현장확인을 한 후 세관봉인을 하기도 한다.

⑤ 봉인을 마친 컨테이너 화물은 의왕 ICD를 통해 철도운송 되던지 도로를 이용해 부산지역으로 수송되며 대부분 ODCY에 장치된다.

❷ Loose Cargo 상태로 내륙수송되는 경우

컨테이너에 적입하지 않은 상태를 Loose Cargo라 한다. 컨테이너를 적입되지 않았기에 풀어헤쳐진 상태라는 의미로 Loose Cargo라 부르는 것이다. 이 경우 일반트럭을 이용하여 부산지역까지 운송되고, OCDY까지 셔틀운송을 하여 통관을 마친 후 컨테이너에 화물을 적입한다.

2 LCL 화물의 경우

–LCL 화물은 소량이므로 컨테이너 도어운송 없이 트럭에 실려 운송인이 지정한 CFS로 운송된다. 통상 운임상의 혜택과 행선지가 동일한 화물의 혼재를 용이하게 하기 위해 포워더를 이용한다.

–LCL 화물 역시 화주의 창고에서 통관 후 ODCY나 컨테이너 전용부두인 BCTOC (Busan Container Terminal Operation Company: 부산컨테이너 부두 운영공사–자성대부두)로 운송할 수 있으나, 대부분은 미통관상태로 부산의 ODCY나 BCTOC CFS로 반입하여 통관후 혼재 · 적입하고 있다.

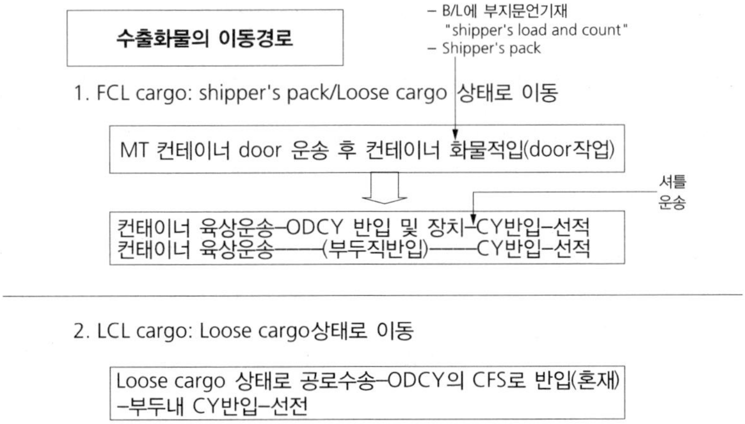

그림 11–1 ◦ 컨테이너화물의 내륙운송절차

3 | 컨테이너 화물의 운송형태

1 CY/CY(FCL/FCL: door to door)운송

수출지의 CY에서 수입지의 CY까지 FCL 형태로 운송된다. 즉, 화물이 송화인의 생산 공장 또는 창고에서 컨테이너에 적재되어 선적항 및 양륙항을 거쳐 최종목적지에 있는 수화인의 창고까지 컨테이너의 개폐 없이 일관운송되는 운송방식이다.

화주는 창고간 운송에 따른 육 · 해 · 륙 또는 육 · 해 · 공 구간의 운임을 지불하여야 하며, 운송인의 책임은 수출상의 창고로부터 수입상의 창고까지이다.

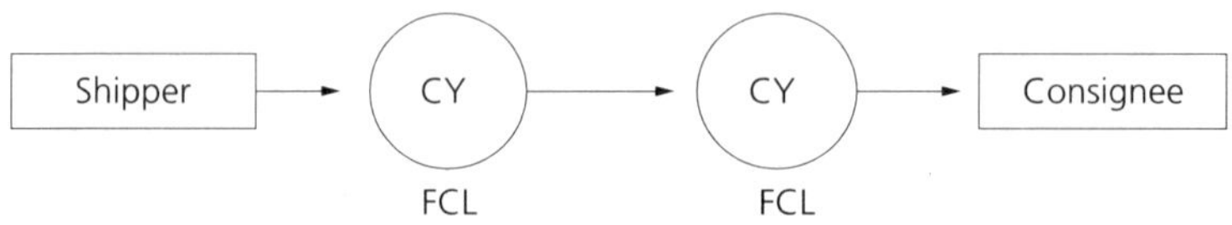

그림 11-2 ◦ FCL/FCL

2 CFS/CFS(LCL/LCL: pier to pier)운송

컨테이너운송의 가장 초보적인 단계이다. 운송인이 다수의 송화인으로부터 LCL 화물을 모아 수출지의 CFS에서 행선지별로 컨테이너에 혼재하고, 도착항에 있는 선박회사의 지정 CFS에서 여러 수화인에게 분류 · 인도하는 운송형태이다. 여기서는 송화인과 수화인이 여러 사람인 경우에 사용되는 운송방식이다.

운송인은 CFS에서 물품을 인수하고 CFS에서 인도하므로 선적항에서 양하항까지의 해상운임만을 징수하며, 책임구간도 수출지의 CFS에서 양하항의 CFS까지이다.

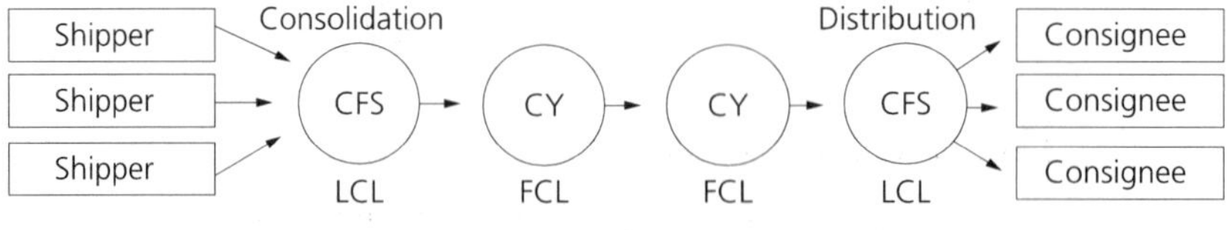

그림 11-3 ◦ LCL/LCL

3 CFS/CY(LCL/FCL: pier to door)운송

화물이 선적지에 있는 선박회사의 지정 CFS에서 컨테이너에 적입(stuffing, vanning)되어 최종목적지에 있는 수화인의 창고까지 동일한 컨테이너에 의하여 운송되는 형태이다. 이 경우는 운송인이 여러 화주들로부터 화물을 집화하여 최종목적지의 수화인의 공장 또는 창고까지 운송한다.

화주는 선적항의 CFS에서 양륙항까지의 해상운임과 도착항의 CY에서 최종 목적지인 수화인의 창고까지 운임을 지불한다. 운송인의 책임구간은 선적항의 CFS에서부터 최종 목적지의 창고까지가 된다.

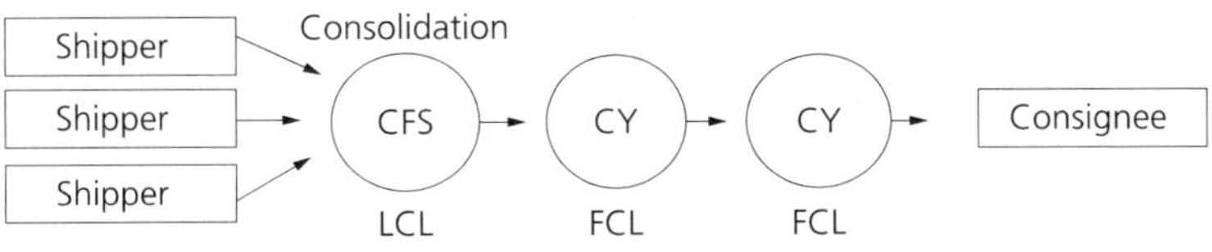

그림 11-4 ◦ LCL/FCL

4 CY/CFS(FCL/LCL: door to pier)운송

FCL화물이 송화인의 생산공장 또는 창고에서 컨테이너에 적재되어 목적항의 지정 CFS까지 운송하여, 이곳에서 다수의 수화인에게 화물을 인도하는 방법이다. 즉, 한사람의 송화인과 여러 사람의 수화인으로 구성된다.

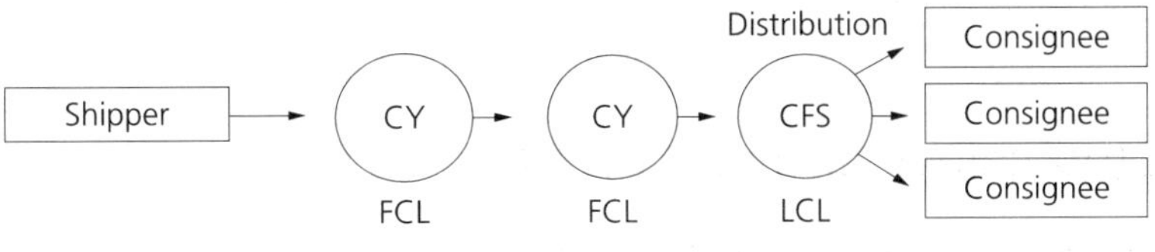

그림 11-5 ◦ FCL/LCL

4 | 해상운송에서 컨테이너화물의 하역방식

① Lo-Lo(Lift on/Lift off) 방식: 가장 일반적인 방법으로 본선 혹은 육상에 설치되어 있

는 겐트리 크레인으로 컨테이너를 수직으로 들어올려 적재하고 양하하는 방식이다.

② Ro-Ro(roll on/roll off) 방식: 선미 및 현측에 경사로(ramp)가 설치되어 있어 컨테이너를 트랙터에 연결하거나 포크리프트로 들어올려 직접 경사로를 따라 배안으로 들어가 적 · 양하 하는 방식이다. 자동차의 선적을 떠올리면 되겠다.

③ LASH(flat on/flat off) 방식: LASH는 Lighter Aboard Ship으로 일종의 바지운반선

TIP

Barge는 부두에서가 아닌 외항의 해상에서 하역작업시 하역공간을 제공함과 동시에 본선과 육상간 화물을 운반하는 수단으로 동력이 없어 예인선으로 예인되는 것을 barge, 자체 동력을 갖추어 자항성을 갖춘 것을 lighter라 한다.

5 | 철도운송에서 컨테이너화물의 하역방식

1 TOFC(trailer on flat car) 방식

- 컨테이너를 트레일러(섀시)와 함께 철도화차 위에 적재하여 운송하는 방식으로, 일명 피기백(piggyback System)방식.

TOFC 방식은 철도터미널에서 철로 끝에 위치한 비탈길(ramp way)을 통해 트랙터가 직접 트레일러를 견인하여 상 · 하차(적 · 양하)할 수 있다. 따라서 별도의 하역장비가 필요 없으므로, COFC 방식보다는 철도측의 설비투자가 소액이 된다.

2 COFC(container on flat car) 방식

- 섀시를 분리한 컨테이너만을 철도화차에 얹어 운송하는 방식

이 방식은 기점과 종점에 각각 각종의 크레인, Piggypacker, 섀시, 트레일러 등이 장비되어 있는 역이나 화물기지에서 가능한 하역방식으로 TOFC 방식으로 적재된 화물도 인수가 가능하다. 이 방식은 섀시의 활용도를 제고하고, 이단적(double stack)을 가능하게 하는 장점이 있다.

II 해상운송화물의 선적 및 양륙절차

01 선적절차

1 | 선박수배

1 선박수배방법

우선 무역계약 및 신용장상의 선적기간을 확인해야 한다. 그 선적기간 내에 수출항구에 기항하는 선박들에 대한 정보를 찾아야 하기 때문이다. 정기선사(Liner)들은 운항시간표인 스케쥴(Schedule)을 공표하고 있으므로 이를 확인하면 되는데, 운항스케쥴은 한국무역협회의 하주협회 홈피(shippersgate.kita.net)나 한국물류정보통신 홈피(www.logispia.net) 또는 개별선사 홈피를 이용하거나 전화상담을 통해 확인할 수 있다. 또한 운송전문 주간지를 활용할 수 있는데, korea shipping gazette가 대표적이다. 이와 같은 잡지들은 통상 항로별로 색상을 달리하거나 같은 페이지에 동일한 사항을 수록하고 있으므로 이용이 편리하다.

이렇게 공표된 운항스케쥴은 변동될 수 있으므로 유의해야 한다. 즉, 공표된 스케쥴상에 'Schedule is subject to change with or without notice.' 라 기재하여 변동될 수 있음을 알리고 있으므로 반복해서 확인해야 한다.

2 선박스케쥴 확인시 유의사항

스케쥴 확인시 다음의 내용들도 함께 확인해야 한다.

> 선박의 입출항일자, 운송기간, 직항/환적항 기항여부, 예정된 출항시간(ETD)과 도착시간(ETA), 해당 선적항의 화물수취 마감시간(closing time), 해상운임 및 부대비용 포함여부

위 항목 중 closing time과 부대비용포함여부에 대해서는 충분히 확인해야 한다.

closing time이란 항구나 컨테이너터미널에 화물을 반입할 수 있는 기한을 말한다. 선박회사는 적재화물에 관한 정보를 사전에 세관에 제공해야 하며 따라서 출항일로부터 상당기간 이전에 화물이 컨테이너 터미널에 반입시키기를 원한다. 그러므로 선적항의 closing time에 대해서도 확인해야 한다.

다음으로 운송회사가 공표하게 되는 운임 속에 포함된 비용항목에 대해서도 알아봐야 한다. 통상 운송회사가 공표하고 있는 운임 속에 부대비용이나 할증 등은 포함되어 있지 않으므로 별도로 확인해봐야 하는 것이다.

2 | 선복예약(Booking)

스케쥴 등을 확인, 선박회사를 결정했다면 운송을 의뢰해야 한다. 일반적으로 상업송장이나 포장명세서를 팩스발송하면서 운송을 의뢰하고 있는데, 조금 불편하더라도 운송회사의 선적의뢰서(Shipping Request: S/R)에 필요사항을 기재하여 의뢰하는 것이 바람직하다. 송장 등의 서류에는 운송회사가 필요로 하는 정보가 모두 기록되지 않아 반복적으로 정보를 요청함에 따른 번거로움이 있기 때문이다.

운송계약이 체결되면 운송회사는 Booking Note를 화주에게 교부하기도 하지만 보통은 전화로 예약번호를 통지해주고 있다.

3 | 선적

1 closing time의 준수

Closing time은 항구 또는 컨테이너터미널에 화물을 반입할 수 있는 기한을 말하는데, 화주는 이 기간에 맞추어 화물을 반입해야 한다. Closing time은 운송스케쥴 상의 출항일보다 앞서기 때문에 출항일 전날까지 또는 출항시간 직전까지 항구로 가져가려 했다가는 큰 낭패를 보게 된다.

관세청은 선박의 출항에 앞서 적재화물에 대한 정보를 세관에 사전에 제공하도록 하고 있다. 예를 들어 미국행 해상화물은 적재 24시간 전까지, 기타 해상화물은 적재 전까지, 근거리 해상화물과 항공화물은 출항 익일 24시까지 적하목록을 제출해야 한다.

이에 따라 운송회사는 이 기간보다 12시간 또는 하루 전까지 컨테이너터미널에 화물을 반입시킬 것을 요구하고 있는 것이다. Closing time은 화주의 창고에서 운송인이 화물을 수령하는 경우 즉 shipper' s pack 상태로 운송되는 경우가 아니라면 반드시 확인해야 한다.

2 선화증권 수령시 검토

선적작업이 모두 완료되면 운송회사는 화물의 수량이나 상태 등을 기록한 영수증인 선화증권(B/L)을 발급해준다. 선화증권은 유가증권으로 무역거래에서 가장 중요한 서류이므로 그 내용에 오류가 없어야 한다. 이러한 이유로 원본 발급에 앞서 검토용 선화증권을 팩스로 제공하고 있는데, 이를 Check B/L이라 한다. 신용장을 이용하여 결제하기로 했다면 신용장의 요구사항과 일치하는가를 세밀하게 검토하고 이상이 있으면 정정을 요구해야 한다.

4 선사증명서(shipping agent' s certificate) 수령

선사증명서란 선박의 선령이 일정 이하라는 사실 및 특정 국가의 선박이 아님을 증명하기 위해 발급되는 서류이다. 예컨대, 선령 20년 미만의 선박을 이용하도록 함에 따라 수출업자가 선사증명서를 발급받아 수입업자에게 제공하는 것이다.

중동지역의 수입업자들은 이스라엘, 대만 국적의 선박이용을 금지하는 경우가 있어 이 경우에도 선사증명서를 활용할 수 있다.

이와 같은 서류들은 CIF조건과 같이 수출업자가 운임을 지급하는 경우라면 운임을 입금하고 입금증을 팩스발송하면 퀵서비스 등을 이용하여 전달받고 있다.

02 양륙절차

1 | 선화증권 원본 입수

무역거래에서 신용장 또는 추심결제방식을 합의한 경우라면 은행에 수입대금을 결제하는 등의 절차를 밟아 선화증권을 포함한 선적서류를 회수한다.

2 | 화물도착통지서(arrival notice) 접수

운송회사는 수입항 도착에 앞서 화물을 수령할 자에게 통지하게 된다. 도착통지를 받는 자는 선화증권상의 착화통지처(notify party)란에 기재되는데, 수입업자 또는 관세사 등이 기재된다.

현재는 화물도착을 이메일로 통지해주고 있는데, www.cargopass.co.kr나 관세청 홈피의 화물추적정보서비스(www.customs.co.kr)를 이용하면 된다. 한편, 관세청의 경우 이메일을 등록해 놓으면 화물위치나 이동상황 및 통관여부를 모두 확인할 수 있다.

> **TIP**
>
> 항공운송에서 도착공항에 도착 전 수입통관절차 등 업무진행에 필요한 정보를 제공하는 것을 pre-alert라 한다.

3 | 수입통관 및 화물인도지시서 수령 후 화물 수취

1 수입통관

현재 수입통관은 시기에 따라 수출항 출항전 수입신고, 입항전 수입신고, 보세구역 도착 전 수입신고, 보세구역 장치 후 수입신고의 4가지 종류가 있으므로 편리에 따라 이용하면 된다. 수입통관절차를 거쳐 수입신고필증을 발급받아야 최종적으로 화물의 반출이 가능하므로 사전에 절차를 진행하는 것이 좋다.

> **TIP**
>
> 성실업체 또는 관세액 상당의 담보를 제공한 경우에는 관세를 납부하지 않은 채 화물을 회수할 수 있다. 이 경우 수입신고수리일로부터 15일내에 관세를 납부하면 된다.

2 화물인도지시서 수령 후 화물 수취

수입업자의 원본선화증권의 제시에 대해 운송회사는 화물인도지시서(delivery order:

D/O)를 발급해준다. 보통 운송회사는 수입항 도착과 함께 운송물을 수입항내의 CY나 기타 보세구역에 장치하게 되며, 수입업자는 이 화물인도지시서를 위 공간을 관리하는 업체에 제공하고 화물을 수취하는 것이다. 예외적으로 선화증권과 교환으로 화물을 수취하는 경우도 있다.

TIP

선화증권원본이 아직 수입국에 도착되지 않아 화물을 회수할 수 없게 되는 경우가 있다. 이 경우 수입업자는 자신의 거래은행에 가서 수입화물선취보장상(Letter of Guarantee; L/G)을 발급받아 선사에 제공하면 D/O를 발급받아 화물을 회수할 수 있다. 이를 L/G통관이라 부른다.

III 물류비용

01 해상운송의 물류비용

1 | 정기선

정기선 운임은 확정운임(fixed rate)으로, 항로별로 해운동맹이 결성되어 있어 해운동맹에서 운임률을 정하고 있다. 운임은 중량(weight) 또는 용적(measurement) 단위로 책정되는 기본운임과 할증료 추가요금 등의 부대운임으로 구성된다.

1 지급시기에 따른 분류

① 선불운임(freight prepaid)

② 후불운임(freight to collect)

2 산정기준에 따른 운임

① 종가운임(ad valorem freight): 화물의 가격을 기초로 하여 운임을 산정하는 방법

② 중량(weight)운임: 실제중량(ton)을 기준으로 한 운임

③ 용적(measurement)운임: 실제중량에 비해 용적이 큰 경우 용적을 기준으로 부과하는 운임.

④ 최저운임(minimum Rate): 운임은 일정단위를 기초로 하여 부과하는 바, 화물의 용적이나 중량이 일정기준 이하일 경우 이미 설정된 최저운임을 부과

⑤ Box Rate: 컨테이너당 얼마 하는 식으로 정한 운임

3 선내하역비부담에 따른 분류

① Berth or Liner Term: 선적 및 양하작업 시 소요되는 선내하역인부(stevedore)임을 운임에 포함시켜 선주가 부담하는 운임

② FIO(free in & out)운임: 선적 및 양륙비용을 화주가 별도로 부담하는 운임

③ FIOST(free in&out, stowed, trimming): 선적 및 양륙비용과 적부 및 정돈비용까지 화주가 부담하는 조건의 운임

④ FI(free in)운임: 화주가 선적비용을 부담하는 운임

⑤ FO(free out)운임: 화주가 양륙비용을 부담하는 운임

4 부대운임

① 터미널화물처리비(terminal handling charge: THC): 화물이 CY에 입고된 순간부터 선측까지(크레인과 같은 하역장비 사용료나 창고 보관료 등), 반대로 본선의 선측에서 CY의 게이트를 통과하기까지 화물의 이동에 따르는 비용

② CFS 작업료(CFS charge): 선적지 및 도착지의 CFS에서 화물의 혼적 또는 분류작업을 하는데 발생하는 비용

③ 서류발급비(documentation fee): 선사에서 선화증권과 화물인도지시서의 발급 시 소요되는 행정비용을 보전하기 위해 신설한 요금

④ 체화할증료(port congestion surcharge): 항구의 혼잡으로 인해 화물의 체화가 발생할 경우 일정기간동안 징수하는 요금

⑤ 유류할증료(bunker adjustment factor: BAF): 선박의 주 연료인 벙커유의 가격변동에 따른 손실을 보전하기 위해 부과하는 할증료

⑥ 통화할증료(currency adjustment factor: CAF): 운임표시통화의 가치하락에 따른 손실을 보전하기 위해 도입한 할증료

⑦ 지체료(detention charge): 화주가 컨테이너 혹은 트레일러를 대여한 경우 규정된 시간(free time)내에 반환하지 못할 경우 벌금으로 운송업체에 지불해야 하는 비용. 정기선사들은 통상 4~10일의 free time을 정해두고 그 이상을 경과하면 하루당 10$ 정도의 지체료를 징수한다.

2 | 부정기선

1 지불조건에 따른 분류

① 선복운임(혹은 총괄운임: Lumpsum freight): 화물의 개수, 중량 혹은 용적과 관계없이 일항해(trip or voyage) 혹은 선복의 크기(DWT)를 기준으로 하여 일괄계산하는 운임

② 선불운임(advance freight or prepaid freight): 선박은 발항 시 각종준비(선원의 승선, 연료 및 선용품의 보급 등)를 위해 운임의 일부 또는 전부를 미리 지급받는 관습이 있는데 이를 선불운임이라 한다.

TIP

운임선불인 경우 문제시되는 것은 운송중 파손 또는 침몰로 인하여 화물이 멸실되어 목적항까지 수송하지 못했을 경우인데, 이에 대해 영법과 판례에서는 화주가 운송인으로부터 운임을 반환받을 수 없고, 대륙법계의 경우에는 화주가 운송인에게 운임반환청구를 할 수 있다고 규정하고 있다. 하지만 실무적으로는 선화증권이 발행되는 경우 운임보장조항(guaranteed freight clause)이 삽입되어 있어 운임을 반환받을 수 없다.

③ 비율(비례)운임(pro-rate freight): 선박이 항해중 불가항력 등의 이유로 항해를 계

속할 수 없는 경우에 중도에서 화주에게 화물을 인도하고, 자신이 운송한 거리의 비율에 따라 운임을 받는 경우

④ 장기운송계약운임(long term contract freight): 원료 및 제품을 장기적 · 반복적으로 수송하기 위한 장기운송계약체결시의 운임

2 계약형태에 따른 분류

❶ 항해용선계약

① Gross Term: 선주가 하역비와 항비 등 일체의 경비를 부담하는 방식

② Net Term: 적 · 양하의 모든 하역비를 용선자가 부담할 뿐만 아니라 하역준비완료 시로부터 양하종료 시까지 항비 일체를 부담하는 방식

③ 공적운임(空積運賃: dead freight): 용선자가 용선계약체결 시 선적하기로 했던 화물의 실적재량을 채우지 못한 경우 그 부족분에 대해서 지급하는 운임으로 부적운임(不積運賃)이라고도 한다.

④ 체선료(滯船料: demurrage): 용선계약상 선적지 및 양륙지에서 적하 또는 양하를 위해 정해진 정박기간을 초과하여 일정기간동안 체선이 발생하는 경우 일정금액을 지불하기로 용선계약상에 미리 약정하는 확정손해배상금의 성질을 지닌다.

⑤ 조출료(早出料: despatch money): 용선계약상 허용된 정박기간이 종료하기 전에 하역이 완료되었을 때 그 절약된 기간에 대하여 선주가 용선자에게 지급하는 보수

❷ 정기용선계약

정기용선계약에서 용선료는 적재화물의 종류나 수량에 관계 없이 본선(용선선박)의 재화중량톤수(DWT)에 대해 매월 지급한다(선복의 크기를 기준으로 함).

정기용선계약에서는 선박의 적재 및 양하중에도 용선료가 지급되기 때문에 체선료나 공적운임 등의 문제는 발생하지 않는다.

02 항공운송의 물류비용[주)]

1 | 운임 및 요율의 결정

- 요율(rate)이란 항공운송기업이 화물운송의 대가로 징수하는 운임을 중량 또는 단위용기당 금액으로 나타낸 것으로 대개 노선별로 요율표(tariff)가 정해져 있다.

- 요율은 항공운송기업이 독자적으로 결정할 수 있는 성질의 것이 아니라 대개 정부의 개입하에 일정한 방식과 절차를 거쳐 유효한 요율이 결정되어진다.

- 국제선 운임은 지나친 운임경쟁을 방지하고자 하는 목적하에 IATA의 운임조정회의(Cargo Tariff Co-ordinating Conference)는 운항원가의 분석에 관여하는 동시에 화물운임, 요율설정, 통화규정 또는 국제항공화물의 판매 및 처리에 종사하는 중간업자의 수수료 수준 등 관계규칙의 설정 · 변경을 협의하여 결정하고 있다. 여기서 결정된 운임율은 각 항공사들이 자국의 국내법에 따라 정부에 허가를 신청하게 된다.

  우리나라를 비롯한 대다수의 항공회사는 IATA에서 합의한 운임을 채택하고 있다.

우리나라 항공화물 운임은 IATA가 정한 운임표와 규정인 'The Air Cargo Tariff I & II' 에 따라 산출하고 있다.

2 | 요율의 종류 (출처: 한국복합운송협회, 항공운송실무)

1 GCR(general cargo rate: 일반화물요율)

모든 항공화물 운송요금의 산정 시 기본이 되며 다음에 설명하는 SCR요율 및 Class Rate의 적용을 받지 않는 모든 화물운송에 적용되는 요율이다.

일반화물요율은 최저운임, 기본요율, 중량단계별 할인요율 등으로 분류되며, 운임산출의 기본이 되는 화물중량의 결정방법으로는 실제중량에 의한 방법과 용적 중량에 의한 방법, '높은 중량단계에서의 낮은 운임 적용' 규정에 의한 방법 등이 있다.

주) 이하의 내용은 복합운송협회가 발간한 "항공운송실무"에서 발췌 · 인용했음을 밝힙니다.

① 최저운임(minimum charge): 한 건의 화물운송에 적용할 수 있는 가장 적은 운임을 최저운임이라고 한다. 즉 화물의 중량이나 용적이 일정기준을 미달할 경우 최저운임이 적용되며 요율표에 'M' 으로 표시되어 있다.

② 기본요율(normal rate): 45kg 미만의 화물에 적용되는 요율로서 모든 화물요율의 기준이 된다. 요율표상에 'N' 으로 표시되어 있다.

③ 중량단계별 할인요율: 화물요율은 중량이 높아짐에 따라 kg당 요율은 더 낮게 설정되어 있다. 즉 일반품목 화물이 45 kg 이상인 경우 기본요율보다 대략 25% 낮게 요율이 설정되어 있다. 이외에도 여러지역(구간)에서는 100 kg, 200 kg, 300 kg, 500 kg 이상의 중량단계에 대해 점점 더 낮은 요율이 설정되어 있다.

❶ 운임산출 중량

화물 Tariff에는 kg 또는 lb당 요율이 설정되어 있다. 어떤 한 건의 화물에 대하여 적용요율을 찾기 위해서는 운임산출 중량을 먼저 결정해야 하는데 운임 산출중량의 결정방법에는 다음의 3가지가 있다.

① 실제중량에 의한 방법: 화물중량의 측정은 미국발을 제외하고는(이 지역 출발시는 lb로 측정) kg으로 측정되며, kg과 lb 모두 0.1단위까지 정확히 실제 중량이 측정되어야 한다. 이렇게 측정된 실중량은 항공운송장의 실중량(actual gross weight)난에 기입된다. 또한 0.5 kg 미만의 실중량은 0.5 kg으로 절상하고 0.6 kg 이상 1 kg 미만의 실중량은 1 kg으로 절상하여 운송장의 운임산출량 난에 기입된다.

② 용적(부피)중량에 의한 방법

- 용적계산법: 용적계산은 [가로 × 세로 × 높이]의 방식으로 계산되나 직육면체 또는 정육면체가 아닌 경우에는 [최대가로(greatest length) × 최대세로(greatest width) × 최대높이(greatest height)]로 계산된다.

길이단위에 있어서 소숫점의 처리는 곱셈을 하기 전에 처리되며 cm, inch 모두 반올림을 한다.

- 용적(부피)을 운임산출중량으로 계산하는 법: 가볍고 용적이 큰 화물에 대해 용적을 중량으로 환산하는 방법은 다음과 같다.

$$1\,kg = 6{,}000\,m^3(CBM), 366\,inch3\ 1\,Lb = 166\,inch^3$$

- 높은 중량단계에서의 낮은 운임적용 방법: 높은 중량단계에서 낮은 요율을 적용하여 운임이 낮아지는 경우 그대로 이 운임을 적용하면 된다.

예를 들어 45 kg 미만의 기본요율이 U$15이고 45 kg 이상의 중량단계별 할인요율이 U$10인 경우, 35 kg의 화물은 기본요율을 적용하는 경우 운임은 35 × 15 = U$525가 되고, 45 kg을 기준으로 하면 45 × 10 = 450U$로 산정된다. 따라서 이 경우 화물의 운임산출중량을 45 kg으로 기재하여 450U$를 부과하게 된다.

2 SCR(special cargo rate)

특정품목 할인요율로서 CORATE라고도 부른다. 화물운송의 유형상, 특정구간에서의 동종품목의 반복적 운송에 대하여 수요제고를 목적으로 코드로 분류된 특정품목에 GCR보다 낮은 요율을 설정한 요율이다. 이 요율은 항공화물의 판매상 중요한 비중을 차지하고 있으며 육상 및 해상운송과의 경쟁성을 충분히 감안하여 결정된다. 결국 SCR은 시장에 근거한 차별화된 요율이며 품목마다 다르게 설정되어 있어 다른 품목의 영향을 별로 받지 않는다.

3 Class Rate

품목분류요율을 말하는데 몇 가지 특정품목에만 적용되며 특정지역간 또는 특정지역내에서만 적용되는 경우도 있다. 이 요율은 대개 GCR(일반화물요율)의 백분율에 의한 할증 또는 할인으로 표시된다. 따라서 Class Rates는 일반 화물요율보다 높게 설정되는 경우와 이보다 낮게 설정되는 경우로 두 가지 방식이 있다.

Class Rates가 적용되는 품목은 6가지 종류가 있으며 그 중 화물로 수송되는 수하물(非同伴手荷物) 및 신문, 잡지 등은 기본요율(normal rates)에서 할인된 요율이 적용되고 귀중화물 및 생동물, 시체와 자동차는 일반화물 요율에 할증된 요율을 적용한다.

4 Valuation Charge

종가운임으로서 항공운송장(AWB)에 화물의 실제가격을 신고하면 화물운송 시

사고가 발생하였을 경우 손해배상을 받을 수 있는데 이때 화물가액의 일정 비율로부터 종가요금이 가산되어 결국 종가운임은 손해배상과 직접적인 관련을 가진 요금이라 할 수 있다.

바르샤바 협약상 항공운송인의 배상책임은 kg당 US20$이므로 신고가격이 US $ 20 미만인 경우 AWB의 운송가격신고란에 'No Value Declared'로 표시되며, 초과시에는 신고가격을 기재하여 발행한다.

종가요금 = 신고가격 − (총중량 × US20$ / kg) × 0.5% US $9.07 lb)

5 BUC

우리나라의 미주행 항공화물에 적용되는 요금체계로서 이른바 단위탑재용기(Unit Load Device: ULD)별로 중량을 기준으로 요금을 미리 정해놓고 판매하는 방식을 말한다.

8종류의 ULD 타입별로 한계중량(pivot weight)을 설정해 놓고 그에 따른 요금을 책정하여 이를 사용하는 대리점이 화물을 채우든지 못채우든지 상관없이 그만큼의 금액을 지불하게 하는 것으로써 일종의 항공사의 공급스페이스를 대리점이 사전에 매입하는 것과 같은 이치인데 동 요금은 용기의 형태별로 설정된 최저요금(pivot charge)과 최저중량을 초과하는 경우 그 초과된 중량(kg)에 부과되는 최저중량 초과요율(over pivot rate)을 곱한 금액으로 산출한다. 해상컨테이너화물의 Box Rate와 유사하다.

3 | 기타요금

1 입체지불수수료

❶ 입체지불금

입체지불금(disbursements or disbursement amount)이란 송화인의 요구에 따라 항공사, 송화인 또는 그 대리인이 선불한 비용을 수화인으로부터 징수하는 금액을 말한다. 항공사는 이러한 서비스에 대한 대가로서 입체지불금에 일정한 요율을 곱하여 산출된 금액을 입체 지불수수료로 징수하고 있다. 이는 운임과 종가요금 이외에 기타요금에 대하여도 착지불로 운송되는 것을 억제하기 위함이다.

❷ 입체지불금의 종류

– 항공사가 선불한 비용: 항공화물 화주보험료

– 송화인이 선불한비용: Trucking Charge(surface charge), Pick-up Charge, Handling Charge, AWB작성 수수료, 기타 송화인이 요청한 금액

❸ 수수료 수준

– 입체지불금이 USD50 미만일 때: 운송장당 USD8

– 입체지불금이 USD50 이상일 때: 입체지불금의 10%에 상당하는 금액이며, 최저 요금은 USD20이다.

2 착지불 수수료

운송장상에 운임과 종가요금을 수화인이 납부하도록 기재된 화물을 착지불화물이라 하는데 이러한 화물에 대하여 운임과 종가요금을 합한 금액에 일정율에 해당하는 금액을 착지불수수료로 징수하고 있다. 항공사가 착지불수수료를 징수하는 목적은 운송료를 송화인으로부터 화물인수시 징수하지 않고 목적지에서 수화인에게 징수하는 것에 대한 Risk를 방지하고 운송료를 타국통화로 징수하여 자국으로 송금하는 데 대한 환차손 보전 및 송금업무에 대한 대가, 그리고 착지불운송의 억제에 있다. 우리나라 도착 착지불수수료의 수준은 운송료(weight charge 1 종가요금)의 2%이며 최저요금은 운송장당 USD10이다.

4 | 부대비용

화물취급수수료(handling charge), Pick-up Service Charge, AWB Fee 등이 있으며 위험품인 경우에는 위험품취급수수료가 있다.

12 운송서류

I 선화증권

01 의미

선화증권이란 화주와 운송인간에 체결된 운송계약의 증빙서류로서 운송인이 물품을 수령하여 선적하고 이를 해상운송을 거쳐 선화증권의 정당한 소지자에게 인도할 것을 약정하는 유가증권이다.

02 선화증권의 기능

1 | 권리증권으로서의 기능

선화증권은 그 자체가 화물 그 자체라 할 수 있다. 따라서 정당한 방법으로 선화증권을 취득한 자는 선화증권상 양도인이 지니던 모든 권리와 의무를 취득하게 된다. 즉 선화증권은 화물에 대한 권리를 체화한 권리증권(document of title)이기 때문에 배서 · 교부에 의해 선화증권상의 권리인 운송인에 대한 화물인도청구권과 화물처분권을 양도할 수 있는 것이다.

다만 선화증권은 어음이나 수표처럼 배서에 의하여 자유로이 유통되는 것은 아니고 일정한 조건 즉, 유통 가능하게 발행된 경우에만 유통이 가능하다.

예를 들어 선화증권상 수화인(consignee)란에 'to order' 또는 'to order of ABC'와 같이 지시식으로 발행된 경우에는 배서를 통해 유통이 가능하다.

2 | 운송계약의 증거(an evidence of contract of carriage)

선화증권은 운송인과 송화인간에 체결한 운송계약의 내용을 증명하는 서류이다. 앞서 살펴본 바와 같이 선화증권은 다수의 송화인과 하나의 운송회사 간에 체결되는 개품운송계약하에서 발급되는 영수증이다. 이 경우 별도의 계약서가 존재하지 않는 탓에 선화증권의 기재사항을 계약의 내용으로 추정하는 것이다.

❶ 운송계약 당사자 VS. 제3자

송화인과 운송인간의 관계를 구속하는 것은 운송계약이며 선화증권은 운송계약의 추정적 증거(prima facie evidence)가 된다. 그러나 제3자는 송화인과 운송인간의 운송계약의 내용을 모르기 때문에 선화증권이 정당한 방법으로 양도되면 양수인과 운송인과의 관계에서 선화증권이 계약의 내용 전부가 된다.

다시 말해 운송계약을 체결한 자들 간에 선화증권은 단순한 참고자료이다. 따라서 선화증권의 기재사항과 다른 내용의 어떤 합의가 있었음을 증명할 수만 있다면, 선화증권의 기재사항에 따른 책임지지 않게 되는 것이다. 그러나 제3자가 선화증권을 양도받게 되면 선화증권의 기재사항이 제3자와 운송인과의 계약내용 전부가 되는 것이다.

❷ 용선계약과의 관계

만약 용선자가 송화인이라면 선주와 용선자의 권리는 용선계약에 의해서만 구속을 받기 때문에 선화증권은 화물의 단순한 물품의 수령증에 불과하게 된다. 그러나, 용선자가 용선계약하에서 발행된 선화증권을 제3자에게 배서양도하는 경우에는 선의로 선화증권을 취득한 제3자에 대해서는 용선계약의 내용을 원용할 수 없다. 다만 이렇게 양도된 선화증권에 용선계약에 관한 사항이 기재되어 있다면, 기재된 한도내에서 용선계약의 내용을 주장할 수 있게 된다. 따라서 선화증권 수령 시 용선계약에 대한 언급이 있는가 역시 살펴볼 필요가 있겠다.

3 | 화물수령증(a receipt for the goods shipped)

송화인의 입장에서 선화증권은 운송인이 기재된 화물의 수량, 중량 및 상태대로 물품을 수령하였다는 추정적 증거(prima facie evidence)가 된다. 따라서 선화증권에 기재된 사항과 다른 내용물을 받았다는 사실 또는 선화증권에 기재된 상태와 다른 상태의 물품을 받았다는 사실을 증명할 수 있다면, 그 증명된 사항이 선화증권에 기재된 사항에 우선하는 것이다.

그러나 선화증권이 배서에 의해 양도되면 제3자와 운송인간에는 선화증권에 기재된 사항이 우선하게 된다. 즉, 다른 물품을 수령한 경우라도 선화증권에 기재된 내용의 물품을 건네줘야 하는 것이다. 따라서 운송인은 화물을 수령할 때 충분한 검사를 하여 기재해야 하며 하자상태에 대해 명확한 기재를 해야 한다.

03 선화증권의 법적성질

1 | 요인증권

선화증권은 선사가 화물을 수령 또는 선적하였다는 원인행위가 있을 경우에만 발행되므로 요인증권이다.

2 | 문언증권

운송인과 화주의 권리 · 의무는 선화증권에 기재된 내용에 따라 행사되는 것이므로 문언증권이다. 다만 운송계약 당사자들간에는 문언증권적 성격이 없고 제3자에게 양도된 경우에만 문언증권적 성격이 있다.

3 | 상환증권

선화증권이 발행되면 운송인은 선화증권과 교환으로 화물을 인도해야 하며, 그렇지 않으면 정당한 선화증권 소지인에 대해 불법행위로 인한 책임을 져야 한다. 이에 따라 화물의 주인이라 할지라도 선화증권을 제시하지 못한다면 화물을 요구할 수 없게 되는 것이다.

현재 선화증권은 원본이 세 통으로 발급되고 있는데, 이와 같이 복수로 발급된 경우 운송인은 그 중 한 통을 먼저 제시하는 자에게 화물을 인도하여야 하며, 선화증권과 상환으로 화물을 인도하고 나면 나머지 선화증권은 그 효력을 상실한다. 즉 한 통의 원본만으로도 화물을 회수할 수 있는 것이다. 다만 양륙항 이외의 곳에서 요구하는 때에는 발급된 원본 전부가 필요하다.

TIP

실무적으로는 선화증권보다 화물이 먼저 도착하는 경우 선화증권과 상환하지 않고 수입화물선취보증장(letter of guarantee: L/G)을 제시하고 화물을 인도하는 관행이 있는데, 이 경우에도 나중에 정당한 선화증권의 소지인이 화물의 인도를 청구하면 운송인은 책임을 면할 수 없다.

04 선화증권의 종류

1 | 발행시기에 따른 분류: 선적(Shipped B/L) VS. 수취선화증권(Received B/L)

선화증권은 발행시기에 따라 선적선화증권과 수취선화증권으로 구분된다.

원칙적으로 화물이 본선에 적재된 후 발행되는 것이 선적선화증권이며, 화물의 선적작업 이전에 선적항구에 화물을 인도시킨 경우나 사전에 화물을 운송인에게 인도한 경우에는 단순히 물품을 수령했다는 취지의 수취선화증권이 발행된다.

실무적으로 선적여부 및 선적일을 증명하는 방법으로 선화증권의 일자를 참고하고 있는데, 선적선화증권의 경우 그 발행일을 선적일로 취급하나 수취선화증권의 경우 선적일이 표기되어 있지 않으므로 선적여부 및 선적일을 증명할 수 없게 되는 문제가 있다. 이에 따라 선적 후 이미 발행된 수취선화증권면에 'on board'라는 스탬프와 함께 일자를 기입함으로써 선적 및 선적일을 증명할 수 있게 한다. 이와 같은 기재를 'on board notation' 또는 '본선적재부기'라 한다.

2 | 화물의 이상유무에 따른 분류: 무사고(Clean B/L) VS. 사고부선화증권(Dirty, Foul B/L)

선화증권은 여러 가지 기능이 있으나 가장 기초적인 기능은 역시 영수증으로서의 기능이다. 즉 선화증권은 운송인이 그 기재된 내용의 화물을 수령했다는 영수증인 것이다. 따라서 영수증 발행에 앞서 화물의 이상 여부를 검사하고 그 외관상태에 대해 기재하게 된다. 이때 화물의 상태에 이상이 있음을 기재한 경우를 Dirty B/L, 그렇지 않은 경우를 Clean B/L이라 한다.

'Shipper's pack'인 상태로 내륙운송되는 FCL화물의 경우, 화주가 컨테이너에 화물을 적입하고 운송인은 그 내용물 및 그 상태에 대해 확인할 수 없는 상태에서 영수증을 발급하게 되므로 이와 같은 사정을 밝히는 문장을 다음과 같이 기재한다.

"Shipper's load and count/said by shipper to contain"
이를 부지문언이라 한다. 이와 같은 표기가 있어도 이는 clean B/L이다.

TIP

신용장에서는 항상 Clean B/L을 요구하고 있다. 따라서 Dirty B/L로는 대금을 지급받을 수 없는 아주 무용한 영수증이 되는 것이다. 따라서 화주는 선적 시 화물에 이상이 발견되면 즉시 대체하거나 재포장해야 하며, 선박이 곧 출항하거나 선적기일이 임박하여 그렇게 하기가 곤란한 경우에는 선사에 파손화물보상장(letter of indemnity: L/I)을 제시하고 무사고 선화증권을 교부받는 것이 관행이다.

3 | 발행형식에 따른 분류: 기명식 VS. 지시식

선화증권을 비롯한 화물의 영수증에는 화물수령자를 기재할 수 있도록 '수화인'

(consignee)란을 두고 있다. 이 수화인란에 특정인(기업)을 기재하게 되면 '이름을 기입했다'는 의미로 '기명식 선화증권'이라 하며, 이 경우 기재된 자만이 화물을 요구할 수 있다. 즉 유통이 불가능한 것이다.

이에 반해 수화인란에 'to order' 또는 'to order of ABC'와 같이 기재하는 경우를 '지시식 선화증권'이라 하며, 이 경우에는 배서를 통해 유통이 가능하다. 일반적으로 무역거래에서는 지시식선화증권을 요구하는 경우가 많다. 따라서 수출업자가 운송회사로부터 화물 선적 후 Check B/L을 받게 되면 신용장의 조건과 검토하면서 반드시 수화인란도 확인해봐야 할 것이다.

수화인란을 비워놓고 발행하는 경우를 무기명식이라 하며, 이 경우에는 배서 없이도 유통이 가능하다. 우리가 흔히 접하는 수표에 자신의 이름이 기재되지 않은 경우에 배서 없이 물품구매 등에 사용할 수 있는 것과 마찬가지다. 무기명식으로 발행된 선화증권이 국제운송 중 분실된다면 낭패가 아닐 수 없다. 이에 따라 선화증권이 무기명식으로 발행되는 경우는 드물거나 없다고 할 것이다.

4 | 집단선화증권과 혼재(창고)선화증권

혼재선화증권(house B/L)은 운송주선업체(포워더 또는 혼재업자)가 LCL화물의 화주들에게 발급해 주는 선화증권이다. 보통 혼재업자는 CFS에서 LCL화물을 수령하여 운송서비스를 제공하고 있는데 CFS는 지붕이 있는 창고 즉 집에 비유할 수 있겠다. 이에 따라 집에서 화물을 수령하고 발행한다는 점에서 House라는 용어가 사용되고 있다고 본다.

이에 반해 집단선화증권(groupage B/L)은 선박회사가 운송주선업체에게 발급해주는 선화증권이다. 일반적으로 주선업체는 LCL화물의 화주들과의 관계에서는 운송인이지만 실제로는 선박이나 항공기를 보유하고 있지 않다. 이에 따라 LCL화물을 모아 FCL상태가 된 화물을 다시 선박회사에 운송을 의뢰하게 되는데, 이 때 LCL화물의 집합체에 대해 하나의 선화증권이 발행되므로 Groupage B/L 또는 Master B/L이라도도 불린다.

5 | 시효경과선화증권(stale B/L)

신용장에는 신용장의 유효기간과 선적서류제시기간을 규정하고 있는데, 이 기간을 경과하여 제시되는 경우의 선화증권을 가리킨다. 이에 따라 생선이 오래되어 싱싱하지 못하고 썩었다는 의미의 stale이라는 단어가 사용되는 것이다.

신용장에 선적서류제시기간은 보통 '선적일 다음날로부터 10일'과 같이 정해지고 있다. 따라서 선화증권상의 선적일 다음날로부터 10일이 경과되어 제시되면 stale B/L이 되는 것이며 이 경우 대금을 지급하지 않는다. 보통 수입국의 보세창고에 보관되고 있던 화물을 판매하는 경우에 stale이 발생되게 되며, 이 경우 신용장에 다음과 같은 표기를 통해 문제를 해결하고 있다.

"Stale B/L acceptable"

6 | 교환선화증권(switch B/L)

선화증권이 발행되면 운송회사는 다시 발급해주지 않는다. 그런데 경우에 따라 송화인명 또는 수화인명을 변경해야 할 경우가 있다. 중계무역의 경우가 바로 그러한 예이다. 중계무역상은 자신이 거래하고 있는 원수출업자를 숨기기 위해 선화증권을 교체할 필요가 있으나 운송회사가 이 요구에 응하지 않을 것이므로 사전에 선화증권에 "switch"라는 표기를 기재하여 교환에 응하도록 하고 있는 것이다.

7 | Surrender B/L

송화인의 요청에 따라 선사가 B/L에 "surrendered" 스탬프를 날인하여 발행해 줌에 따라 이와 같이 불리는 것이다.

surrender는 포기한다는 의미가 있다. 여기에서는 선화증권의 권리증권적 특성, 구체적으로는 상환증권적 특성을 포기한다는 의미가 있다. 이에 따라 선화증권을 제시하지 않고도 화물을 회수할 수 있게 되는 것이다. 수입업자인 수화인에 대한 신뢰가 있는 경우가 아니라면 매우 위험하게 된다.

05 신용장상 선화증권의 수리요건(UCP600 제20조)

1 | 운송인의 명칭과 서명 필요

서명: 운송인, 선장, 또는 이들을 대리하는 자가 서명할 수 있다.

- 대리인이 서명하는 경우, 본인의 자격(운송인 또는 선장)을 밝혀야 한다.

- 선장을 대리하여 서명하는 경우, 선장의 이름은 기재하지 않아도 된다.

❶ 운송인이 서명하는 경우

as carrier, ABC shipping company

홍길동

❷ 선장이 서명하는 경우

as master

김선달

❸ 운송인의 대리인이 서명하는 경우

DEF as agent for carrier, ABC shipping company

김영훈

❹ 선장의 대리인이 서명하는 경우

Dae Bak as agent for master(선장이름 미기재 가능)

김영훈

2 | 본선적재표기 필요

1 Shipped B/L(선적선화증권)과 Received B/L(수취선화증권)

- 선적선화증권의 경우, 본선적재부기가 없는 경우, 발행일을 선적일로 취급한다.

– 본선적재부기가 있는 경우, 부기일을 선적일로 취급한다.

– 수취선화증권의 경우, 본선적재부기일을 선적일로 취급한다.

2 본선적재부기(on board notation)

– 선박명칭과 관련, '예정된' (intended)와 같은 표기가 있다면, 본선적재일자와 선박명이 필요하다.

– 선적항과 관련된 부분이다.

❶ 선적항이 선화증권상의 수탁지에 기재된 경우의 부기방법

본선적재일자, 선박명, 선적항 3가지 기록 필요

❷ 선적항과 다른 수탁지가 기재된 경우에도 위와 같은 부기 필요

단 홍콩 CY와 홍콩항, 싱가포르 CY와 싱가포르항, 부산 CY와 부산항은 다른 경우에 해당되지 않으므로 선적항에 대한 기록은 필요없다.

❸ 신용장상의 요건: 선화증권을 요구

port of loading: Inchon

final destination: Tokyo

❹ 선화증권상의 기재

port of loading: Inchon

port of destination: Tokyo

주의사항: 선화증권을 요구하면서 '최종목적지'로 표기한 경우에도, 선화증권에는 '목적항' 란에 기재해야 한다.

3 | 원본 전통의 제시 필요

은행의 담보권 확보를 위해 필요하다.

4 | 약식선화증권도 수리 가능

선화증권 이면에 운송인의 재량권 및 면책을 규정한 내용이 인쇄되어 있는 것이 일반적이나, 이것이 생략된 채 다른 자료를 참고하도록 한 경우에 이를 약식 선화증권이라 한다.

효과는 정식 선화증권과 동일하므로, 수리 가능하다.

5 | 용선계약에 대한 언급이 없을 것

용선계약에 따라 용선주는 용선료가 지급되지 않는 경우에 화물을 유치할 수 있는 권리가 있고, 이 권리를 행사하는 경우 화주가 불리해질 가능성이 있어(담보권을 갖는 은행의 입장도 마찬가지) 용선계약에 대한 언급이 없을 것을 요구하고 있다.

6 | 환적

신용장상의 선적항과 양륙항 사이에서 일어나야 환적(transshipment)에 해당된다.

– 환적표기방법 1.

port of loading: 인천

port of transshipment: 도쿄

port of discharge: 뉴욕

– 환적표기방법 2.

place of receipt: 인천

port of loading: 도쿄

port of discharge: 뉴욕

본선적재부기에 인천에서의 선적일자, 선박명, 인천항을 기록한다.

II 항공화물운송장

01 항공화물운송장의 의의

해상운송의 선화증권에 해당하는 항공운송의 기본서류가 항공화물운송장(air waybill: AWB) 또는 항공화물수탁서(air consignment note)이다. 미국에서는 AWB, 유럽에서는 Air Consignment Note 또는 Consignment Note라고 한다.

- 작성: 원칙적으로 항공운송인의 청구에 의해 송화인이 작성, 교부하는 것이나, 통상 항공사나 그 대리점이 발행한다. 그러나 운송인이 발행하는 경우에도 그것은 송화인을 대신하여 작성한 것으로 추정된다.

02 항공화물운송장의 발행

Warsaw Convention에 의거하면 항공화물운송장은 송화인이 원본 3통을 작성하여 화물과 함께 교부하여야 한다고 규정하고 또한 제1의 원본에는 '운송인용' 이라고 기재하고 송화인이 서명한다. 제2의 원본에는 '수화인용'이라고 기재하고 송화인 및 운송인이 서명하고 이 원본을 화물과 함께 송부한다. 제3의 원본에는 운송인이 서명하고 이 원본은 운송인이 화물을 인수한 후에 송화인에게 교부하도록 규정되어 있다. 그러나 실제로는 송화인이 작성하여 교부하는 경우는 드물고 항공화물대리점이 항공사로부터 air waybill의 용지를 받아 거기에 필요사항을 기입하고 화물의 인도를 받은 후 항공회사의 대리인으로서 송화인용 원본에 서명하거나 항공회사가 거기에 서명하여 송화인에게 교부한다.

한세트의 항공화물운송장은 원본(original) 3통 및 부본(copy) 6통 이상으로 구성되어 있고 각 원본 및 부본에는 그 용도가 정해져 있으며 식별을 쉽게 하기 위해서 색용지를 사용하고 있다. IATA가 정한 표준양식의 국제항공화물운송장의 구성은 다음과 같다.

표 12-1 ● 항공화물운송장의 구성

구분	용도	구분색상	기능
Original 1 (제1원본)	For Issuing Carrier (발행 항공회사용)	녹색	운송인(발행항공회사)용으로 운임이나 요금 등의 회계처리를 위하여 사용되고 송화인과 운송인과의 운송계약체결의 증거이다.
Original 2 (제2원본)	For Consignee (수화인용)	적색(pink)	수화인용으로 출발지에서 목적지에 보내 당해 화물운송장에 기재된 수화인에게 화물과 함께 인도된다.
Original 3 (제3원본)	For Shippe (송화인용)	청색	송화인용으로 출발지에서 항공회사(운송인)가 송화인으로부터 화물을 수취하였다는 것을 증명하는 수취증이고 또한 송화인과 운송인과의 운송계약체결의 증거서류이다. 그러나 '수화인용' 원본에 기재된 수화인에게 화물을 인도하는 경우에 수화인이 '송화인용' 원본을 소지하고 있는가를 물어보지 않으므로 이 원본은 송화인의 운송품 처분권을 제한하는 효력을 가지고 있을 뿐이다. 그러나 환어음 결제에서는 이 원본으로 결제하고 있으므로 외국환은행은 취급하는데 주의하여야 한다.
Original 4 (제4원본)	Delivery Receipt (인도항공회사 화물 인도용)	황색	운송인(인도항공회사비치용)이 도착지에서 수화인과 화물을 상환할 때 수화인이 이 부분에 서명하고 인도항공회사에 돌려주는 것으로서 화물 인도증명서 및 운송계약이행의 증거서류가 된다.
Original 5 (제5원본)	For Third Carrier (도착지 공항용)	백색	화물과 함께 도착지 공항에 보내져 세관통관용 기타업무에 사용된다.
Original 6 (제6원본)	For Third Carrier (도착지 공항용)	백색	운송에 참가한 항공회사가 운임청산에 사용한다.

03 항공화물운송장과 선화증권의 비교

① 항공화물운송장이나 선화증권은 운송인과 송화인 사이에 운송계약이 성립되고 있음을 증빙하는 서류라고 하는 점에서, 그리고 운송인이 화물을 수령했음을 증명하는 역할에 있어서도 동일하다.

그러나 항공화물운송장은 선화증권과 달리 양도성이나 유통성을 갖고 있지 않다. 항공화물운송장에는 분명히 'non negotiable' 이라고 표시되어 있으므로 유통이

안되는 '비유통증권' 으로서만 발행된다. 즉, 운송장의 수화인용 원본은 목적지에서 화물과 함께 수화인에게 교부되는 것으로서 유통을 목적으로 하는 것이 아니며, 운송계약의 권리행사에 필요한 것이 아니므로 이는 유가증권이 아니다.

② 선화증권의 발행은 선적식인데 반해 항공화물운송장의 발행은 수취식이라 할 수 있다. 즉 선화증권은 선적을 증명하는 증권이므로 선적이 완료된 후에 발행되는 것이 일반적이다. 그러나 항공운송의 경우는 발착편이 많고 화물을 운송 · 위탁해서 비행기에 적재할 때까지 많은 시일을 요하지 않으므로 항공사 창고에 화물이 도착하면 바로 운송장을 발행해 주고 있다.

③ 선화증권은 지시식으로 되어 있어 정당한 배서(endorsement)에 의해 누구에게나 양도되는 권리증권(document of title)인데 반하여 항공화물운송장은 기명식으로 되어 있기 때문에 항공화물운송장에 기재되어 있는 수화인이 아니면 당해 화물을 인수할 수 없다.

④ 항공화물운송장은 수화인이 도착지에서 항공사에 화물의 인도를 청구할 때 송화인에게 교부된 원본을 상환하지 않는다. 항공사는 수화인용 원본에 기재된 수화인에게 도착지에서 화물과 함께 수화인용 원본을 인도하면 되고, 수화인이 송화인에게 교부된 원본을 소지하고 있는가 여부는 문제가 되지 않는다. 따라서, 항공화물운송장은 상환증권이 아니지만 B/L은 제출하지 않으면 선사는 화물을 인도하지 않으므로 상환증권이다.

⑤ 법률적으로 항공운송장은 송화인이 작성해서 항공사에 교부하는 형식을 취하고 있는데 반해, 선화증권은 반대로 선박회사가 작성해서 송화인에게 교부되고 있다.

표 12-2 ● 항공화물운송장과 선화증권의 비교

항공화물운송장(air waybill)	선화증권(bill of lading)
유가증권이 아닌 단순한 화물운송장	유가증권
비유통성(non-negotiable)	유통성(negotiable)
기명식	지시식(무기명식)
수취식(항공화물을 창고에서 수취하고 AWB발행)	선적식(화물을 본선에 선적한 후 B/L발행)
상환증권이 아님	상환증권
송화인이 작성	선박회사가 작성

04 신용장거래와 항공화물운송장

1 수출상은 송화인용 원본만을 은행에 제시하면 된다.

① 질문: 신용장에서 항공화물운송장을 요구하면서 "Full set of ...."와 같이 규정하고 있는 경우, 수출업자는 원본을 모두 제시해야 하는가?

- 답변: 신용장통일규칙에 따라 송화인용 원본을 제시하는 것으로 족하다.

② 질문: 신용장상에 운송서류를 요구하는 문장은 다음과 같았다.

"Clean AWB consigned to ourselves…"

이 신용장하에서 수출업자가 제공한 항공화물운송장상에는 다음의 문장이 있었다.

"Carrier certificates goods described below were received for carriage…"

이와 같은 상황에서 본선적재부기(on board notation)가 필요한가?

- 답변: 신용장통일규칙에서는 항공화물운송장은 "화물이 운송을 위하여 수취(accepted for carriage)되었다는 표시가 있어야 한다고 규정되어 있으므로, 본선적재부기는 필요하지 않다. 즉 신용장상에 실질발송일자(actual date of dispatch)를 별도로 표기하도록 요구하고 있지 않는 한, 본선적재부기는 필요하지 않다.

TIP

신용장거래에서 항공화물운송장을 요구서류로 하는 경우의 유의점

첫째, 한 통 이상의 원본을 요구하지 말아야 한다. 현실적으로 수출업자가 원본전통을 제시할 수 없다.
둘째, 'Full set of original AWB'과 같은 문구를 사용하지 말아야 한다. 앞서 소개한 사항과 같은 이유에서이다.
셋째, Negotiable AWB 이라던지 수화인을 "to the order of …"으로 요구하지 말아야 한다. 항공화물운송장은 선화증권과 달리 유가증권이 아니다. 따라서 유통이 되지 않는다. 또한 유통이 불가하므로 지시식으로 요구할 이유가 없다.

*출처: 무역아카데미, 대금결제실무 2001-1, 228~231쪽의 내용 활용

PART 05

해상보험

13 해상보험 개관

01 해상보험계약

1 | 해상보험계약의 정의

영국해상보험법(MIA) 제1조에 따르면, 해상보험계약이란 보험자가 피보험자에게 당해 계약에 의해 합의된 방법과 범위 내에서 해상손해 즉 항해사업에 부수되는 손해를 보상할 것을 확약하는 계약이다.

본 법에서 '항해사업에 부수되는 손해' 라고 규정하고 있음에 따라 해상보험계약을 통해 보호되는 공간은 반드시 해상에 국한되는 것은 아님을 알 수 있다.

현재 이용되고 있는 보험증권에는 '운송약관' (transit clause)(구증권 특약 제1조/신증권 특약 제8조)을 포함하고 있는데, 당해 약관은 보험회사가 책임지는 공간을 수출업자의 창고에서 수입업자의 창고로 확장하고 있다.

우리 상법에서 '해상보험계약의 보험자는 해상사업에 관한 사고로 인하여 생길 손해를 보상할 책임이 있다' 고 규정하고 있는 것도 같은 취지이다.

즉 현재 해상보험회사는 해상과 인접한 육상운송구간이나 내수로운송구간 또는 창고보관 중의 사고에 대해서도 책임을 지고 있다.

우리나라의 경우 해상위험에 추가하여 육상위험에 대해서까지도 보호받고 싶다면 내륙운송확장담보조건(I.T.E)으로 보험에 가입해야 한다.

2 | 해상보험계약의 준거법

우리나라에서 발행되는 선박보험증권에는 다음과 같은 사항이 인쇄되어 있다.

"This insurance is subject to English Law and Practice"(본 보험은 영국의 법과 관습에 따른다)

적하보험증권의 전면에는 다음과 같이 인쇄되어 있다.

"All questions of liability arising under this policy are to be governed by the laws and customs of England."(이 보험상의 모든 책임문제는 영국의 법과 관습에 따른다.)

이에 따라 국내 보험회사와의 보험계약일지라도 영국의 법과 판례 등이 활용된다. 그러나 영국의 법과 판례 등이 활용되는 범위에 차이가 있다. 선박보험의 경우 모든 내용에 대해 영국의 법률이 활용되나, 적하보험의 경우에는 보험금청구에 대한 보상책임유무와 지급방법에 관해서만 영국의 법률이 적용된다.

3 | 해상보험계약의 체결시기

해상보험은 운송위험 즉, 운송 중의 사고발생에 대비하여 체결하는 것이므로 늦어도 물품이 운송위험에 노출되기 이전에 계약을 체결해야 할 것이다. 다시 말해 운송이 개시되기 전에 가입해야 하는 것이다. 운송개시 후에 보험계약을 체결하면 운송개시 시점부터 보험계약체결 시까지는 무보험상태에 놓이는 것이다.

그림 13-1을 보자. 선적일이 1월 1일, 보험계약체결일이 1월 5일이라 가정하자. 이 경우 화물은 이미 1월 1일부터 해상의 사고에 노출되어 있으나 보험회사의 책임은 5일부터 발생하게 됨에 따라 약 4일간은 무보험상태에 놓이게 되는 것이다. 그러므로 보험계약은 늦어도 운송이 개시되기 전에 또는 선적일 이전에 체결하는 것이 바람직하다.

그림 13-1 ◉ 보험기간과 보험계약기간

보험회사의 책임이 지속되는 기간을 보험기간이라 하여 보험계약이 유효하게 존속되는 기간을 의미하는 보험계약기간과 구별하고 있는데, 양자는 동일하다. 따라서 위 그림에서와 같은 상황에서 ⓐ 구간에서 발생한 손해에 대해 보험자는 책임이 없다.

그러나 보험증권에 '소급약관'(lost, or not lost clause)(구증권 전면약관) 또는 '피보험이익약관'(신증권 특약 제11조)이 포함되어 있으므로 현실적으로 ⓐ 구간에서 발생된 손해에 대해서도 보험금을 받을 수 있게 된다. 위 두 약관에 따라 보험회사의 책임이 소급되기 때문이다. 다만 ⓐ 구간에서 이미 사고가 발생했음을 알고 있는 상태에서 보험계약을 체결했다면 보험금을 받을 수 없다.

FOB조건에서 운송 중의 사고가 발생되면 이 손해를 수입업자가 떠안아야 한다. 따라서 수입업자는 자신을 보호하기 위해 보험계약을 체결하고자 할 것인데, 수출업자의 물품 선적통지를 받은 후 보험계약을 체결하게 된다면 위 그림과 같은 상황이 되는 것이다.

4 | 해상보험증권의 발행

해상보험계약이 유효하게 체결되면 보험회사는 보험증권을 발급해준다. 그러나 보험증권의 발행은 유효한 보험계약의 성립에 전제조건은 아니다. 즉 보험증권은 보험계약이 체결되었다는 점 및 보험계약의 내용 양자를 증명하기 위해 발행되는 것이어서 보험증권이 발행되지 않아도 보험계약은 유효하게 성립되는 것이다.

다만, 영국해상보험법 제22조에서 "해상보험계약은 본 법에 따라 해상보험증권에 구현되지 않는 한 증거로 인정되지 않는다"라고 규정하고 있고 우리 상법에서도 계약체결 시 즉시 보험증권의 작성 및 교부의무를 규정하고 있으므로 가능한 한 계약체결시 증권의 교부가 바람직하다 하겠다.

> **TIP**
>
> **보험서류의 명칭**
>
> –보험증권(insurance policy)–확정보험계약 체결 시 발행
> –보험증명서(insurance certificate)–예정보험계약 체결 시 발행
> 양자는 실무상 동일하게 취급되고 있다.

5 | 해상보험의 종류

1 피보험이익을 기준으로 한 분류

해상보험은 보험을 통해 보호하고자 하는 대상을 기준으로 하여 선박보험, 적하(화물)보험, 선임(운임)보험으로 구분할 수 있다.

❶ 적하보험(cargo insurance)

화물을 대상으로 하는 보험이다. 운송 중 화물이 멸실 또는 훼손되거나 화물을 보존하기 위하여 경비를 지출함으로써 화물의 소유자가 입은 손해를 보험조건에 따라 보상하여 준다.

❷ 선박보험(hull insurance)

선박을 대상으로 하는 보험이다. 선박의 관리 및 운항 중에 멸실이나 훼손 또는 선박을 보존하기 위해 지출된 경비 및 선박으로부터 발생한 책임손해가 있는 경우 이러한 손해를 보험조건에 따라 보상하여 준다.

❸ 운임보험(freight insurance)

운임을 대상으로 하는 보험이다. 선화증권이나 운송계약서에 화물을 목적지에서 화주에게 인도하지 못한 때에 운송인 등이 운임을 청구할 수 없도록 약정하고 있는 경우, 그로 인하여 운송인인 선박회사 등이 입은 손해를 보상하여 준다.

운임보험은 선화증권 등에 목적지까지의 운송을 완성하지 못하는 경우, 운임이 지급

되지 않는다는 취지를 합의한 경우에 활용되는데, 실무적으로는 선화증권상에 '운임수득약관'을 두어 선지급을 하고 있고 또한 미완성 시 반환하지 않고 있다.

2 보험기간을 기준으로 한 분류

① 항해보험(voyage insurance): A 항구로부터 B항구까지의 운송 즉, 특정 항해 구간을 보험기간으로 정하는 경우를 말하며 주로 적하보험에서 활용되고 있다.

② 기간보험(time insurance): 일정 기간을 보험기간으로 정하는 경우이며, 주로 선박보험에서 활용된다.

③ 혼합보험(mixed insurance): "from A to B for 3 months"와 같이 특정 항해구간과 일정 기간 두 기준을 함께 사용하는 경우를 말한다. 주로 선박보험에서 활용되었으나, 현재는 이용되고 있지 않다.

3 확정보험과 예정보험

❶ 확정보험

보험회사와 보험계약을 체결하기 위해 여러 사항이 확정 또는 확정가능해야 한다. 이와 같이 계약의 협상 당시에 모든 사항이 결정된 상태에서 체결하는 보험을 확정보험이라 한다. 이 경우 보험계약 성립의 증거로 보험증권(insurance policy)이 발급된다.

❷ 예정보험

① 의미: 보험계약의 협상에 필요한 사항이 미결정된 상태에서 체결되는 보험을 예정보험이라 한다. 즉 예정보험은 보험금액, 적재선박명 등 일부가 확정되지 않은 상태에서 계약이 체결되나 화물 또는 선박이 위험에 노출되는 때로부터 보험회사의 책임이 당연히 시작되며 따라서 사고 발생 시 보험금을 지급하기로 약속하는 형태의 계약을 말한다.

예를 들어 CFR조건의 경우 수출업자가 운송계약을 체결하게 됨에 따라 보험계약을 체결하고자 하는 수입업자는 적재선박명 및 출항일자 등에 대해 알지 못하며 이에 따라 미리 확정보험계약을 체결할 수 없게 된다.

수출업자의 선적통지를 받은 수입업자가 보험계약을 체결하고자 하는 때에 이미 화물은 위험에 노출되어 있으므로 미보험상태에 있게 된다. 따라서 예정보험계약을 체결하게 되면 이와 같은 문제는 제거되는 것이다.

TIP

우리 상법은 선박명이 미확정된 예정보험계약의 경우, 선명을 알게 되면 지체 없이 통지할 것을 요구하면서 이를 어기는 경우 보험회사가 계약을 해지할 수 있다고 규정하고 있다. 이와 같이 선박명이 미확정된 상태에서 체결된 보험의 경우, 증권상 선박명란에 TBD(to be declared)라 기재된다.

② 유형: 예정보험은 건별로 체결되는 경우 개별예정보험이라 하며, 일정 기간 동안의 화물 전부에 대해 체결되는 경우에는 포괄예정보험이라 한다.

- 개별예정보험에 가입하면 예정보험증권(provisional policy)이 발행되고 후일 미확정된 사항이 확정되어 확정통지를 하면 확정보험증권을 발급한다.
- 포괄예정보험에 가입하면 Open policy라는 특약서가 발행됨에 따라 포괄예정보험을 Open policy라 부르기도 한다. 후일 미확정된사항이 확정되어 확정통지를 하면 보험증명서(certificate of insurance)가 발행되며, 이 증명서와 교환으로 보험증권의 발행을 요구할 수 있으나, 현실적으로는 증명서로도 보험금을 청구할 수 있음에 따라 구분하지 않고 있다. 포괄포험을 가입하는 경우 보험료의 5%를 할인받을 수 있다는 이점이 있다.

TIP

포괄예정보험은 전년도 1년간 적하보험 수입보험료가 2천만 원 이상인 기업이 이용할 수 있다.

6 | 해상보험의 보상원칙

해상보험은 손해보험(또는 물보험)이므로 실손보상이 원칙이다. 즉, 실제로 입은 손해만큼의 보험금을 지급하게 되는 것이다. 이에 반해 생명보험을 비롯한 인보험에서는 계약 시 정한 금액을 지급하는 정액보상을 원칙으로 한다.

02 해상보험의 주요 용어

1 | 보험계약의 관련당사자

❶ 보험자(insurer/assurer/underwriter)

우리나라에서는 보험회사를 가리킨다. 즉 보험계약에 따라 보험료를 받고 나중에 손해가 생기면 이에 대해 보험금을 지급할 것을 약속하는 자이다.

❷ 피보험자(insured, assured)

해상운송 도중 사고가 생기면 실제 **보험금을 청구하고 보상받는 자**를 말한다. CIF조건의 경우 수출상이 수입상을 위해 계약을 체결하지만 실제 사고가 생기면 보험금을 수입상이 받는다. 이 경우는 실제 보험금 수혜자인 수입상을 피보험자라 한다.

실무적으로는 CIF조건의 경우에도 피보험자를 수출업자로 하여 보험증권을 발행하

TIP

무역보험에서 보험계약자와 피보험자의 관계

- FOB 계약의 경우: 매수인 = 보험계약자 = 피보험자
- CIF 계약의 경우: 보험계약자 = 매도인
  피보험자 = 매수인
  보험계약자 ≠ 피보험자

고 후에 수출상은 이 증권에 백지배서(blank endorsement)해서 수입업자에게 양도하고 있다.

❸ 보험계약자(policy holder)

보험가입자를 말한다. 즉 보험회사와 보험계약을 맺어 보험료를 내고 중요 사항을 알리며, 보험에서 담보하는 위험이 변하거나 증가하는 경우 이를 알려야 하는 여러 의무를 지는 자를 말한다.

❹ 보험수익자

보험사고의 발생 시 보험자로부터 보험금을 청구할 수 있는 자를 말하는데, 인보험에만 있는 개념으로서 손해보험(물보험)의 피보험자에 해당한다.

2 | 보험계약의 구성요소

❶ 피보험목적물(subject matter-insured)

선박, 화물, 가옥, 자동차 등 보험을 통해 보호하고자 하는 대상물을 말한다.

❷ 피보험이익(Insurable Interest)

피보험목적물과 어떤 자와의 경제적 이해관계를 의미한다. 화물이 파손 또는 멸실된 경우 화주는 경제적 손실을 입게 되는데 이와 같은 관계를 피보험이익이라 하는 것이다.

해상보험에 'no interest, no insurance' 라는 말이 있다. 이는 피보험이익이 없으면 보험을 통한 보호도 없다는 의미다. 일반적으로 보험이란 보험사고 발생 이전의 경제적 상태로 회복시켜주고자 하는 것이므로 피보험이익이 없다는 것은 보험사고 발생 시 손해가 없다는 의미이므로 보험금을 지급할 이유가 없는 것이다.

해상보험의 경우 보험계약체결 시에는 피보험이익이 없어도 보험계약은 유효하다. 그러나 늦어도 보험사고 발생 시에는 피보험이익을 갖고 있어야만 보험금을 청구할 수 있다.

예를 들어 CIF조건의 무역거래 시 수출업자는 수입업자를 위해 보험계약을 체결해야 한다. 이 경우 원칙적으로 진행된다면 보험계약체결 시 피보험자란에 수입업자를 기입하게 될 것이다.

CIF조건의 경우 본선적재 전까지 화물이 파손되면 이 손해는 수출업자가 부담한다. 그리고 본선적재 후에 손해가 발생되면 수입업자가 손해를 부담한다. 즉 본선적재 후에야 비로소 수입업자가 피보험이익을 갖는 것이다. 이 경우처럼 보험계약체결시에는 피보험이익이 없을지라도 보험계약은 유효하며 보험사고발생시에만 피보험이익을 갖고 있다면 보험금을 청구할 수 있는 것이다.

TIP

A/R, W.A., F.P.A.조건으로 보험계약을 체결한 경우 보험증권 발급 후 그러나 보험료 납부 전에 보험사고가 발생되면 보험금을 지급한다.

출처, 무역아카데미교재, 해상적하보험, 제16면 참고

❸ 보험료(premium)

보험자의 위험부담에 대한 대가로서 보험계약자가 지급하는 보수다.

❹ 보험금(claims, claim amount)

보험사고로 피보험자가 입은 재산상의 손해에 대해 보험회사가 지급하는 보상금이다.

❺ 보험가액(insurable value)

피보험이익의 평가액으로서 상업송장을 기초로 하여 보험계약 체결 시 협정하는 것이나 적하보험계약 체결 시 협상하지 않고 송장금액을 보험가액으로 보고 있다.

❻ 보험금액(sum insured)

보험사고 발생 시 보험자가 지급하기로 약속한 최고한도액을 말한다. 즉 보험금의 최고한도인 것이다. 1천만 원짜리 보험에 가입했다고 말할 때 1천만 원이 바로 보험금액인 것이다.

CIF조건에서는 수출업자가 송장금액의 110%로 보험계약을 체결하도록 규정하고 있는데, 이것이 바로 보험금액을 말한다. 따라서 부보된 화물이 전부 멸실되었을 때 받을 수 있는 보험금은 송장금액에 10%를 합한 금액이 되는 것이다.

❼ 위험의 담보(to bear the risk)

보험계약에 따라 보험자가 위험을 인수하는 것을 말한다.

❽ 손해의 보상(to compensate for a damage)

보험자가 인수한 위험 때문에 발생한 손해액을 보상하는 것을 말한다.

❾ 보험기간(duration of risk)과 보험계약기간

보험기간이란 보험자의 책임이 지속되는 기간을 말한다. 보험계약기간이란 보험자의 책임의 유무와 관계없고 보험계약이 존속되는 기간을 말한다. 예를 들어 보험계약은 보험계약체결일로부터 유효하지만 보험회사의 책임은 첫 회 보험료를 납입하기 전까지는 시작되지 않는 경우가 많은데 이처럼 중요한 것은 보험기간인 것이다.

일반적으로 보험기간과 계약기간은 일치한다. 그러나 해상적하보험의 경우에는 소급약관(또는 피보험이익약관)이 포함되어 있어 불일치하는 경우가 있다. 또한 예정보험계약을 체결한 경우 역시 불일치하게 된다. 이 모든 것은 무보험상태를 없애기 위해 활용되는 것이다.

❿ 보험증권과 보험약관

– 보험증권은 보험계약 체결 후 그 성립 및 내용을 증명하기 위해 보험회사가 기명, 날인해서 보험계약자에게 발급해주는 서류를 말한다.

TIP

다수의 상대방과 계약을 체결하기 위하여 일방당사자(보통 기업)가 사전에 작성해 놓은 계약 조항을 약관이라 한다. 금융, 보험, 운송회사가 많이 활용하고 있다.

이 해상적하보험증권은 1779년 Lloyd's에서 채택하여 사용된 S.G Policy을 기초로 한 구 보험증권과 1982년 런던보험자협회(Institute of London Underwriters: ILU)에서 제정한 신 보험증권이 병용되고 있다.

– 보험약관(clause)은 보험계약 내용을 구성하는 계약조항을 통칭해서 약관이라 부른다.

해상적하보험상의 보험약관에는 전면에 인쇄되는 본문약관과 이면에 기재되어 통상 특별약관(특약)이라 부르는 협회적하약관(institute cargo clause: ICC) 및 협회기간약관(선박보험) 등이 있다. 이러한 약관 중 특약이 순위에서 앞선다.

03 고지와 담보

1 | 고지의무

1 의미

보험계약은 사행계약적 성격을 갖고 있으며 이를 상쇄시키기 위해 최대선의의무를 부과하고 있다. 이와 같은 최대선의의무를 현실적으로 실현하기 위해 보험계약체결 시 알고 있는 중요한 정보를 서로에게 제공하도록 하는 고지의무를 두고 있다.

한편 이와 같은 고지의무의 대상은 신중한 보험자가 당해 위험을 인수할 것인가 또는 인수한다면 어떠한 조건으로 인수할 것인가 하는 점에 영향을 주는 요소들이므로 보험계약체결 시까지 제공하면 족하다고 보는 것이 일반적이다. 영국해상보험법과 우리 상법에서도 동일한 취지로 규정하고 있다.

2 고지사항

영국 해상보험법에서는 "보험료를 산정하거나 위험의 인수여부를 결정하는 과정에서 신중한 보험자의 판단에 영향을 미치는 일체의 사항은 중요하다"라고 규정하고 있어, 보험자의 판단에 영향을 미치는 중요한 사항이 고지사항이 된다.

중요하지 않더라도 보험자의 서면문의가 있다면 정보제공의무가 있다는 것이 최근 영국 법원의 판단이다. 이에 반해 위험을 감소시키는 사항, 보험자가 알고 있거나 알고 있을 것으로 추정되는 사항, 보험자에 의해 면제되는 사항은 고지할 필요가 없다.

3 고지의무위반의 효과: 보험계약의 취소

고지의무를 위반하게 되면 보험회사는 보험계약을 취소할 수 있다. 이에 따라 보험사고가 발생한 후에도 보험자는 보험금을 지급할 책임이 없고, 또한 이미 지급한 보험금의 반환도 요구할 수 있다.

한편, 우리 상법에서는 보험계약자의 고지의무위반사실이 보험사고의 발생에 영향을 미치지 아니하였음이 증명된 때 보험자는 보험금지급책임을 면하지 못한다고 규정하여 불고지된 사항과 보험사고 사이에 인과관계를 요구하고 있는 데 반해, 영국해상보험법에서는 인과관계를 요구하고 있지 않다. 즉 불고지된 사항이 보험사고의 발생에 아무런 영향을 주지 않았더라도 고지의무위반을 이유로 보험계약을 취소할 수 있게 되는 것이다. 해상적하보험의 경우 보험금의 지급 등에 대해 영국법이 적용되므로 인과관계를 요구하지 않는다고 이해하면 되겠다.

2 | 담보

1 의의

담보(warranty)란 피보험자가 어떤 일이 행해지거나 또는 행해지지 아니할 것을 약속하거나 또는 어떤 조건이 충족된 것 또는 피보험자가 특정 사실상태의 존재를 긍정 혹은 부정하는 것을 말한다. 간단히 말해 피보험자가 지켜야 할 약속을 담보라 하는 것이다.

2 담보의 종류: 명시담보와 묵시담보

이와 같은 담보는 보험증권에 구체적으로 기입되는 명시담보(express warranty)와 증권면에 기입되지는 않지만 지켜야 할 것으로 인정되는 묵시담보(implied warranty)가 있다. 이와 같은 담보는 그 종류 또는 중요도에 관계없이 반드시 충족되어야 한다.

명시담보에는 안전담보, 중립담보, 선비담보, 항해제한담보 등이 있다. 묵시담보에는 내항성(또는 감항성)담보와 적법담보가 있는데, 양자는 주로 선박보험과 관계가 있어 적하보험에서는 그리 중요시되지 않고 있다.

감항성(seaworthiness)이란 항해를 감당할 수 있는 상태를 말한다. 항해보험 즉, A항구에서 B항구까지 운송 중의 사고에 대해 책임지는 항해보험의 경우에는 항해의 개시시점에 당해 항해를 수행할 수 있는 상태면 족하다. 만일 항해 개시시점에 감항성이 없었다면 감항성의 결여가 손해발생에 아무런 영향을 주지 않았다해도 보험자는 보험금을 주지 않는다. 즉, 손해와 감항성담보위반 사이에 인과관계를 요구하지 않는다.

적하보험은 항해보험에 속하므로 감항성담보는 검토사항이 된다.

수출입업자는 선박에 관해 주의를 기울일 수 있는 입장이 아니며 또한 선박에 관한 지식도 전혀 없다. 따라서 적하보험계약을 체결하는 자에게 감항성담보를 요구하는 것은 불합리하다. 이와 같은 이유로 인해 적하보험증권 구증권에 감항성승인약관(특약 제8조)을 두어 보험자와 피보험자 간에 감항성이 있는 것으로 간주하고 있다. 그 결과 감항성여부에 관계없이 담보위험으로 인한 손해발생 시 보험금을 받을 수 있는 것이다.

그러나 신증권에서는 위 약관이 수정됨에 따라 무조건 감항성을 인정하지는 않는다. 피보험자가 선박의 감항성이 결여되었다는 사실을 모르고 있는 경우에 한해 보험금을 지급하며, 감항성결여사실을 알고 있었다면 보험금을 지급하지 않게 된다(신증권 특약 제5조).

3 담보위반의 효과

담보위반이 있는 경우 보험회사는 담보위반일로부터 책임이 없다. 즉 장래를 향해 해방되는 것이다. 그러므로 담보위반 이전에 발생한 손해에 대해서는 보험금을 지급해야 한다. 이 점에서 고지의무의 위반의 효과와 다르다. 그러나 담보위반 후 보험사고 발생 전에 담보위반의 내용을 시정해도 역시 보험자의 책임은 없다. 현실적으로는 명시담보 위반 시 보험회사에게 위반사실을 통지하고 추가보험료를 납부함으로써 보험회사의 책임을 지속시키고 있다.

14 해상위험과 해상손해

I 해상위험

01 해상위험의 의의

해상위험이란 해상이라는 공간에서 발생되는 우연한 사고 또는 그것에 기인하는 손해발생의 가능성을 의미한다.

보험회사는 위험을 담보하며, 담보된 위험으로 인한 손해를 보상해 준다. 해상 항해에 기인하는 또는 그에 부수하는 위험이 바로 해상보험회사가 담보하는 위험이 된다. 좌초, 침몰, 충돌 등이 해상위험의 대표적인 예이다.

02 해상위험담보방식

1 | 포괄담보방식: ICC(A/R), ICC(A)

포괄담보방식이란 담보해주는 위험을 구체적으로 하나하나 나열하는 방식을 버리고 포괄적으로 기재한 후 면책위험을 통해 보상범위를 좁히는 형태를 말한다.

2 | 열거담보방식: ICC(W.A), ICC(F.P.A.), ICC(B), ICC(C)

열거담보방식이란 담보해주는 위험을 구체적으로 하나하나 나열하고 이렇게 나열된 위험으로 인한 손해를 보상해주는 방식을 말한다.

포괄담보주의하에서는 손해발생 시, 당해 손해가 면책위험으로 인해 발생했음을 보험자가 입증해야 하는데 반해, 열거담보주의하에서는 당해 손해가 담보위험으로 인해 발생했음을 피보험자가 입증해야 한다.

03 담보위험, 면책위험, 부담보위험(중성위험)

담보위험은 보험회사가 책임지는 위험을 말한다. 보험회사는 위험에 대해 책임지는데, 현실적으로 위험이 발생하지 않도록 막을 수 없으므로 책임지는 위험으로 인한 손해발생 시 보험금을 지급하는 형태로 위험에 대해 책임을 지고 있다.

면책위험이란 담보위험과 반대로 보험자가 책임지지 않는 위험이다. 면책위험으로 인해 손해가 발생되면 보험금을 지급하지 않는다.

부담보위험은 중성위험이라고도 불리는데, 담보위험과 면책위험 어느 쪽에도 속하지 않는 위험을 말한다.

04 담보기간 = 보험기간

담보기간은 보험기간과 동일한 의미로 사용된다. 즉, 보험회사의 책임이 지속되는 기간인 것이다. 앞서 소개된 담보위험과 연결시키면 다음과 같은 결과가 나온다.

– 보험기간 개시 전 위험 → 개시 후 손해발생 시(보상 ×)

– 보험기간 개시 동안 위험 → 종료 후 손해발생 시(보상 ○)

즉, 보험회사가 비록 손해에 대해 보험금을 지급하는 형태로 책임을 지고 있지만 실제로 책임지는 것은 그 손해를 발생시킨 원인인 위험이므로 손해발생시점이 아닌 위험발생시점을 중심으로 판단해야 하는 것이다.

05 담보위험의 제한과 확장 VS. 담보손해의 제한과 확장

1 | 담보위험의 제한과 확장

구증권 전면의 본문약관에 위험약관이 있어 담보위험을 나열하고 있다. 그러나 전면의 이탤릭서체약관을 통해 위험약관에 나열되어 있는 전쟁과 관련된 위험들에 대해 면책됨을 규정함으로써 담보위험을 제한 또는 축소시키고 있다. 또한 구증권의 특약 중 A/R을 선택하는 경우에는 담보위험이 다시 확장되게 된다. 구증권 전면에 담보위험이 나열되어 있음에 따라 나열된 담보위험으로 인한 손해에 대해서만 보험금을 받을 수 있다. 그러나 A/R은 포괄담보조건이므로 A/R조건상의 면책위험을 제외한 나머지 위험이 담보되는 셈이므로 담보위험의 수가 많아지는 것이다.

구증권 특약 중 W.A와 FPA를 선택하는 경우에는 담보위험에 변화는 없다. W.A.와 F.P.A는 위험이 아닌 손해를 중심으로 규정하고 있기 때문이다.

2 | 담보손해의 제한과 확장

구증권 전면에는 면책률약관을 두고 있다. 이 면책률약관에 따라 담보위험으로 인해 발생된 손해일지라도 기재된 퍼센트이하의 손해에 대해서는 보험금을 지급하지 않게 된다.

면책율약관의 내용

- 공동해손 또는 선박의 좌초사고가 발생한 경우를 제외하고, 곡류, 어류, 염, 과실, 곡분 혹은 종자의 분손에 대해서는 일체 담보하지 않으며,
- 사탕, 연초, 대마, 아마 및 피혁에 대해서는 5% 미만, 그리고 기타 모든 화물, 또한 선박 및 선임에 대하여는 3% 미만의 분손은 담보하지 않는다.

① ICC(A/R) 선택 시, 면책률약관의 적용이 없다.

② ICC(W.A) 선택 시, 면책률약관이 적용된다.

③ ICC(FPA) 선택 시, 면책률약관이 적용될 여지가 없다.

A/R(전위험담보조건)

" … 본 보험에 의하여 청구할 수 있는 보험금은 손해율에 관계없이 지급된다."

W.A.(분손담보조건)

"분손은(그것이 공동해손 시 또는 선박 또는 부선이 좌초되거나 침몰되거나 대화재를 입었을 경우를 제외하고) 보험증권에 기재된 비율 미만의 경우에는 담보되지 않는다."

F.P.A.(분손부담보조건)

"선박 또는 부선이 좌초되거나 침몰되거나 혹은 대화재를 입었을 경우를 제외하고 단독해손을 담보하지 않는다. 중략"

FPA는 손해의 크고 작음에 관계없이 단독해손은 보험금을 지급하지 않는다. 이에 반해 W.A.는 단독해손의 크기(비율)에 따라 보험금 지급여부가 달라진다.

표 14-1 ● W.A와 F.P.A의 차이

W.A. 선택 시				F.P.A. 선택 시			
	담보 유무		담보 유무		담보 유무		담보 유무
곡류의 분손	×			곡류의 분손	×		
연초 등의 5% 미만의 단독해손	×	5%이상	O	연초 등의 5%미만의 단독해손	×	5%이상	×
기타 화물의 3% 미만의 단독해손	×	3%이상	O	기타 화물의 3% 미만의 단독해손	×	3%이상	×

TIP

보험계약체결 시 W.A조건 선택

① 면책비율을 달리 합의하지 않은 경우–면책율약관상의 비율이 적용
② 면책비율을 합의하여 증권상에 기재한 경우–합의된 면책비율이 적용됨
실무적으로 W.A. 3%, 또는 WAIOP 등의 조건을 증권에 기입하여 사용하고 있다. W.A 3%는 보상이 가능한 손해가 경우 3% 이상이 되어야 보험금을 지급하는 조건이며, WAIOP(with average irrespective of percentage)는 손해의 비율에 관계없이 보상하는 조건이다.

표 14–2 ● 담보되는 손해의 비교

FPA 약관에서 담보되는 손해	담보위험으로 인하여 발생된 손해 중에서 –전손 –공동해손 –침몰, 좌초, 화재, 충돌로 인한 단독해손(SSBC) –기타 비용손해
W.A. 약관에서 담보되는 손해	담보위험으로 인하여 발생된 손해 중에서 –전손 –공동해손 –침몰, 좌초, 화재, 충돌로 인한 단독해손 –기타 비용손해 –악천후(heavy weather)에 의한 단독해손
A/R 약관에서 담보되는 손해	면책위험을 제외한 모든 위험으로 인해 발생된 손해 손해의 크기와 관계없이 보상 –전손 –공동해손 –침몰, 좌초, 화재, 충돌로 인한 단독해손 –기타 비용손해 –악천후에 의한 단독해손 –기타 부가위험으로 인한 손해

*출처, 오원석 · 박성철 공저, 국제운송 · 보험론, 법문사, 2000, 제321~322 참조

06 위험의 변동

위험의 변동에는 이로(deviation)처럼 단순히 위험률의 변화를 일으키는 위험의 변경과, 선적항 및/또는 양륙항을 바꾸는 항해의 변경처럼 부보된 위험과 내용적으로 전혀 다른 위험으로 변하는 위험의 변종으로 나뉜다.

1 | 이로

영국해상보험법에 따르면, 선박이 정당한 이유 없이 보험증권에 기재된 항로로부터 이탈한 경우 보험자는 그 이로 시부터 책임이 사라지며 다시 원래의 항로로 복귀해도 보험회사의 책임이 다시 발생되는 것은 아니다.

2 | 항해의 변경(출발항 및/또는 도착항의 변경)

출발항과 도착항 중 하나 또는 양자를 변경하는 경우에는 실제 변경이 없었더라도 변경의 의사가 명백하다면 이때부터 보험회사의 책임이 사라진다. 이로의 경우에는 현실적으로 이로가 발생되어야 보험자의 책임이 사라지므로 이 점에서 차이가 있다.

구증권 특약 제4조와 신증권 특약 제10조에 항해변경약관을 두어 항해의 변경이 발생되더라도 추가보험료를 납입하고 계속담보가 가능하도록 하고 있다.

3 | 유의점

위험의 변동은 반드시 보험자에게 불리하게만 변동되는 것은 아닐 것이다. 즉 특정 위험이 제거 또는 사라짐으로 인해 보험자에게 유리하게 변동할 수도 있겠다. 이와 같은 상황에서 당초의 보험료를 납부하는 것은 이치에 맞지 않다. 이에 대해 영국 해상보험법 및 보험증권에는 규정이 없으나, 우리 상법에서는 보험료감액청구가 가능하다고 규정하고 있다. 또한 우리 상법은 위험변동이 피보험자의 행위에 기인한 경우에만 보험계약의 효력에 영향을 미친다고 규정하고 있는 것에 반해 영국해상보험법에서는 피보험자의 행위에 기인한 경우인가를 구별하지 않고 보험계약의 효력에 영향을 미친다고 규정하고 있다.

II 해상손해

01 해상손해의 정의

해상손해란 피보험자가 해상위험으로 말미암아 보험의 목적인 선박, 선적한 화물, 또는 운임에 피해를 입게 되는 재산상의 불이익을 뜻한다.

02 해상손해의 종류

1 | 손해의 성격에 따른 분류: 직접손해와 간접손해

직접손해란 보험목적물의 직접적인 물리적 손상 또는 멸실로 인한 경제적 손해를 의미하며, 간접손해란 직접손해의 결과 부수적으로 입게 되는 손해를 말한다. 예를 들어 비용손해와 책임손해, 손해방지비용은 간접손해에 속한다.

해상보험에서는 원칙적으로 직접손해만을 보상해주는 것을 원칙으로 하고, 간접손해는 특별히 정하고 있는 경우에 한해서만 보상해주고 있다.

> **TIP**
>
> **직접손해와 간접손해의 실례**
>
> 화재로 주택이 소실되는 것은 직접손해이다(완전히 소실되는 것은 전손, 일부만 소실되는 것은 분손이다). 불을 끄기 위하여 사용된 소화기는 간접손해(비용손해)이고, 또한 화재로 옆집에 피해를 입혀 배상책임을 지게 되는 경우 배상액은 간접손해(책임손해)이다.

2 | 물적손해 v. 비용손해 v. 배상책임

표 14-3 ● 해상손해의 유형

해상손해	물적손해	전손	현실전손
			추정전손
		분손	단독해손
			공동해손
	비용손해	구조비	
		손해방지비용	
		특별비용	
	충돌손해배상책임		

1 물적손해

❶ 전손(total loss)

화물이나 선박이 전부 멸실됐거나 손상이 심해서 수리가 불가능한 경우를 말한다. 전손발생여부에 따라 현실전손과 추정전손으로 구분한다.

① 현실전손(actual total loss)

- 의미: 영국해상보험법 제57조에서는 "피보험목적물이 파괴되거나 부보된 종류의 물품으로서 존재할 수 없을 정도로 심한 손상을 받은 경우, 또는 피보험자가 피보험목적물을 박탈당하고 회복할 수 없는 경우에 현실전손이 있다."고 규정한다.

또한 제58조에서는 "해상사업에 종사하는 선박이 행방불명되고 상당한 기간이 경과한 후까지 그 소식을 모를 경우, 현실전손으로 추정한다."고 규정한다.

- 현실전손의 유형: 이에 따라 영국 해상보험법상 현실전손이 인정되는 경우를 정리하면 다음과 같다.

㉠ 실질적인 멸실: 화재로 인해 화물이 전소된 경우나 선박이 침몰한 경우

㉡ 피보험목적물의 본래의 성질 상실: 해수의 침입으로 인해 곡물이 부패하여 식용으로 사용할 수 없게 된 경우, 해수침입으로 시멘트가 응고된 경우 등

㉢ 회복가망이 없는 박탈: 선박이 적대국에 나포되어 전리품으로 처리되는 경우

㉣ 선박이 행방불명: 영국의 경우 출항 선박, 적재화물 종류, 항해의 성격 및 항해 당시의 기후 등을 고려하여 판단하나 우리 상법의 경우 선박이 행방불명된 후 2개월이 지나면 추정전손으로 간주하고 있다.

② 추정전손(constructive total loss)

- 의미: 물리적인 상태만을 놓고 판단한다면 보험목적물이 전부 파괴되거나 침몰 또는 멸실되지 않아 현실적으로 전손이 발생했다고 볼 수는 없으나, 전손을 피하기 어려운 경우 또는 보험목적물의 가액을 초과하는 비용을 지출하지 않고는 현실전손을 피하기 어려운 경우에 추정전손이 인정된다. 즉 전손이 실제 발생하지 않았으므로 전손은 아니나 전손으로 인정할 수밖에 없는 경우에 추정전손이 있다고 말하는 것이다. 이와 같은 추정전손은 해상보험에서만 인정되는 특유한 제도이다. 추정전손은 위부(委付)행위가 성립될 때에 인정되고 위부행위가 성립되지 않을 경우 분손으로 처리된다.

- 추정전손이 성립되는 경우: 영국해상보험법 제60조에서는 "보험증권에 명시적인 규정이 있는 경우를 제외하고, 피보험목적물의 현실전손이 불가피한 것으로 보이기 때문에 또는 비용을 지출한다면 피보험목적물의 가액을 초과하는 비용의 지출 없이는 현실전손을 면할 수 없는 경우에 피보험목적물이 합리적으로 위부되는 경우에 추정전손이 된다."고 규정한다. 이에 따라 추정전손이 성립되는 경우를 정리하면 다음과 같다.

첫째, 피보험자가 담보위험으로 인하여 자신의 선박 및 화물의 점유를 박탈당한 경우에는 ㉠ 피보험자가 그 선박 및 화물을 회복할 가능성이 없어 보이는 경우 또는 ㉡ 선박 및 화물을 회복하는 비용이 회복 후의 그 가액을 초과할 것으로 예상되는 경우

둘째, 선박이 손상된 경우 선박이 담보위험으로 인하여 심하게 손상되어서 그 손상을 수리하는 비용이 수리후의 선박가액을 초과하는 경우

셋째, 화물이 손상된 경우 손상을 수리하는 비용과 화물을 목적항까지 운송하는 비용을 합한 금액이 도착시의 화물의 가액을 초과할 것으로 예상되는 경우

이와 같은 상황에서 피보험자는 분손으로 처리하여 분손에 해당되는 보험금을 받거나, 위부 후 전손보험금을 청구하거나 할 수 있다.

TIP

위부(abondonment): 피보험자가 보험목적물에 대한 모든 권리를 보험자에게 양도하는 것

❷ 분손

분손(Average/Partial Loss)은 보험목적물의 일부에만 손해가 생겼을 경우를 말하는 것으로, 전손이 아닌 경우는 모두 분손으로 본다. 분손은 손해 부담자의 범위에 따라 단독해손과 공동해손으로 나뉜다.

① 단독해손(particular average: P/A): 보험목적물에 발생된 분손을 혼자 부담하는 경우의 그 손해를 말한다.

TIP

구증권의 전면약관(본문약관과 이탤릭서체약관)은 위험의 종류를 나열하고 있으나, 특별약관(W.A와 F.P.A.)에서는 손해의 형태를 구별하고 있으므로, 구증권의 보험조건 중 W.A. 또는 F.P.A.조건으로 보험계약을 체결한 경우에는 전손과 분손의 구별이 필요하다.
그러나, 신증권은 모두 위험에 기초하고 있으므로 전손과 분손의 구별이 필요하지 않다. 물론 A/R조건으로 계약한 경우에도 구별할 필요가 없다.

② 공동해손(general average: G/A): 보험목적물에 발생된 분손을 여러 사람이 공유해야 하는 경우의 그 손해를 말한다. 선박이나 화물에 생각지 못한 어려움이 닥친 경우, **모두의 안전을 위해** 고의로 화물의 일부를 바다에 빠뜨리는 것과 같이 희생(희생손해)시키거나 혹은 필요한 경비(비용손해)를 쓴 경우에 공동해손이 있게 된다. 공동의 해상사업에 있어 위험에 처한 재산을 보호할 목적으로 발생된 손해이므로 위험으로부터 구해진 자들은 비례하여 손해를 분담하는 것이 옳다.

TIP

공동해손의 일반적인 형태

- 항해와 관련된 전체 이해관계자의 이익을 위해 적하 또는 선박의 일부는 희생하는 경우
- 좌초한 선박을 가볍게 하기 위해 화물을 양하 및 재적재하는 비용을 지출하는 경우
- 선상 화재를 제압하기 위해 사용된 물에 의하여 화물에 발생한 손해
- 화물이나 선박의 일부를 연료로 대체한 경우

2 비용손해와 책임손해

비용손해란 목적물이 위험할 경우 그 목적물을 지키기 위해 피보험자나 피보험자를 위하여 경비를 지출함으로 인해 입은 손해를 말한다.

구조비(salvage charge), 특별비용(particular charge), 손해방지비용(sue and labor charges), 손해조사비용(survey fee) 등이 있다.

❶ 손해방지비용(sue and labor charges)

피보험자와 보험계약자는 손해를 방지 및 경감할 의무를 부담하고 있는데, 이 의무를

실천하기 위해 지출되는 비용을 손해방지비용이라 한다. 이와 같은 손해방지비용은 손해방지의 효과가 없더라도 보상이 가능하며 또한 직접손해액과의 합계가 보험금액을 초과하는 경우에도 보상이 가능하다. 이점은 아래의 구조비와 특별비용과 다르다. 다만, 담보위험으로 인한 손해를 방지하기 위한 비용의 지출이어야 한다는 제한이 있다.

❷ 구조비(salvage charge)

구조에는 피보험자와의 계약에 의한 계약구조와 피보험자와 무관한 제3자에 의한 임의구조로 나뉘는데, 본 항에서 다루는 것은 후자인 임의구조에 대한 것이다. 구조비에 대한 보험금을 지급받기 위해서는 다음의 요건이 충족되어야 한다.

첫째, 계약상 의무 없이 제3자가 임의로 보험목적물을 구조하기 위해 지출한 경비여야 한다.

둘째, 구조가 성공하여 경제적 가치를 회복한 경우에만 보상이 가능하다.

셋째, 보험목적물에 발생한 손해와의 합계가 보험금액을 초과하지 않는 범위 내에서 보상된다. 예를 들어 손해액과 구조비의 합계가 보험금액과 동일한 한도내에서는 구조비를 전부 보상받을 수 있겠으나, 손해액과 구조비의 합계가 보험금액을 초과한다면 보험금액의 한도 내에서 구조비를 보상받게 되는 것이다.

- 손해액 + 구조비 = 보험금액: 이 경우 구조비 전부를 보상받게 된다.
- 손해액 + 구조비 < 보험금액: 이 경우 구조비 전부를 보상받게 된다.
- 손해액 + 구조비 > 보험금액: 이 경우 보험금액한도까지 보상받게 된다. 즉 구조비 전부를 보상받지는 못하는 것임

❸ 특별비용

보험목적물의 안전이나 구조를 위해 피보험자나 그의 대리인에 의해 지출된 비용으로 공동해손이나 구조비 이외의 것을 말한다. 특별비용 역시 구조비와 마찬가지로 손해액과의 합계가 보험금액을 초과하지 않는 한도 내에서 보상해준다.

TIP

손해방지비용과 특별비용의 구별

양자는 모두 피보험자가 손해를 줄이기 위해 지출한 비용이라는 점에서 유사하다. 그러나 손해방지비용은 목적지에 도착하기 전에 발생되는 비용이며, 특별비용은 목적지에 도착한 이후에 지출되는 수리비용 등을 말하는 것이어서 차이가 있다.

❹ 책임손해

사고로 말미암아 제3자에게 배상할 책임을 부담함으로써 입은 손해를 말하며, 적하보험에서는 공동해손분담금만 담보한다.

15 해상적하보험증권

I 해상보험증권

01 보험증권의 의의

보험계약의 체결 사실 및 계약의 내용을 입증하기 위하여 보험자가 서명 · 날인하여 보험계약자에게 교부하는 증서를 말한다.

02 구해상보험증권과 협회적하약관

1 | 구해상보험증권 개관: Lloyd's S. G. policy + ICC(A/R, W.A., F.P.A.)

구증권은 1779년 Lloyd's 총회에서 채택한 Lloyd's S.G. Policy의 내용을 기초로 하고 있으며, 필요에 따라 선택할 수 있도록 런던보험자협회(Institute of London Underwriters: ILU)가 제정한 협회적하약관(institute cargo clause: ICC)을 증권 이면에 인쇄하여 특약으로 사용할 수 있도록 하고 있다.

구보험증권의 구성

–전면: 본문약관, 면책율약관, 준거법약관, 난외약관(이탤릭서체약관) 계약사항을 명기하는 스케줄
–이면(특약): 1963년 제정된 협회적하약관(ICC(FPA), ICC(W.A.), ICC(A/R)), 기타 특별약관

2 | 구보험증권의 구성

구증권은 신증권과 달리 전면에 '담보위험,' '면책위험,' '담보기간' 등을 모두 기재하고 있어 이론상으로는 전면의 내용만으로 보험계약의 체결이 가능하다. 다만 전면의 담보범위가 좁아 현실적으로는 이면에 인쇄된 특약 중 하나를 선택하는 형태로 보험가입하고 있다.

1 전면

① 본문약관 : S.G. policy를 그대로 수용하고 있으며, 담보위험이 열거되어 있다.

② 이탤릭서체약관: 본문약관상의 담보위험 중 전쟁위험 및 해적위험을 면책위험으로 규정하고 있다. 난외약관이라고도 부른다.

– 포획, 나포부담보약관

– 동맹파업폭동소요부담보약관

– 항해중단부담보약관

TIP

이탤릭서체약관이 본문약관에 우선한다.

본문약관상의 담보위험

– 해상고유의 위험: 침몰(sinking), 좌초(stranding), 충돌(collision), 악천후(heavy weather)
– 해상위험: 화재(fire), 투하(jettison), 선원의 악행(barratry), 해적 · 표도 · 강도(pirates, rovers, thieves)

– 전쟁위험: 군함, 외적, 습격 및 해상탈취, 통치권자의 강류 · 억지 · 억류, 포획면허장 및 보복 포획면허장

이탤릭서체약관의 내용

– 포획나포부담보약관: 본문약관상의 담보위험 중 포획, 나포를 비롯한 전쟁위험과 해적위험을 보상하지 않는다는 내용이다. 본문에 나열된 담보위험의 수가 줄어드는 효과를 낳게 된다.
– 동맹파업폭동소요부담보약관: 동맹파업 등에 기인한 손해에 대한 보험자의 면책
– 항해중단부담보약관: 위에서 나열된 위험으로 인한 항해중단에 따라 발생한 손해를 면책

③ 준거법약관: 영국의 법률과 관습이 적용됨을 규정하고 있다.

④ 면책률약관: 화물의 속성상 보험사고가 없더라도 손실이 발생되기 쉬운 화물의 경우, 단독해손 또는 일정 비율 이하의 손해에 대해 보험자의 면책을 규정하고 있다.

– F.P.A. warranty(단독해손부담보): 해수손해에 민감한 'corn, fish, salt, flour, seed' 의 경우 단독해손의 경우 보험금을 지급하지 않는다.

– 5 % 면책: sugar, tobacco, hemp, flax, hides, skins의 경우 5% 미만의 손해는 면책된다.

– 3 % 면책: '기타 물품' 의 경우 공동해손, 선박의 좌초, 침몰, 화재로 인한 경우를 제외하고 3 % 미만의 손해는 면책된다.

본문약관 중 일부 검토

① 모두문언: "Be it known that..."라는 문언 뒤에 보험계약자의 이름을 기재한다.
② 양도조항: 보험목적물에 대한 소유권 또는 피보험이익의 이전에 따라 보험증권이 양도될 수 있음을 명시한 조항이다.
③ 소급조항(lost or not lost): 보험회사의 책임이 지속되는 기간을 보험기간이라 하는데, 보통은 보험계약기간과 일치한다. 그러나 소급조항이 있음에 따라 보험회사의 책임은 보험계약기간에 상관없이 보험목적물이 위험에 노출된 때로부터 시작되게 된다.
④ 항해의 개시(at and from...): 항해보험의 경우에는 출항지명, 기간보험인 경우에는 보험계약의 개시일자를 기재한다.
⑤ 선박명의 표시: "in the good ship or vessel called the..." 다음에 선박명을 표시한다.
⑥ 보험기간: "from the loading..., until the same be there discharged and safely

landed"
보험기간은 화물의 적재로부터 양륙항에서 안전하게 양륙할 때까지가 된다. 다만 현재의 보험계약체결시 이면의 특약을 첨부하고 있음에 따라 화물이 선적을 위하여 창고를 출발하는 시점부터 수화인의 창고에 반입될 때까지로 확장되고 있다(운송약관: transit clause).
⑦ 보험가액: "The said Ship...and Goods...are and shall be valued at..." 다음에 협정 보험가액과 보험목적물을 기재한다.
⑧ 위험약관: 담보위험이 나열되어 있다.

2 이면(특약)

❶ 의미

이면에 인쇄된 약관을 보통 특별약관 또는 특약이라 부르고 있으며, 그 종류가 무척 다양하다. 이러한 특약 중 많이 이용되고 있는 것은 ICC(F.P.A), ICC(W.A.), ICC (A/R) 세 가지다. 전쟁이나 파업 등에 대비한 특약도 있으므로 추가 보험료를 납입하고 선택할 수 있도록 되어 있다.

❷ 특약(F.P.A./W.A./A/R)의 구성

특약은 총 14개조항으로 구성되어 있으며, 제5조만 상이하다.

3 | 구보험증권상의 담보범위와 면책위험

1 담보범위

❶ 본문약관상의 담보위험

① 해상고유의 위험: 침몰(sinking), 좌초(stranding), 충돌(collision), 악천후(heavy weather)

② 해상위험: 화재(fire), 투하(jettison), 선원의 악행(barratry), 해적 · 표도 · 강도 (pirates, rovers, thieves)

③ 전쟁위험: 군함, 외적, 습격 및 해상탈취, 통치권자의 강류 · 억지 · 억류, 포획면허장 및 보복포획면허장

❷ 특약상의 담보범위

① 전위험담보조건: 전위험담보조건(all risks: A/R)이라는 명칭에서 알 수 있는 것처럼 위험에 대해 이야기하고 있다. 그렇다고 모든 위험을 다 책임지는 것은 아니며 면책위험에 의해 제한을 받게 된다. 즉 영국해상보험법 제55조 2항의 면책위험과 특약 제12조(전쟁위험면책조항)와 제13조(동맹파업면책조항)에 의해 담보위험이 제한을 받는다.

② 분손담보조건: 분손담보조건(with average: W.A.)이라는 명칭에서 알 수 있는 것처럼, 전손과 분손에 대해 보상해준다. 즉 전손(현실전손과 추정전손)과 분손(공동해손과 단독해손)을 모두 보상해주는 조건이다. 분손 중 공동해손은 항상 담보되며, 단독해손은 단독해손을 일으킨 원인(위험)을 구별하여 면책률약관과 연계시키고 있다. 즉 선박(부선)의 좌초, 침몰, 대화재로 인한 단독해손과 기타 원인에 의한 단독해손으로 나누어 후자의 경우 면책률 이상의 단독해손에 대해서만 보상해준다. 이상의 내용을 정리하면 다음과 같다.

– 전손

– 분손 중 공동해손

– 단독해손 중 선박(부선)의 좌초, 침몰, 대화재로 인한 것은 면책률과 관계없이 보상

– 단독해손 중 위의 원인 이외의 원인으로 인한 것은 면책률 이상인 경우에만 보상

TIP

- 보험목적물이 사탕, 연초, 대마, 아마 및 피역(요건 1)이고 선박의 좌초, 침몰, 대화재 이외의 위험으로 인해 발생(요건 2)된 단독해손이 5 % 미만인 경우 면책
- 보험목적물이 위의 화물 외의 것(요건 1)이고 선박의 좌초, 침몰, 대화재 이외의 위험으로 인해 발생(요건 2)된 단독해손이 3% 미만인 경우 면책
  다만, WAIOP(with average irrespective of percentage)조건으로 계약을 체결하게 되면, 면책률에 관계없이 보험금을 지급받을 수 있다.

❸ 단독해손부담보조건

단독해손부(不)담보조건(free from particular average: F.P.A)이라는 명칭에서 알 수 있는 것처럼 원칙적으로 단독해손은 보상하지 않는다.

해상손해는 전손(현실전손과 추정전손)과 분손(공동해손과 단독해손)으로 구분되므로, 열거된 사항 중 단독해손만 제외된다. 따라서 전손과 공동해손만 보상가능하다. 다만 선박(부선)의 좌초, 침몰, 대화재로 인한 단독해손은 보상한다. 또한 면책률약관 역시 의미가 없다. 면책률약관은 일정비율 이하의 손해에 대해 보험자의 면책을 규정하고 있는 것이다. 일정 비율 이하의 손해는 분손에 해당되며, 분손 중 공동해손은 보상되는 것이므로 생각해 볼 것은 단독해손의 경우이다. 그런데 FPA는 단독해손 부담보조건이므로 일정 비율을 초과했는가를 구별하지 않고 면책되는 것이다. 따라서 면책률약관의 적용여부를 논할 필요가 없게 된다.

이상의 내용에 따라 보상가능한 손해를 정리하면 다음과 같다.

- 전손
- 분손 중 공동해손
- 단독해손 중 선박(부선)의 좌초, 침몰, 대화재로 인한 것

TIP

W.A.조건과 F.P.A.조건의 차이

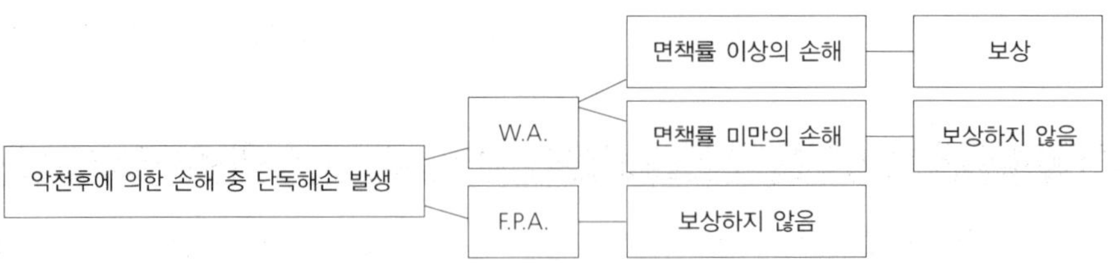

TIP

A/R(전위험담보조조건), W.A.(분손담보조건), F.P.A.(단독해손부담보조건)

- 위 국문표현에서 알 수 있는 것처럼, A/R은 위험을 이야기하고 있는데 반해, 나머지 2가지는 손해를 이야기하고 있다. 이에 따라 구증권은 구성이 좀 복잡하다.
- 구 증권의 전면에는 담보위험과 면책위험을 나열하는 형태로 즉 위험을 중심으로 규정하고 있는데, 이면(특약)으로 넘어오면 위험을 이야기하는 것(A/R)과 손해를 이야기하는 것(W.A.)(F.P.A.)으로 구분되니 말이다. 이에 따라 (F.P.A.)조건을 선택했다면 손해발생 시 우선 당해 손해가 전면의 담보위험으로 인한 것인가 살펴보고, 그 다음으로 단독해손인가 하는 점을 다시 검토해야 하는 것이다.

표 15-1 ◦ 구 증권 특약의 비교

보상하는 손해	FPA	WA	A/R
① 전손	○	○	○
② 공동해손	○	○	○
③ 구조비, 손해방지비용, 특별비용	○	○	○
④ 좌초, 침몰, 대화재가 발생한 경우의 단독해손	○	○	○
⑤ 선적, 환적, 양하 중 발생한 포장화물단위당 전손	○	○	○
⑥ 화재, 폭발, 충돌, 접촉 및 피난항에서의 양하로 인한 단독해손	○	○	○
⑦ 상기 ④~⑥ 이외의 단독해손	×	○	○
⑧ 악천후에 의한 해수손	×	○	○
⑨ 일체의 외부적 · 우발적 위험에 의한 손해	×	×	○

2 면책위험

❶ 법정면책위험(영국해상보험법 제55조 2항)

① 피보험자의 고의적 악행

② 지연

③ 통상적인 자연소모

④ 통상적인 누손과 파손

⑤ 피보험목적물 고유의 하자 또는 성질

⑥ 쥐 또는 충

⑦ 기관의 손상

❷ 이탤릭서체 약관

이탤릭서체약관의 내용은 특약 제12조, 제13조에 동일하게 포함되어 있다.

이탤릭서체약관은 증권에 필수적으로 포함시켜야 하는 사항이 아니었기 때문에 특약에 포함시켜놓고 있다.

❸ 면책률약관

❹ 특약 제12조와 제13조

03 신해상보험증권과 협회적하약관

1 | 신보험증권의 특징

첫째, 구증권에서는 전면에 담보위험을 비롯하여 보험계약의 주요한 내용이 모두 전면에 있었고 협회적하약관은 특약으로 첨부되는 형태였다. 그러나 신증권에서는 담보위험 및 보험기간에 대한 규정을 전면에서 삭제하고 대신 특약에 포함시킴으로써 전면과 특약을 모두 살펴야 하는 구증권과 달리 특약만을 검토하면 담보위험 등을 모두 확인할 수 있도록 했다.

둘째, 구증권의 전면에는 담보위험을 나열하고 있음에 따라 전면에서는 위험을 이야기하고 있으나 특약 중 ICC(W.A.)조건이나 ICC(F.P.A.)조건에서는 손해를 중심으로 규정하고 있음에 따라 보상여부를 결정하는 것이 다소 복잡했으나, 신증권에서는 위험을 중심으로 규정함에 따라 손해의 크기나 성격을 구별할 필요없이 발생된 손해가 담보위험으로 인한 것인가 하는 점만 검토하면 결정할 수 있도록 했다.

2 | 신보험증권의 구성

신증권에서는 구증권의 S.G. Policy상의 위험약관과 이탤릭서체약관을 전면에서 삭제하고 특약으로 옮김에 따라 신증권의 전면은 그 내용이 비교적 간단하다. 또한 구증권에서 사용되고 있는 '해상고유의 위험' (perils of the sea)와 같은 추상적인 표현을 사용하지 않고 담보위험을 구체적으로 특약에서 나열하고 있다.

신보험증권의 구성

- 전면: 준거법약관, 타보험약관, 약인약관, 선서약관
- 이면(특약): 1982년 제정된 협회적하약관(ICC(C), ICC(B), ICC(A)), 기타 특별약관

– 이면(특약)의 구성

신증권상의 특약 역시 그 종류가 다양하며, 많이 이용되는 것으로 ICC(A), ICC(B), ICC(C) 세 가지이다. ICC(A/R)은 ICC(A)와 ICC(W.A.)은 ICC(B)와, ICC(F.P.A.)을 ICC(C)와 유사하다. 신증권 역시 전쟁이나 파업 등에 대비한 특약이 있으므로 추가보험료를 납입하고 선택할 수 있다. 이러한 신증권의 특약은 모두 19개의 조항으로 구성되어 있으며, 제1조, 제4조, 제6조가 다르다.

3 | 신증권의 담보위험과 면책위험

❶ ICC(A)조건

ICC(A/R)조건과 마찬가지로 포괄담보주의를 택하고 있다. 따라서 담보위험을 구체

적으로 열거하고 있지 않은 채 면책위험의 제한을 받게 하고 있다. 따라서 포괄담보주의를 취하고 있는 경우에는 면책위험을 살펴봐야 한다.

ICC(A)조건에서의 제4조(일반면책약관)는 7가지 사항이 나열되어 있다. 따라서 열거된 7가지 위험으로 인해 발생된 손해에 대해서는 보험금을 지급하지 않는다.

ICC(A)조건에서는 ICC(A/R)과 달리 해적위험이 담보된다. 그러나 ICC(A/R)조건보다 담보범위는 좁다.

❷ ICC(B)조건

열거담보주의를 택하고 있는데, 제1조(담보위험약관)에 모두 13가지를 나열하고 있다. 또한 면책위험의 제한 역시 받게 된다. 이것은 면책위험으로 인해 담보위험이 발생된 경우 보험자의 보상책임이 없게 되기 때문이다.

ICC(B)조건에서의 제4조(일반면책약관)는 ICC(A)와 달리 8가지 사항이 나열되어 있다.

❸ ICC(C)조건

ICC(B)와 마찬가지로 열거책임주의를 택하고 있는데, 제1조에 9가지를 나열하고 있어 담보위험의 숫자에 있어 ICC(B)와 차이가 있다. 그러나 면책위험은 ICC(B)와 동일하게 8가지이다.

TIP

ICC(B)조건과 ICC(C)조건의 차이

지진, 화산의 분화, 낙뢰, 갑판유실, 본선(부선), 선창, 운송용구, 컨테이너, 지게자동차 또는 보관장소에 해수, 호수, 강수의 침입, 추락손이 있는 경우, ICC(B)조건에서는 담보되지만 ICC(C)조건에서는 부담보한다.

표 15-2 ● 신증권의 담보위험 비교

	A	B	C
ㅇ 하기의 사유에 상당한 인과관계가 있는 보험목적의 멸실 · 손상			
· 화재 또는 폭발	ㅇ	ㅇ	ㅇ
· 본선 또는 부선의 좌초 · 교사 · 침몰 · 전복	ㅇ	ㅇ	ㅇ
· 육상운송용구의 전복 · 탈선	ㅇ	ㅇ	ㅇ
· 본선 · 부선 · 운송용구의 타물과의 충돌 · 접촉	ㅇ	ㅇ	ㅇ
· 피난항에서 화물의 하역	ㅇ	ㅇ	ㅇ
· 지진 · 화산의 분화 · 낙뢰	ㅇ	ㅇ	
ㅇ 하기의 사유로 인하여 생긴 보험목적의 멸실 · 손상			
· 공동해손희생손해	ㅇ	ㅇ	ㅇ
· 투하	ㅇ	ㅇ	ㅇ
· 갑판유실	ㅇ	ㅇ	
· 본선, 부선, 선창, 운송용구, 컨테이너, 지게자동차 또는 보관장소에 해수, 호수, 강수의 침입	ㅇ	ㅇ	
· 본선, 부선으로의 선적 또는 양하작업 중 바다에 떨어지거나 갑판에 추락한 포장당 1개의 전손	ㅇ	ㅇ	
ㅇ 상기 이외 보험의 목적에 발생한 멸실 · 손상의 일체 위험	ㅇ		
ㅇ 공동해손 · 구조료(면책위험과 관련된 것은 제외됨)	ㅇ	ㅇ	ㅇ
ㅇ 쌍방과실충돌	ㅇ	ㅇ	ㅇ

표 15-3 ● 신증권의 면책위험 비교

	A	B	C
ㅇ 피보험자의 고의의 불법행위	ㅇ	ㅇ	ㅇ
ㅇ 통상의 누손, 통상의 중량과 용량의 부족 또는 자연소모	ㅇ	ㅇ	ㅇ
ㅇ 포장 또는 준비의 불충분(여기서 포장이란 컨테이너 혹은 지게자동차에 적부하는 것을 포함하며, 위험의 개시 전에 행하여지거나 또는 피보험자 또는 그 사용인에 의하여 행하여진 것에 한함)	ㅇ	ㅇ	ㅇ
ㅇ 피보험목적의 고유의 하자 또는 성질	ㅇ	ㅇ	ㅇ
ㅇ 지연이 담보위험에 의하여 발생한 경우라도 해당 지연을 근인하여 생긴 멸실, 손상, 비용	ㅇ	ㅇ	ㅇ
ㅇ 선주, 관리자, 용선자, 운항자의 파산 또는 재정 상의 채무불이행	ㅇ	ㅇ	ㅇ
ㅇ 피보험목적 또는 그 일부에 대한 어떤 자에 불법행위에 의한 의도적인 손상 또는 파괴		ㅇ	ㅇ

II 보험기간

01 보험기간과 보험계약기간

보험기간(duration of risk)이란 보험자의 책임이 지속되는 기간이며 보험자는 원칙적으로 이 기간 중에 발생된 사고로 인한 손해에 대해 보험금지급의무가 있다. 이에 대해 보험계약기간(duration of policy)이란 보험계약이 존속되고 있는 기간이다.

원칙적으로 양 기간은 일치하는 것이나, 구증권 전면의 소급약관(lost or not lost) 및 신증권 특약의 피보험이익약관으로 인해 또는 예정보험계약을 체결하는 등으로 인해 양 기간이 분리되는 경우도 있다.

이와 같은 보험기간을 장소적 한계로 할 것인가, 기간을 한계로 할 것인가에 따라 기간보험과 항해보험으로 구분되며 해상적하보험은 항해보험으로 가입하고 있다.

02 보험기간 관련 조항

1 구보험증권

– 전면 본문약관상의 "from loading to safely landed"

– 특약 제1조 운송약관(transit clause: warehouse to warehouse 일명 창고간약관)

2 신보험증권

– 특약 제8조 운송약관(transit clause)

제9조 운송계약의 종료약관(termination of contract of carriage clause)

제10조 항해변경약관(change of voyage/destination)

03 적하보험의 개시

적하보험의 개시 즉, 보험회사의 책임이 시작되는 때는 특약 제1조(구증권) 또는 제8조(신증권)에 따라 보험증권에 기재된 보관소나 창고로부터 운송의 개시를 위해 보험목적물이 당해 장소를 떠날 때 개시되며 통상의 운송과정 중 보험회사의 책임은 지속된다. 이와 관련하여 살펴봐야 할 사항은 다음과 같다.

첫째, 보관장소에 도착된 트럭에 화물이 적재되었으나 운송의 개시 전에 사고가 발생된다면 보험회사의 책임이 시작되지 않았으므로 보상받을 수 없다.

둘째, 보험증권에 기재된 장소가 아닌 장소에서 운송이 개시되는 경우(MIA 제43조) 또는 운송개시 전 목적지를 변경한 경우(MIA 제44조), 보험회사의 책임이 시작되지 않는다.

보험회사의 책임이 시작된 후 즉 운송이 시작된 후에 목적지를 변경하는 경우에는 특약 제10조(신증권) 또는 특약 제4조(구증권)에 따라 추가보험료를 지급한다면 계속 담보가 가능하다.

TIP

구증권의 경우 이론상으로는 특약을 첨부하지 않아도 된다. 따라서 특약을 첨부하지 않은 경우에는 전면 본문약관상 "from loading to safely landed"이라는 문장에 따라 화물이 본선에 선적된 때로부터 보험회사의 책임이 개시된다. 따라서 특약을 첨부하는 경우, 보험회사의 담보구간을 확장시키는 효과를 갖는다.

04 적하보험의 종기

특약을 첨부하지 않은 경우 보험회사의 담보구간의 한계는 도착항(에서 하역될 때까지)이다. 그러나 실무상 항상 특약을 첨부하여 보험계약을 체결하게 되므로 다음과 같이 담보구간이 확장된다.

첫째, 보험증권에 기재된 목적지에서 수화인 또는 기타 최종창고 또는 보관창고에 인도된 때에 보험회사의 책임이 종료된다. 다만 화물운송수단인 트럭 등이 화주의 창고 등 보관장소에 들어갔다 하더라도 그 화물이 화주나 기타 창고업자에게 인도될 때까지는 담보가 계속된다.

둘째, 통상의 운송과정을 벗어난 보관이거나, 분배 또는 할당을 위해 선택된 기타의 창고 혹은 보관장소에 인도될 때에 보험담보가 종료된다.

셋째, 도착항에서 하역 후 60일이 경과한 때 보험담보가 종료된다.

위의 3가지 경우 중 어느 것이든 먼저 발생된 사정에 의해 보험회사의 책임은 종료된다.

TIP

우리나라의 경우 수입의 경우 하역 후 60일이 아닌 30일로 단축해 놓고 있다. 따라서 60일로 연장시키기 위해 특약 "Risk after discharge"를 첨부해야 한다.

05 확장담보조건

❶ 내륙운송확장담보조건(Inland Transit Extension: I.T.E)

송화주나 수화주의 창고가 내륙에 위치하는 경우 송화주의 창고나 보관창고로부터 선적항 또는 양화항으로부터 내륙의 수화주의 창고까지 내륙운송중의 위험을 신협회적하약관 및 기타 특별약관에 따라 당초의 적하보험증권에 추가하여 확장담보하는 조건이다.

이 조건의 보험요율은 선적 전과 양화 후로 구분하여 각기 별도로 적용되며, 수출(수입)시 보험요율은 ICC(A)는 0.09%(0.15%), ICC(B)와 ICC(C)는 0.048%(0.08%)이다.

❷ 내륙보관확장담보조건(Inland Storage Extension: I.S.E.)

본선으로부터 하역되어 중간창고에 입고, 장치중인 화물에 대하여 통관업무상 문제점이 발생하여 장기간 장치가 필요하거나, 원매자를 찾기 위하여 보관해 두어야 할 경우 60일이 경과하면 적하보험의 효력이 종료됨으로 별도의 담보조치를 하여야 한다.

내륙보관확장담보조건은 중간창고나 보세창고에 보관중의 위험을 적하보험증권에 명시된 기간 이상으로 연장할 경우 신협회적하약관 및 기타 특별약관에 따라 확장담보하는 조건이다.

수출(수입)시 보험요율은 ICC(A)의 경우 I.S.E. 30일은 0.048%(0.08%), I.S.E. 60일은 0.096%(0.15%), I.S.E 90일은 0.144%(0.23%)이고 90일 초과시는 10일 단위로 0.016%(0.08)씩 할증된다.

III CIF조건과 해상보험계약

01 CIF조건 개관

CIF(Cost, Insurance & Freight)조건은 수출업자가 수출항구에 정박된 선박 내에 화물을 적재함으로써 인도하는 조건으로, 수출업자는 스스로 운송계약 및 보험계약을 체결하고 관련 경비를 지급해야 한다. 즉 CIF조건에서는 보험계약체결자가 수출업자이다.

CIF조건에서 수출업자는 본선에 화물 적재 전까지의 손해에 대해 책임을 지고 선적 이후에 발생된 손해는 수입업자가 부담해야 한다. 즉 해상운송 중의 사고로 인한 손해는 수입업자의 몫이다. 따라서 보험계약자는 운송 중 손해를 부담해야 할 자인 수입업자가 체결하는 것이 합리적이다. 이에 따라 CIF조건에서는 수출업자가 수입업자를 위해 즉 수입업자가 보험금을 청구할 수 있는 형태로의 보험계약을 체결하도록 규정하고 있는 것이다.

02 보험계약의 내용

❶ 보험조건

보험조건은 최소담보조건으로 체결하도록 규정하고 있다. 현재 이용되고 있는 보험조건 중 보험회사의 책임이 가장 적은 것은 ICC(C)(신증권)와 ICC(F.P.A.)(구증권)이다. 따라서 수출업자는 이 2가지 보험조건 중 하나를 선택할 수 있다.

❷ 보험금액

보험금액은 송장금액의 110%이다. 즉, 수출업자는 자신이 수입업자에게 판매하는 물품의 가격에 당해 물품가격의 10%에 해당되는 금액을 합한 금액으로 보험계약을 체결해야 하는 것이다. 수입화물이 전손된 경우 수입업자가 입게 되는 손해는 영업상의 마진이 포함될 것이기 때문에 화물의 가격에 최소한의 마진이라 할 수 있는 10%를 가산하도록 한 것이다.

❸ 부보통화

부보통화란 보험사고 발생 시 보험회사로부터 지급받게 되는 통화 즉 보험금으로 받게 되는 통화를 말하는 것이다.

부보통화는 송장상의 통화가 된다. 송장상의 통화란 수입업자가 결제하는 통화를 말하는 것이다. 예를 들어 수입업자가 엔화로 수입대금을 결제했는데, 보험금을 원화로 받았다면 이를 엔화로 환전하는 과정에서 환차손을 입게 될 수가 있다. 그렇게 되면 수입업자가 결제한 금액보다 적은 금액을 보험금으로 받은 셈이므로 충분한 보상이 되지 않게 되므로 환차손을 없애기 위해 이와 같이 규정하고 있는 것이다.

❹ 피보험자(보험수익자)

CIF조건에서 수출업자가 수입업자를 위해 보험계약을 체결하는 것이므로 이론상으로 보험계약자는 수출업자, 피보험자는 수입업자가 된다. 따라서 수입업자를 피보험자로 기재한 보험증권을 발급받아 수출업자가 수입업자에게 제공한다면 계약을 위반한 것은 아니다. 그러나, 현실적으로 수출업자는 피보험자를 자신으로 하는 보험증권을 발급받아 백지배서 후 수입업자에게 넘겨주고 있다.

IV 신용장과 보험서류

무역거래조건이 앞서 소개된 CIF조건 또는 CIP조건인 경우 수출업자는 수입업자에게 적절한 보험서류를 제공해야 한다.

이하에서는 신용장통일규칙상의 보험서류의 수리요건을 살펴본다.

첫째, 보험서류에는 보험회사의 명칭과 서명이 있어야 한다.

둘째, 보험서류는 원본이 복수로 발행되었다면, 원본 전부를 제공해야 한다.

셋째, 부보각서(cover note)는 수리될 수 없다.

넷째, 보험증명서(certificate of insurance)를 요구하는 경우 보험증권(insurance policy)을 제시해도 수리된다. 그러나 반대로 증권을 요구하는 경우에 증명서를 제시하는 것은 불가하다.

다섯째, 보험서류의 발행일은 선적일 이후여서는 안된다.

다만 보험회사의 책임이 선적일로부터 시작된다는 점을 알 수 있다면 보험서류의 발행일이 선적일 이후이더라도 수리된다.

여섯째, 보험서류에는 보험금액이 신용장과 같은 통화로 기재되어야 한다.

일곱째, 신용장에 보험금액에 대한 기재가 없는 경우 최소 CIF 또는 CIP가격의 110%여야 한다.

여덟째, 보험서류상 담보구간이 신용장에 기재된 인수 또는 선적장소로부터 양하 또는 최종목적지까지여야 한다.

TIP

신용장상의 보험서류에 관한 조건

Insurance policy or certificate in duplicate, endorsed in blank for 110% of the invoice value including Institute Cargo Clauses "All Risks" showing insurance claims to be payable in Korea in currency of drafts.

PART 06

수출입통관 · 관세환급

16 수출입통관 개요

01 수출입통관의 의의

1 | 수출입통관의 의의

통관이란 관세법에서 규정하고 있는 절차를 이행하여 물품을 수출, 수입 또는 반송하는 것을 말한다. 무역실무자들이 수출입통관에 대해 기초적인 지식을 숙지해야 하는 이유는 다음과 같다.

첫째, 통관절차에 대한 이해가 부족한 경우 수출입물품의 흐름이 지체되거나 최악의 경우 수출입을 할 수 없게 될 수도 있기 때문이다.

둘째, 수입통관의 경우 수입관세를 부담하게 되는데, 사후납부제도나 분할납부제도 또는 관세의 감면제도를 통해 합법적으로 절세할 수 있는 기회가 있으므로 이를 활용하기 위함이다.

셋째, 관세환급특례법에 의해 수입원재료 등을 이용하여 제조된 물품을 수출한 경우 이미 납부한 관세를 환급해주는 관세환급제도를 운용하고 있으므로, 이와 같은 제도의 수혜를 받기 위함이다.

2 | 통관의 종류

통관의 종류에는 수출통관, 수입통관, 반송통관의 3가지 형태가 있다.

1 수출통관

수출통관이란 내국물품을 외국물품화시켜 외국으로 반출하기 위해 행해지는 통관절차이다.

❶ 수출신고

수출신고는 수출신고수리 후 선적여부의 확인을 용이하게 하기 위해 원칙적으로 선박 또는 항공기의 적재단위(B/L 또는 AWB)별로 하게 되어 있다. 따라서 수출신고는 그와 같이 수출물품에 대한 신고자료를 준비하여 관세청 통관시스템에 전자적인 방식으로 전송하는 단계로부터 시작된다. 과거와 달리 오프라인으로 서류를 제공하지 않고 인터넷과 같은 네트워크를 이용하여 전송하기 때문에 P/L(paperless)통관 또는 EDI통관이라 불리기도 한다.

❷ 수출신고의수리

세관에서는 전송자료를 심사하여 서류 및 현물확인의 필요성 유무를 판단하여 수출신고를 수리하게 되면, 당해 신고물품은 외국물품이 되어 외국으로의 반출이 가능해진다. 다만, 위약으로 인한 재수출물품의 경우, 재수출을 조건으로 수입통관된 물품의 수출을 비롯하여 몇몇 경우에는 종이서류를 제출토록 하고 있으므로 관세청의 수출통관고시를 참고하기 바란다.

❸ 수출신고필증의 교부 및 선적

그 후 세관으로부터 수출신고필증을 발급받아 신고수리일로부터 1개월 이내에 물품을 선적하면 된다.

> **TIP**
>
> 수출신고는 수출물품을 제조공장의 창고 등에 장치한 후 행하는 것이 일반적이나 일정한 요건을 갖춘 경우 사전에 수출신고 수리 전 선적 허가신청을 받아 선상 수출신고를 하거나, 출항 후 수출신고도 가능하다.

– 선상 수출신고 대상물품

① 살물과 같이 선적한 후 공인검증기관의 검정서(survey report)에 의하여 수출품의

수량을 확인하는 물품

② 물품의 신선도 유지 등의 사유로 선상 수출신고가 불가피하다고 인정되는 물품

③ 자동차운반전용선에 적재하여 수출하는 신품자동차

2 수입통관

수입통관이란 외국물품을 내국물품화시켜 국내로 반입하기 위해 행해지는 절차이다.

❶ 수입신고

수입통관 역시 수입물품에 대한 신고자료를 준비하여 통관시스템에 전송하는 것으로부터 시작된다.

❷ 수입신고의 수리

세관에서는 전송자료를 심사하여 서류 및 현물확인의 필요성 유무를 판단, 수입신고를 수리하게 된다.

❸ 수입신고필증의 교부

그 후 수입신고필증을 발급받는다.

수입통관의 경우 수입신고수리 이전 관세를 비롯한 제세를 납부해야 하지만, 신용이 있는 기업 또는 관세액 상당의 담보를 제공하는 경우 사후납부를 허용하고 있다. 사후납부의 경우 수입신고수리일로부터 15일 이내에 납부해야 한다

요약

수입신고 – 수입관세 등 제세의 납부 – 수입신고의 수리 – 수입신고필증의 교부
수입신고 – 수입신고의 수리 – 수입신고필증의 교부 – 수입관세 등 제세의 납부

3 반송통관

반송통관이란 국내의 과세가 보류되는 공간인 보세구역으로 들어온 물품을 수입통관을 거쳐 국내로 반입하지 않고 외국으로 다시 내보내기 위한 통관절차를 말한다.

❶ 활용

① 중계무역 시 이용할 수 있는 통관절차이다. 즉, 국내의 보세구역 내로 들어온 물품을 라벨작업이나 포장변경작업 등 간단한 작업을 거친 후 다시 외국으로 내보내는 경우의 통관절차를 말하는 것이다. 중계무역이란 다시 수출할 것을 목적으로 수입하는 거래형태를 의미하는데, 예를 들어 중국 등 동남아에서 수입해서 유럽지역에 수출하는 경우가 여기에 해당된다. 물론 반드시 국내를 거쳐야 하는 것은 아니므로 중국에서 유럽으로 바로 운송하는 것도 가능하다.

② 보세구역에 반입된 물품을 확인한 결과 계약된 물품과 달라 클레임을 제기하고 원상태 그대로 수출국으로 반송하는 경우에도 활용될 수 있다.

❷ 특이사항

첫째, 반송통관은 보세구역 내에 장치된 물품에 대한 것이므로 반송신고가 너무 늦어지면 보세구역의 효율적 사용에 피해가 있을 수 있어 보세구역에 반입한 날로부터 30일 이내에 신고해야 한다. 이는 수입신고의 경우와 같다.

둘째, 일반수출의 경우 보세운송을 거쳐 선적하면 보세운송신고와 수출신고를 별도로 해야 하나, 반송통관의 경우 반송신고와 보세운송신고를 함께 할 수 있도록 하고 있다.

셋째, 반송물품은 수출물품과 달리 반송신고수리일로부터 30일 이내에 선적할 의무가 없다. 다만 30일 이내에 선적하지 않은 경우 세관장이 반송신고를 취하할 수 있도록 규정하고 있을 뿐이다.

TIP

운송편의상 단순히 우리나라를 경유하게 되는 환적화물은 반송통관의 대상이 아니다. 그렇다면 중계무역의 경우와 구별하는 것이 곤란하게 될 것인데, 이는 선화증권상의 기재내용으로 구별하게 된다. 즉 선화증권 등에 물품의 수화인(consignee)으로 우리나라 국민이 아닌 제3국의 수입업자가 기재된 경우 환적화물에 해당되어 반송통관절차가 필요 없다.

– 이들 3가지 종류의 통관들 중 수입통관과 반송통관은 물품이 보세구역을 거쳐야 한다.

수출통관의 경우, 수출신고 시 보세구역에 물품을 반입시킬 의무가 없다. 따라서 과거처럼 보세구역외장치허가를 받을 필요없이 수출업자 자신의 영업장이나 공장에 물품을 보관한 채 진행할 수 있다.

그러나 수입된 물품이 계약과 달라 수출업자에게 반환하고자 하는 경우(위약수출), 보세구역을 거치지 않게 되면 물품의 수입 시 납부한 관세를 환급받을 수 없게 되므로 유의해야 할 것이다.

02 보세제도

보세제도는 보세구역제도와 보세운송제도로 나뉜다.

1 | 보세구역

1 보세창고와 보세공장

❶ 의의

보세구역은 외국물품을 수입통관하지 않은 채 외국물품상태로 보관, 가공, 전시, 판매하기 위한 공간으로 관세법상 외국지역을 의미하는데, 실무상 'CY', 'CFS' 등으로 불리는 공간이 보세구역이다. 이와 같은 보세구역은 세관의 업무를 위해 공적으로 활용하기 위한 공간과 기업이 영리를 목적으로 활용하기 위해 허가받은 공간으로 구분되는데, 전자를 지정보세구역, 후자를 특허보세구역이라 한다. 종합보세구역은 특허보세구역의 기능을 수행할 수 있는 공간을 말한다.

❷ 보세창고와 지정장치장

보세구역 중 보세창고와 지정장치장은 모두 수입물품을 장치하고자 하는 공간이다. 수입물품은 원칙적으로 보세창고 또는 지정장치장을 반드시 거쳐야 한다. 물론 예외적으로 보세구역외장치 허가를 얻어 보세구역 밖에 장치할 수도 있다.

이들 공간에 장치된 화물이 장기간 반출되지 않으면 공간의 효율적인 이용이 어렵게 됨에 따라 일정한 기한을 정해 수입통관을 강제하고 있다. 즉 일반적으로 6개월이나 예외적으로 2개월의 기한을 정해두고 있는 공간도 있으므로 잘 확인해야 한다. 이 기간이 경과하면 세관에서는 당해 물품을 매각할 수 있기 때문이다.

– 보세창고는 사인 또는 기업이 자신의 화물을 보관하기 위한 자가용과 타인의 화물을 보관함에 따른 수익확보를 위한 영업용으로 특허받을 수 있는 것으로 주로 세관 주변에 위치하고 있다. 일반적인 경우 보세창고의 장치기간은 6개월로 6개월 범위 내에서 연장이 가능하므로 자가용물품을 수출품제조일정 등에 맞춰 수입통관하고자 하는 경우 유용하게 이용할 수 있겠다.

지정장치장은 세관 구내에 위치하고 있는 관계로 '구내장치장' 또는 '부두장치장'으로 불리고 있다.

TIP

수입신고기한 v. 가산세 v. 장치기간

보세구역의 효율적인 활용 및 신속한 관세징수를 위해 보세구역 또는 보세구역외장치장에 반입된 물품은 반입일로부터 30일 이내에 수입신고를 하도록 규정하고 있다. 그리고 다음의 보세구역에 반입된 물품에 대해서는 가산세를 부과하고 있다. 따라서 다음의 보세구역에 해당되지 않는 보세구역, 예를 들어 자가용보세창고에 반입된 물품에 대해서는 30일의 기한이 적용되지 않으므로 제조일정 등을 고려하여 수입신고할 수 있다. 다만, 수출용원재료 등은 가산세 납부대상에 해당하더라도 가산세를 납부하지 않는다. 수입신고수리된 물품은 수리일로부터 15일 이내에 반출해야 하며 반출이 지연될 때 역시 과태료를 부과한다.

가산세 부과대상 보세구역

- 인천공항과 김해공항의 하기장소 중 지정장치장 및 보세창고
- 부산항의 하선장소 중 부두 밖의 CY와 CFS
- 부산항의 부두 내 지정장치장 및 보세창고(CY 포함)

❸ 보세공장

보세공장은 수입원재료만으로 또는 수입원재료와 국산원재료를 혼합하여 물품을 제조, 가공할 수 있는 공간을 말하며, 보세공장은 국산원재료보다 수입원재료의 사용

이 많은 수출기업에 유용한 공간이다. 수입원재료를 수입통관하지 않은 상태에서 완제품 제조 후 수출 시 수입통관절차의 이행에 따른 시간의 경과 및 수입관세의 부담이라는 불편을 피할 수 있게 될 것이기 때문이다.

물론 보세공장에서 제조 · 가공된 물품을 수입하는 것도 가능하다. 그런데 수입원재료와 국산원재료를 혼합해서 제조 후 수입하는 경우 다음과 같은 문제가 발생한다.

수입관세와 관련된 모든 사항은 수입신고일에 시행되는 법률에 따라 결정된다. 보세공장 반입일의 관세율과 수입신고일의 관세율이 다르다면, 수입신고일의 관세율이 적용되는 것이다. 따라서 수입신고일의 관세율이 상향조정되면 피해를 입게 된다. 이에 대비해서 보세공장에 반입 당시 미리 신청하게 되면 반입하는 때의 당해 원료의 성질 및 수량에 의해 관세를 부과하게 되니 유의해야 한다.

보세공장에서는 외국물품만을 원료로 하거나 외국물품과 내국물품을 원료로 하여 제조 · 가공할 수 있으나, 내국물품만을 원료로 하여 제조 · 가공할 수는 없다. 이 경우 세관장의 허가를 받아야 한다.

표 16-1 ● 보세구역의 종류

보세구역	지정보세구역	지정장치장(구내장치장/부두장치장) 세관검사장
	특허보세구역	보세창고(영업용과 자가용) 보세공장 보세건설장 보세전시장 보세판매장

2 보세구역 내 작업

보세구역 내에서는 현상유지를 위한 간단한 보수작업은 물론이고 해체, 절단과 같은 원형변경작업도 수행할 수 있다.

❶ 보수작업(승인)

보세구역 내에서 포장개선 및 라벨표시 등의 개선작업, 단순한 조립작업 등 간단한 보수작업을 하고자 하는 경우 보수작업신청서를 세관장에게 제출하고 승인받아야 한다.

보수작업의 범위에는 상품성 향상을 위한 작업이나 손상방지 등 물품보존을 위한 작업만이 포함되며 HS code의 변화를 가져오는 작업은 보수작업에 포함되지 않는다. 예를 들어 중계무역물품을 보세구역에서 제품검사, 선별, 용기변경 또는 포장개선작업을 하고자 하는 경우 보수작업승인을 받아야 한다.

이와 같은 보수작업은 원칙적으로 보세구역 내에서 이루어져야 할 것이나 당해 물품의 관세액에 상당하는 담보를 제공하고 역외작업도 가능하다.

❷ 해체, 절단 등의 작업(허가)

수입하고자 하는 물품이 수입신고된 용도 이외의 다른 용도로 사용될 수 있는 경우에 당해 물품을 해체 또는 절단함으로써 다른 용도로 사용할 수 없도록 할 필요가 있다. 이 경우 세관장은 당해 물품을 해체, 절단하도록 화주에게 명할 수도 있다. 또한 이와 같은 작업을 하고자 하는 자는 세관장의 허가를 받아야 한다. 예를 들어 고철로 수입신고한 어떤 기계 또는 고철로 수입신고한 자동차 부품이나 엔진 등을 고철이 아닌 기계나 자동차 부품, 엔진 등으로 사용할 수도 있을 것이다. 현행 관세율표상 수입고철의 관세율은 0%이므로 고철로 수입하여 용도변경하여 사용한다면 관세를 납부하지 않게 된다. 이러한 경우를 대비하여 세관장은 당해 물품을 다른 용도로 사용할 수 없도록 해체나 절단을 명할 수 있는 것이다.

❸ 장치물품의 폐기(승인)

보세구역에 장치된 물품은 부패, 손상 등의 이유로 폐기하고자 하는 자는 세관장의 승인을 받아 폐기할 수 있다. 승인을 받아 폐기하는 경우 관세를 부과하지 않는다. 다만 폐기 후 잔존물이 있다면 그 성질과 수량에 따라 관세를 부과한다. 그러나 승인없이 폐기 시 보세구역운영인 또는 보관인으로부터 관세를 징수하므로 유의해야 한다. 또한 보세구역에 장치된 물품이 도난 또는 분실된 경우에도 보세구역운영인 또는 보관인으로부터 관세를 징수한다.

❹ 견품의 반출(허가)

보세구역에 장치된 물품의 일부를 견본으로 반출하고자 하는 경우 세관장의 허가를 받아야 한다. 이렇게 반출된 견본은 원칙적으로 다시 보세구역에 반입해야 하며, 보세구역에 남아 있는 물품의 수입신고 시 반출된 견본을 포함해서 수입신고하고 관세도 납부해야 한다.

2 | 보세운송

❶ 의의

보세운송이란 외국물품을 보세상태, 즉 외국물품인 상태로 국내의 한 지점에서 다른 지점으로 운송하는 것을 말한다. 이 경우 출발장소와 도착장소가 모두 관세법상의 외국지역, 즉 보세구역(보세구역외장치장 포함)이어야 하는 것은 물론이다. 예를 들어 부산항에 도착한 수입화물을 서울에 있는 자가용 보세창고 또는 보세구역외장치장에서 수입통관하고자 하는 경우 이용되는 것이 보세운송이다. 이 경우 부산항의 영업용 보세창고를 이용하는 경우의 보관료 및 상하차 비용을 절감할 수 있게 될 것이다.

이러한 보세운송의 경우 일반적으로 운송인에게 보세운송을 신청하게 되면 운송인이 세관에 보세운송을 신고(승인)하고 보세운송을 담당한다. 물론 화주가 보세운송을 신고할 수도 있다. 다만 화주가 보세운송신고를 하는 경우 특별한 이익이 있는 것도 아니며, 또한 반송물품에 대한 보세운송신고는 보세운송업자만이 할 수 있도록 제한되어 있기 때문에 운송인을 이용하는 것이 편리하다.

❷ 보세운송의 종류

보세운송의 종류에는 수입물품에 대한 보세운송과 반송물품을 포함한 수출물품에 대한 보세운송이 있다.

① 보세운송대상 수입물품: 일부 화물을 제외하고 모든 수입물품에 대한 보세운송이 가능하다.

② 보세운송대상 수출물품: 일반수출물품은 보세운송의 대상이 되지 않고, 반송물품에 대해서만 보세운송이 가능하다. 예를 들어 보세창고에 장치 후 수입통관을 하지 않고 반송되는 물품이나 보세전시장에서 전시 후 반송되는 물품(이하 반송물품) 그리고 원재료수입시 관세 등을 납부하지 아니한 보세공장 및 자유무역지역에서 생산된 수출물품에 대해서는 보세운송이 가능하다.

❸ 수입물품의 보세운송신고 단위

① 원칙: 보세운송신고는 입항선박 또는 항공기별 House B/L단위로 신고함이 원칙이다.

② 예외: 그러나 다음의 물품의 경우 Master B/L단위로 신고가능하다.

– 단일 화주의 FCL 화물

– LCL 화물 중 컨테이너로부터 적출되지 않은 상태로 보세운송하는 경우

❹ 보세운송기간

① 수입물품의 보세운송기간: 보세운송신고(승인)수리일로부터 해상화물은 15일, 항공화물은 7일 내에 목적지에 도착해야 한다. 다만 선박 또는 항공기가 입항하기 전에 보세운송신고를 하는 경우 5일 이내의 기간을 위 기간에 추가할 수 있다. 그리고 이렇게 정해진 기간에 도착되지 않으면 세관에서는 신고일의 성질, 수량에 의해 관세를 징수하게 된다. 또한 200만 원 이하의 벌금을 내야 한다. 따라서 부득이한 사유로 연장이 필요하다면 사전에 연장을 신청해야 할 것이다.

② 수출물품의 보세운송기간: 반송물품은 보세운송신고(승인)수리일로부터 7일, 보세공장이나 자유무역지역에서 생산된 수출품은 30일 이내에 운송을 완료해야 한다.

> **TIP**
>
> **담보제공유무**
>
> ① 수입물품의 보세운송신고의 경우: 필요없음
> ② 수입물품의 보세운송승인의 경우: 담보제공 필요
> ③ 반송물품 보세운송신고의 경우: 필요없음
> ④ 보세공장 제조수출품의 보세운송신고의 경우: 필요없음

03 원산지제도 – 원산지판정과 원산지표시

원산지제도는 국내의 소비자를 보호하기 위한 제도로 원산지판정과 원산지표시로

나눌 수 있다. 우리가 원산지제도를 알아야 하는 이유는 다음과 같다.

첫째, 원산지 표시물품임에도 원산지를 적정하게 표시하지 않거나 미표시한 경우 수입통관단계에서 세관에서 표시를 보완하도록 요구함에 따라 비용이 발생되고 또 통관이 지연되는 피해를 입게 된다. 즉 통관지연 등의 피해를 피하기 위해 필요하다.

둘째, 칠레와 같이 우리나라와 자유무역협정(FTA)을 체결한 국가로부터 수입되는 물품에 대해서는 기본관세보다 낮은 관세율을 적용하거나 아예 관세가 없는 경우도 있다. 따라서 수입물품에 대해 그와 같은 혜택을 받고자 한다면, 당해 물품의 원산지가 어느 나라인가를 증명할 필요가 있겠다. 즉 나라에서 주는 특혜를 수혜받기 위해 필요하다.

1 | 원산지판정

원산지판정기준은 완전생산기준, 세번 변경기준, 부가가치기준, 가공공정기준의 4가지가 있다.

❶ 완전생산기준(원칙)

원산지판정의 제1기준은 어떤 물품이 1개국에서 생산되었다면, 당해 물품의 전부를 생산, 가공, 제조한 나라를 원산지로 보는 완전생산기준이다.

이 기준에 의해 판단하는 물품은 다음과 같다.

① 당해 국가의 영역에서 생산된 광산물과 식물성 생산물

② 당해 국가의 영역에서 번식 또는 사육된 산동물과 이들로부터 채취한 물품

③ 당해 국가의 영역에서의 수렵 또는 어로로 채집 또는 포획한 물품

④ 당해 국가의 선박에 의하여 채집 또는 포획한 어획물 기타의 물품

⑤ 당해 국가에서의 제조 · 가공의 공정 중에 발생한 부스러기

⑥ 당해 국가 또는 그 선박에서 위 5가지 물품을 원재료로 제조 · 가공한 물품

따라서 물품포장의 개선작업 또는 상표표시 등 상품성 향상을 위한 개수작업을 수행

하거나, 재포장 또는 단순한 조립작업, 물품의 특성이 변하지 않는 범위 안에서 원산지가 다른 물품과 혼합작업을 하거나, 가축의 도축작업을 수행한 나라는 원산지로 보지 않는다.

❷ 세번 변형기준

어떤 물품의 생산에 2개국 이상이 관련된 경우 당해 물품의 본질적 특성을 부여하기에 충분한 정도의 실질적 제조, 가공, 제조과정이 최종적으로 수행된 국가를 원산지로 보는 기준이다.

실질적 생산과정이란 당해국에서 제조 또는 가공공정을 통하여 원재료의 세 번과 상이한 세 번의 제품을 생산하는 것, 즉 HS6단위 변경을 의미한다. 따라서 HS6단위의 변경을 수행한 나라를 원산지로 보는 것이다.

❸ 가공공정기준

대외무역관리규정 별표 제6-2에 게기된 제조공정 기준 원산지확인 수입물품(섬유류가 해당됨)에 대해서는 동 표에 게기된 당해 물품의 주요 부품을 생산한 국가 또는 주요 공정이 이루어진 국가를 원산지로 본다.

TIP

중국 등 해외에 재단된 직물 또는 부분품을 임가공 수출 후 현지에서 봉제공정을 통해 수입되는 원료 등의 완제품 수입이 봉제공정을 수행한 국가를 원산지로 본다. 자세한 사항은 다음과 같다.

① HS 6101-6117(편직된 의류 및 그 부속품): 편직, 봉제공정 수행국
② HS 6201-6217(편직을 제외한 의류 및 그 부속품): 봉제, 제직, 재단공정 수행국
③ HS 6301-6308(제품으로 된 방직용 섬유제품): 재판, 제직, 편직공정 수행국

2 | 원산지표시

1 원산지표시 대상물품

원산지표시 대상물품은 대외무역관리규정 별표 6-1에 게기된 수입물품이다.

표 16-2 ◉ 원산지표시 대상물품

동물과 식용설육 및 동 생산품	타자기
식물과 동 생산품	조명기구
어류, 갑각류 및 동 생산품	커피, 차 등 기호음료
의류, 신발, 모자, 타월, 직물 등 섬유제품	아이스크림, 빙과류
살충제, 소독제	냉장고, 세탁기 등 전자기기
식탁용품, 주방용품	사진기, 필름
생활용품	시계류
	문구류
	완구류

출처: 이정길, 수출입통관매뉴얼, 165면

수출물품에 대한 원산지표시 여부는 수입국에서 요구하는 바에 따라 결정될 사항이다. 또한 수입물품을 우리나라에서 단순가공하거나 중계무역 등을 위해 보세구역에서 재포장 등의 작업을 거친 후 외국으로 나가는 경우에는 우리나라를 원산지로 표시할 수 없다.

다음과 같은 경우에는 원산지표시가 면제된다.

① 수입 후 제조공정에 투입되는 부품 및 원재료로서 실수요자(또는 수입대행자)가 수입하는 경우: 실수요자를 위하여 수입을 대행하는 경우에는 수입자 자신의 비용으로 당해 물품을 수입하여 실수요자에게 직접 납품하는 경우를 포함한다. 따라서 단순한 수입대행을 넘어 자신의 비용으로 수입 후 국내 제조업자에게 판매하는 경우에도 원산지표시를 면제받을 수 있다. 다만 이 경우 수입업자는 물품내역이 수입물품과 동일하게 기록된 납품계약서나 세금계산서 등 증빙서류를 제출해야 한다. 물론 단가는 차이가 나도 된다.

② 판매 또는 임대목적이 아닌 물품 제조에 사용할 목적으로 수입되는 제조용 시설 및 기자재(부분품 및 예비 부품을 포함)로서 실수요자(또는 수입대행자)가 수입하는 경우

③ 견본품(진열, 판매용이 아닌 것에 한함) 및 수입된 물품의 하자보수용 물품

④ 우리나라에서 수출된 후 재수입되는 물품 등

2 원산지표시방법

원산지는 당해 물품 하나하나에 모두 다음과 같은 원칙에 따라 원산지를 표기하여야

하나 예외적으로 포장이나 용기에 표기하는 것도 가능하다.

❶ 원산지표시 원칙

① 다음의 방식으로 한글, 한문 또는 영문으로 표시할 것

– '원산지'

– 'Made in CHINA' 또는 'product of CHINA'

– 물품제조자의 회사명, 주소, 국명

– 'Brewed in VIETNAM' 또는 'Distilled in VIETNAM'

다만, 위 방법으로 원산지를 표기하기에 수입물품의 크기가 작은 경우는 국가명만을 표시해도 되며, 오인우려가 없는 경우 'USA' 와 같이 국가명의 약어를 기재하는 것도 가능하다.

① 최종 구매자가 용이하게 판독할 수 있는 크기의 활자체로 표시할 것

② 식별하기 용이한 위치에 표시할 것

③ 표시된 원산지가 쉽게 지워지거나 떨어지지 아니하는 방법으로 표시할 것

❷ 포장, 용기에 원산지를 표시할 수 있는 경우

① 당해 물품에 원산지를 표기하는 것이 불가능한 경우로 냉동옥수수나 밀가루 등이 그러하다.

② 원산지 표시로 인해 당해 물품이 크게 훼손되는 경우로 DSLR카메라의 렌즈나 콘텍트렌즈 등이 그러하다.

③ 상거래관행상 최종 구매자에게 포장, 용기에 봉인되어 판매되는 물품 또는 봉인되지는 않았으나 포장, 용기를 뜯지 않고 판매되는 물품으로 비누나 칫솔 등이 그러하다.

❸ 수입세트물품의 원산지표시

대외무역관리규정 별표 6-3에 게기된 수입세트물품의 경우 당해 세트를 구성하는 개

별물품에 각각 원산지를 표시하고, 또한 세트물품의 포장이나 용기에도 개별물품의 원산지를 모두 나열하여야 한다.

❹ 원산지가 오인될 수 있는 수입물품의 원산지표시

다음과 같은 물품에 대해서는 원산지표시요건에 아래와 같은 요건을 추가하고 있다.

① 주문자상표부착(OEM)방식에 의해 생산될 수입물품의 원산지와 주문자가 위치한 국명이 달라 최종구매자가 당해 물품의 원산지를 오인할 우려가 있는 물품
② 물품 또는 포장, 용기에 현저하게 표시되어 있는 상호, 상표, 지역, 국가 또는 언어명이 수입물품의 원산지와 상이하여 최종구매자가 당해 물품의 원산지를 오인할 우려가 있는 물품

우리나라 신발제조업체들이 생산한 신발의 품질은 우수했지만, 제품명이 국제적으로 홍보되지 않아 쉽게 판매되지 않았던 때가 있었다. 이 경우 나이키와 같은 유명기업이 자신의 상표를 붙여 신발을 공급해달라 요청하여 이루어지는 거래형태가 주문자상표부착(OEM)방식이다.

이와 같은 거래하에서 공급되는 신발은 대한민국에서 생산되어 나이키라는 상표를 붙여 외국으로 수출되게 되는데, 소비자들은 나이키가 미국기업이므로 미국이 원산지라 오인할 수 있다.

또한 우리가 제사지낼 때 사용하는 목제제기를 중국에서 생산했는데, 대한민국으로 수출할 것에 대비해서 '남원목기' 라 국문으로 표시한 경우, 소비자들은 남원, 즉 대한민국에서 생산된 것이라 오해할 수 있다.

따라서 위와 같이 원산지를 오인할 가능성이 있는 경우에는 당해 물품 또는 포장이나 용기의 전면에 원산지를 표시해야 한다. 다만, 물품 특성상 전후면을 구별하기 곤란한 물품 또는 전면에 표시하는 것이 곤란한 물품이라면 오해를 할 만한 표시와 가까운 곳에 원산지를 표시해야 한다. 다만 최종 구매자가 정상적인 구매과정에서 원산지를 분명하게 식별할 수 있도록 원산지를 표시한 경우에는 예외가 인정된다.

3 | 원산지표시의 적정성 사전확인

앞서 소개한 바와 같이 물품의 유형에 따라서는 원산지표시방법이 복잡할 수도 있다. 따라서 부적절한 원산지표시로 인해 예상치 못한 불편을 입을 수 있으므로 사전에 적절한 원산지표시방법을 알아두면 좋겠다.

이 경우 관세청장에게 원산지표시 적정성 사전확인신청서에 견본, 견본제출이 곤란하다면 사진이나 카달로그를 첨부하여 신청하면 수입신고 전에 확인할 수 있다.

4 | 원산지표시 확인

수입물품의 원산지표시 유무, 원산지표시방법의 적절성 여부 등은 수입통관 단계에서 수입물품의 검사를 통해 세관장이 확인하게 될 것이다. 그러나 신속한 통관을 통해 물류비를 절감한다는 목표 아래 수입업자의 성실신고를 전제로 예외적인 경우를 제외하고 수입물품의 대한 검사를 생략하고 있다. 따라서 수입검사 대상물품으로 선별되지 않은 경우에는 세관장의 원산지 확인이 사실상 생략되고 있는 현실이다.

5 | 원산지증명서

1 원산지증명서의 필요성

수입물품이 대외무역법상의 수출입공고 등에 의해 특정국가로부터의 수입이 제한되는 물품이거나, 법 또는 외국과의 협정 등에 의해 기본관세율보다 낮은 관세율이 적용되는 특혜를 받고자 하는 물품인 경우에는 당해 물품의 원산지를 증명하는 서류인 원산지증명서(Certificate of Origin: C/O)를 수입신고시에 제출해야 한다. 원산지증명서를 제출하지 않는 경우 세관장이 특혜를 주지 않을 수 있기 때문이다.

2 원산지증명서의 제출 대상

일반적으로 기본관세율보다 낮은 관세율이 적용되는 특혜를 받고자 하는 경우에 원산지증명서를 제출한다고 보면 되겠다.

예를 들어 우리나라의 경우 지금보다 훨씬 못살던 때 세계 여러 선진국에서는 우리나라를 후진국으로 보아 우리나라로부터 수입되는 물품에 대해 다른 나라로부터 수입되는 물품보다 낮은 관세율을 적용했었다. 결과적으로 우리나라 수출품의 가격이 낮아지는 효과를 봄에 따라 많이 팔리게 도와준 것이다. 이를 일반특혜관세(GSP)라고 한다. 이제는 우리나라가 부자나라가 됨에 따라 오히려 혜택을 베풀고 있다. 따라서 GSP의 혜택을 받는 나라로부터 수입되는 물품임을 증명하기 위해서는 원산지증명서를 제출해야 한다.

또한 칠레를 비롯한 자유무역협정(FTA)을 체결한 국가로부터 수입되는 물품에 대해서는 기본관세율보다 낮은 관세율을 적용하게 되는데, 마찬가지로 그와 같은 협정을 체결한 국가의 제품임을 증명해야 혜택을 받을 수 있다.

① 특혜관세 또는 협정관세와 같이 낮은 관세율을 적용받고자 하는 경우(예: WTO협정에 의한 일반특혜관세(GSP), FTA협정에 의한 FTA협정관세)
② 북한산 물품에 대해 관세를 면제받고자 하는 경우(조선민족경제협력위원회가 발급)

3 원산지증명서의 요건

원산지증명서를 기초로 특혜관세를 비롯한 여러 혜택을 부여할 것이므로 개인이 임의로 작성할 수 있도록 한다면 악용될 여지가 있다. 따라서 원산지증명서는 권한 있는 기관이 다음의 요건을 갖추어 발행해야 원산지로 인정된다.

① 수입신고일로부터 1년 이내에 발급된 것

② 원산지국가의 세관, 기타 권한 있는 기관 또는 상공회의소가 확인 또는 발행한 것

③ 표준양식에 준하여 작성되고 한국어, 영어 또는 불어로 표기한 것

④ 수입물품이 원산지국가로부터 우리나라로 직접 운송되지 않고, 제3국을 경유하여 수입되는 경우에는 원산지국가에서 발행한 원산지증명서를 기초로 하여 경유지국가의 권한 있는 기관에서 발급한 것

⑤ 관세청장이 정하는 물품은 상업송장 또는 관련서류에 생산자, 공급자, 수출자 또는 권한 있는 자가 원산지국가를 기재한 것

TIP

- 원산지증명서의 종류에는 GSP원산지증명서, GSTP원산지증명서, APTA원산지증명서, FTA 원산지증명서와 같이 종류가 많으므로 해당 양식을 사용해야 한다.
- 한국-싱가폴 FTA에서는 세관 또는 상공회의소와 같은 기관이 발급한 원산지증명서가 필요하다. 그러나 한국-EFTA에서는 수출자 자율증명방식을 채택하고 있으므로 중계무역방식으로 수입하는 경우, 최초 수출자가 아닌 중계무역상이 발급한 원산지증명서를 발급받아 특혜를 받게 되면 후일 관세를 추징당하는 일이 발생하게 된다. 즉, 중계무역을 하는 경우에는 우리나라와 체약을 맺은 국가의 수출자가 국내 수입업자에게 발급한 원산지증명서를 세관에 제출해야 하며, 제3국에 소재하면서 수입국 내 시장대리인으로 위임받은 자나 중계무역상이 발급하는 원산지증명서는 인정되지 않는다. 하지만 원산지증명서가 아닌 송장 등에 당해 협정에서 정한 문구가 들어 있다면 원산지증명서가 아닌 송장 등을 제공해도 된다.
- 우리나라에서 수출되는 물품에 대한 원산지증명서발급은 대한상공회의소에서 해주고 있다. 원산지증명서의 발급시 사전에 서명을 등록해야 한다.

04 HS 품목분류

1 | HS code란

무역거래의 대상물인 물품을 국제적으로 통일된 체계에 따라 분류하게 되면 물품의 국제적 비교, 통계작성 및 관리가 용이해지게 된다. 이에 따라 만들어진 상품분류에 관한 국제협약을 HS(The International Convention of the Harmonized Commodity Description and Coding System)라 한다.

또한 이러한 HS협약에 따라 각각의 상품에 부여되는 번호 또는 코드를 HS code라 한다. 관세를 부과하기 위한 관세율표상의 품목분류 부호를 세번 · 부호라 하는데, 우리나라의 관세율표상의 품목분류는 HS협약을 따르고 있으므로 세번 · 부호와 HS code를 동일하게 취급해도 될 것이다.

2 | HS의 기본 구조

HS code란 HS협약에 따라 상품에 부여되는 번호를 의미하는데, 국제적으로 6단위까지는 동일하다. 그리고 7자리부터 10자리까지 나라별로 자유롭게 세분하여 사용하고 있는데, 우리나라는 4단위를 추가하여 총 10단위를 사용하고 있으며 이를 HSK라 하며, 이러한 이유로 'HS10단위,' 'HS6단위' 와 같은 표현이 현장에서 쓰이고 있는 것이다.

2	1	0	1	1	0	–	1	0	0	0
류		호		소호			부호			

그림 16-1 ◉ 인스턴트 커피의 HS code

그림 16-1은 인스턴트 커피의 HS code를 나타낸다. 앞의 2자리를 류, 4자리를 호, 6자리를 소호라고 한다. 이와 같이 물품에 대해 각각의 번호가 부여됨에 따라 손쉽게 물품을 관리할 수 있다. 1차산품으로부터 시작되어, 경공업제품, 전자제품, 예술품 순으로 가공도가 높아지는 순서로 품목을 분류하여 21부 97류로 분류되어 있다.

3 | HS 품목분류

HS 품목분류란 HS협약에 의해 정해진 HS code를 수출입물품에 부여하는 업무를 말한다. 이는 새로이 전학 온 학생에게 번호를 부여하는 것에 비유할 수 있겠다. 어떤 물품이 수입되는 경우 HS code에 따라 관세율 및 수입요건이 달라지게 된다. 예를 들어 똑같은 포도라도 신선한 포도(45%)와 건조한 포도(21%)의 HS code가 달라지고 이에 따라 관세율이 달라진다. 또한 LCD의 경우도 전자계산기용인가 광전자시계용인가에 따라 HS code가 달라진다. 따라서 HS 품목분류는 단순히 수입물품의 명칭만 가지고 판단하는 것이 아니고 수입물품의 재질, 구조 및 작동원리, 기능 및 용도를 파악해서 HS code를 부여하는 것으로 무역업체에 무척 중요한 일이 된다.

4 | 품목분류 사전심사

수출입하고자 하는 물품의 품목분류에 대하여 의문이 있는 경우, 수출입신고를 하기 전에 관세청장에게 신청하여 미리 HS code를 확인받는 제도이다. 이 제도는 수입업체가 어떤 물품을 최초로 수입하는 경우이거나 물품의 기능을 변경함으로써 지금까지의 HS code를 그대로 사용하는 것이 옳지 않다고 판단되는 경우 활용할 수 있는 제도이다.

따라서 관세청장은 신청인의 신청에 따라 타당한 경우 당해 물품에 적용될 HS code와 품명, 용도, 규격, 기타 필요한 사항을 고시하여 다른 자들도 이용할 수 있도록 하고 있다.

이 제도를 통해 변경된 HS code를 적용하는 것보다 변경 전 HS code를 적용하는 것이 관세율을 비롯한 여러 가지 면에서 수입신고인에게 유리한 경우 변경 전 HS code를 적용할 수 있도록 하고 있다. 그러므로 HS code가 변경된 물품을 수입하는 업자는 변경 전 HS code 및 이에 따른 관세율 등을 확인해보는 수고로움을 마다하지 않아야 할 것이다. 다만 변경일로부터 30일 경과 전에 우리나라에 수출하기 위해 선적된 물품에 한한다. 예를 들어 변경일이 7월 30일이고 선적일이 8월 20일이라면 요건을 충족하는 것이다.

17 관세제도의 활용

I 과세의 4대 요건: 과세물건/납세의무자/과세표준/관세율

세금을 부과하기에 앞서 일정한 요건을 충족하고 있는가 살펴야 한다. 예를 들어 소득이 없는 자에게 소득세를 부과하는 것은 적절하지 않다. 따라서 소득세의 부과에는 소득이라는 요건이 필요한 것이다. 과세의 요건이란 이와 같이 각종 세금을 부과하기에 필요한 요건을 의미한다. 관세의 과세를 위한 요건은 ㉠ 과세물건, ㉡ 납세의무자, ㉢ 과세표준, ㉣ 관세율의 네 가지다.

01 과세물건

❶ 관세의 부과대상은 수입물품이다

수출물품에 대해서도 관세를 부과할 수 있겠으나, 그렇게 되면 수출가격이 인상되어 수출경쟁력을 약화시키는 결과를 초래하게 되므로 우리나라를 비롯한 상당수의 국가들은 수입물품에 대해서만 관세를 부과하고 있다. 이러한 이유로 관세라 하면 수입관세를 의미하는 것으로 이해되고 있는 것이다. 한편, 수출관세를 부과함에 따른 수출가격의 상승이 당해 물품의 수요량에 큰 변화를 주지 않는 중국의 광물, 브라질의 커피 등에 대해서는 수출관세가 부과되고 있다.

❷ 관세의 부과대상은 수입물품 중 유체물이다

수입물품 중에는 영화나 음반과 같은 전자적 형태의 무체물도 있겠으나 현재로는 유체물에 대해서만 관세가 부과되고 있고, 전자적 형태의 무체물에 대해서는 관세가 부과되고 있지 않다.

❸ 관세의 부과대상은 수입신고를 하는 때의 물품이다

수입신고를 함으로써 적용법령, 과세물건, 납세의무자가 확정된다. 따라서 수입신고를 하는 때의 물품의 성질, 수량이 바로 과세물건인 것이다. 이러한 논리에 따르면, 수입신고시의 물품의 상태 또는 수량과 수입신고수리시의 그것이 다른 경우, 수입신고시의 그것에 따라 납세액이 결정되는 것이다.

> **TIP**
>
> 이러한 경우에 대비, 관세법 제100조에 손상감세에 대해 규정하고 있다. 제100조에 따르면, 수입신고한 물품이 수입신고가 수리되기 전에 변질 또는 손상된 때에는 관세를 경감할 수 있다.

02 납세의무자

결정된 관세 등 제세를 납부할 의무를 갖는 자를 납세의무자라 한다. 납세의무자는 당해 수입화물의 소유권자이다. 구체적으로는 다음과 같이 정리할 수 있다.

① 일반적인 거래형태: 송장상의 수화인(송장이 없는 경우 선화증권/항공화물운송장상의 수화인)

② 수입대행을 위탁한 경우: 위탁자

③ 수입신고 전 외국물품을 보세구역에 장치 후 양도한 경우: 양수인

03 과세표준

1 | 과세표준: 종가세 원칙

납부세액 계산시의 기준을 과세표준 또는 과표라 한다. 예를 들어 재산세를 부과한다고 했을 때, 보유하고 있는 집의 수량을 기준으로 재산세를 부과할 수도 있고, 집의 수량에 관계없이 집의 가격을 기준으로 재산세를 부과할 수도 있을 것인데, 이와 같은 집의 수량 또는 가격을 과세표준이라 하는데, 즉 수량을 과세표준으로 하면 종량세, 가격을 과세표준으로 하면 종가세라 한다.

현행 관세법은 종가세주의를 취하고 있어 수입물품의 가격에 따라 관세액이 달라진다. 영화용 필름과 비디오테이프 그리고 일부 농산물에 대해서는 종량세주의를 취하고 있으며, 몇몇 물품에 대해서는 가격과 수량 중 하나를 선택하는 선택세도 시행되고 있다.

2 | 관세평가

1 관세평가의 의의 = 과세가격의 결정

관세평가란 관세의 과세가격을 결정하는 절차를 말한다. 관세액 계산시 표준은 원칙적으로 수입물품의 가격이라는 점은 앞서 소개했다. 그렇다면 수출업자와의 협의를 통해 송장 등의 서류를 조작, 수입물품의 가격을 저렴하게 신고한다면 수입관세도 적게 낼 수 있을 것 아닌가 하는 생각이 들게 된다. 반드시 이러한 경우에 대비한 것은 아니나 이와 같은 상황 등을 고려하여 수입가격에 어떤 요소를 가산하고 또 반대로 어떤 요소는 공제하여 과세에 필요한 가격, 즉 과세가격을 결정하게 되는데 이를 관세평가라 한다.

따라서 반드시 송장 등에 기재되는 실거래가격을 기준으로 관세액을 계산하는 것은 아닌 셈이다.

2 관세평가 방법 6가지

관세평가의 방법에는 표 17-1에 정리된 바와 같이 6가지 방법이 있다. 각 방법은 순차적으로 적용되므로 여러 방법이 사용될 수 있겠으나, 현실적으로 제1방법만이 이용되고 나머지는 거의 사용되지 않고 있으므로 이하에서는 제1방법에 관해 상설하기로 한다.

표 17-1 ◦ 관세평가의 6가지 방법

제1방법	당해 물품의 거래가격을 기초로 과세가격 결정
제2방법	동종 · 동질물품의 수입실적 가격을 기초로 과세가격 결정
제3방법	유사물품의 수입실적 가격을 기초로 과세가격 결정
제4방법	당해 물품, 동종 · 동질물품, 유사물품이 국내에 수입되어 판매되는 가격에서 수입 후 발생되는 법정공제요소금액을 공제한 가격에 의한 과세가격 결정
제5방법	당해 수입물품을 수출국에서 생산하는 데 소요된 비용을 산정하여 산출한 가격에 의해 과세가격 결정
제6방법	합리적 기준에 따라 세관장이 과세가격 결정

*출처: 이정길, 수출입통관 매뉴얼, 제157면 참조

제1방법이란 우리나라에 수출하기 위하여 판매되는 물품에 대하여 구매자가 실제로 지급하였거나 지급하여야 할 가격에 가산요소와 공제요소를 조정한 가격을 과세가격으로 하는 것이다.

과세가격 = 지급하였거나 지급하여야 할 가격 + 가산요소 − 공제요소

그림 17-1 ◦ 제1방법을 기초로 한 과세가격의 계산

제1방법은 그림 17-1과 같이 정리할 수 있겠다. 이와 같이 실제 거래가격에 가산요소와 공제요소를 고려하여 과세가격을 결정한다고 할 때, 양자를 구별하는 가장 보편적인 기준은 수입항에 도착하여 화물의 양하준비가 완료될 때까지의 비용(가산요소)인가, 그 이후 발생되는 비용(공제요소)인가 하는 점이다.

❶ 제1방법 적용시의 법정가산요소

① 구매자가 부담하는 수수료 및 중개료

본 항목에 포함되는 것으로 오퍼상에게 지급하는 수수료를 들 수 있다.

구 대외무역법에서 외국의 수출업자를 대리하여 국내에서 물품매도확약서, 즉 오퍼(offer)의 발행을 주 업으로 하는 자를 갑류무역대리업자라 하였는데, 오퍼 발행을 주 업으로 했기에 실무에서 주로 오퍼상이라 불러왔다.

오퍼상은 외국의 수출업자를 대리하여 무역거래의 중개만을 담당하기보다는 저렴하게 구입한 후 비싸게 되파는 형태의 영업을 하는 경우가 더 많아 정확하게 외국 수출업자의 대리인으로 분류할 수 있을지 의문이다.

한편 그 법률적 지위에 대한 논의와 관계없이 구매자가 오퍼수수료를 부담한다면 이는 과세가격 계산시 가산시켜야 한다.

그러나 구매자를 대리해서 해외에서 용역을 제공한 자에 대한 수수료는 본 항에서 다루는 수수료에 해당하지 않으므로 가산시키지 않는다. 즉 **구매자와 법률적으로 독립된 자에 대한 수수료만이 가산요소가 된다고 이해함이 적절하다.**

② 구매자가 부담하는 포장비 등

특별한 경우가 아니라면 카메라와 카메라케이스를 함께 구입한다. 따라서 카메라케이스에 대한 가격 역시 과세가격에 가산시켜야 할 것이다. 즉 당해 물품과 동일체로 취급되는 용기의 비용 및 당해 물품의 포장에 소요되는 노무, 자재비를 구매자가 부담하는 경우 가산요소가 된다. 유사한 품목으로는 콜라와 콜라병, 시계와 시계케이스를 들 수 있다.

③ 생산지원비용

생산지원비용이란 수입물품의 생산 및 수출거래를 위해 무료 또는 인하된 가격으로 구매자가 제공하는 물품 및 용역비용을 의미한다. 구매자가 이와 같은 비용을 이미 지출했다면 수입물품의 가격이 그만큼 낮게 설정될 것이기 때문이다. 예를 들어 물품을 수입하면서 수입물품을 구성하게 되는 원단, 단추 등을 무료 또는 인하된 가격으

> **TIP**
>
> **위탁가공물품의 수입시의 과세가격 계산시 가산요소**
>
> ① 무상 송부한 시설기재와 원재료의 가격
> ② 무상 송부시 발생된 국내의 내륙수송비
> ③ 위탁가공에 대한 대가로 지급한 가공임
>
> *출처: 이정길, 수출입통관 매뉴얼, 제147면

로 공급했다면 당해 수입가격은 낮게 책정되는 것이 당연하다. 수입물품의 생산에 필요한 공구나 기계 등을 공급하는 경우도 마찬가지이다. 따라서, 이와 같은 경우에는 무료공급했다면 본래의 가격을, 인하된 가격으로 공급했다면 차액만큼을 가산하게 된다.

④ 권리사용료로 구매자가 지급하는 금액

본 항에서 말하는 권리사용료란 특허권, 실용신안권, 디자인권, 상표권, 저작권, 영업비밀 등의 사용대가로 구매자가 지급하는 금액을 말한다. 다만 '권리'라는 무체재산 그 자체에 대해 과세할 수 없으므로, 수입업자가 구매하고자 하는 물품의 구매와 관련되어야 한다는 조건이 필요하다. 즉 구매자가 당해 수입물품을 판매자로부터 구입하기 위해서는 권리사용료를 지급할 수밖에 없는 경우에만 가산된다. 예를 들어 어떤 디자인을 사용할 수 있는 권리를 부여하면서 물품을 판매하는 경우가 그러한 경우에 속할 것이다. 이때 당해 물품의 판매가격에는 권리사용료가 포함되어 있을 것이다. 따라서 송장 등 관련서류에 권리사용료가 미포함되어 있다면 이를 가산해야 하는 것이다.

⑤ 사후 귀속이익

물품의 수입 후 전매, 처분 또는 사용에 따른 수익금액 중 일부가 직·간접적으로 판매자에게 귀속되는 금액은 가산된다. 예를 들어 수입 후 전매된 경우의 매매차익 중 일부를 판매자에게 제공하는 형태라면 판매자는 구매자에게 이에 상응하여 물품의 가격을 낮게 설정하였을 것으로 추측할 수 있다. 따라서 구매자가 판매자에게 제공하는 금액만큼을 가산하는 것이다.

⑥ 운임, 보험료 및 수입항 도착시까지의 운송관련 비용

선박이 수입항구에 도착될 때까지의 비용, 좀 더 정확히는 본선하역준비를 완료할 때까지의 비용은 가산된다. 반대로 본선하역준비완료 후 발생되는 비용은 공제된다. 예를 들어 수입항에서의 양하비, 수입항에서의 체선료, 부두사용료, 보세운송료 등은 가산되지 않는다.

정기선(Liner)을 이용하는 경우의 운임조건인 Liner Term, 부정기선(Tramper)을 이용하는 경우의 운임조건 중 Berth Term은 운송회사가 선적 및 양화업무를 일괄 서비스하고 그에 따른 운임을 청구하는 조건이므로 운임 속에는 수입항에서의 양화비가 포함되어 있어 수입항 도착시까지의 운송관련 비용만을 공제한다는 원칙과 충돌이 있게 된다. 이에 따라 수입항에서의 양화비가 구분 표시되어 있는 경우에 한해 당해 금액을 공제할 수 있도록 하고 있다(근거: 제20조2항 내지 제4항 및 과세가격고시제3~5조제2항).

보험료는 실제 부보된 경우에만 가산한다.

TIP

Q. 무역거래를 하다보면 수출업자 입장에서는 납기를 맞추는 것이 참으로 중요하다. 그런데 원자재의 공급부족 등 여러 사정으로 인해 납기에 맞춰 선적하는 것이 불가능한 경우가 빈번하다. 이러한 상황에서 수출업자의 선택은 선박운송 대신 항공운송을 선택하는 것이다. 일반적으로 항공운임이 해상운임보다 비싸므로 수입업자 입장에서는 과세가격이 높아지는 셈이 된다. 따라서 수입업자는 불리한 것 아닐까?

A. 이 경우, 비록 항공운송이 이용되었을지라도 선박운송시의 운임을 적용하여 가산한다.

*출처: 영제20조제3항 및 과세가격결정고시제3~7조 제1항제8호, 이정길, 수출입통관 매뉴얼, 제147면에서 재인용

❷ 제1방법 적용시의 공제요소

① 수입 후에 행해지는 당해 수입물품의 건설, 설치, 조립, 정비, 유지 또는 당해 수입물품에 관한 기술지원에 필요한 비용

② 수입항 도착 후 당해 수입물품의 운송에 필요한 운임, 보험료, 기타 운송에 관련되는 비용

③ 우리나라에서 당해 수입물품에 부과된 관세 등 제세와 기타 공과금

❸ 제1방법 적용에 필요한 요건

이와 같이 제1방법이 적용되기 위해서는 다음의 요건이 필요하다.

① 우리나라에 수출하기 위하여 판매되는 물품인가?

거래가격은 우리나라에 판매되는 물품인 경우에 한해 적용된다. 따라서 무상으로 공급하는 경우나, 위탁판매를 위해 무상으로 공급하는 경우, 또는 임대차계약에 따라 공급하는 경우에는 제1방법이 적용될 수 없다.

② 수입물품을 처분 또는 사용하는 데 제한이 있는가?

수입물품의 처분 또는 사용과 관련하여 전시용, 교육용처럼 그 사용용도를 제한하거나 판매처를 제한하는 등의 제한을 가한 경우에는 제1방법을 적용할 수 없다. 이처럼 제한을 가한 경우 물품의 수입단가는 당연히 낮게 책정될 것이기 때문이다.

그러나 수입물품을 전매할 수 있는 지역을 제한하는 경우에는 그러하지 않다. 이는 독점판매점계약 등의 경우에는 독점판매권을 부여하는 기업이 수여받는 기업의 독점판매권이 인정되는 지역(territory)을 제한하는 경우가 일반적이며 또한 이와 같은 판매지역의 제한이 수입물품의 가격에 영향을 준다고 보기 어렵기 때문이다.

③ 수입물품의 가격이 금액으로 환산할 수 없는 조건 또는 사정에 의해 영향을 받았는가?

다음의 경우에는 영향을 받은 것으로 보아 제1방법을 적용할 수 없다.

- 구매자가 판매자로부터 특정 수량의 다른 물품을 구매하는 조건으로 당해 물품의 가격이 결정된 경우
- 판매자가 구매자에게 다른 물품을 판매하는 가격에 따라 당해 물품의 가격이 결정되는 경우

- 판매자가 반제품을 구매자에게 공급하고 그 완제품의 일정수량을 받는다는 조건으로 당해 물품의 가격이 결정되는 경우

위 상황은 모두 수입물품의 가격이 통상 가격보다 낮게 책정될 것이라 추측할 수 있는 상황이다.

④ 수입물품의 처분, 사용 등에 따른 이익의 일부를 판매자에게 주는가?

이 경우에는 판매자에게 지급한 금액을 가산하여야 한다.

⑤ 수출자와 특수관계로 가격에 영향을 받았는가?

특수관계에 대한 범위는 영제23조제1항에서 규정하고 있는데, 구매자와 판매자가 고용관계에 있는 경우, 상호 법률상의 동업자인 경우, 일방이 타방에 대하여 법적으로 또는 사실상으로 지시나 통제를 할 수 있는 경우, 구매자 및 판매자가 친족관계에 있는 경우 등이 이에 포함된다.

이와 같은 특수관계에 속한 경우 일단 가격에 영향을 끼쳤다고 해석되어 제1방법을 적용할 수 없게 된다. 따라서 납세의무자는 가격신고시 특수관계가 가격에 영향을 미치지 않았음을 입증할 필요가 있다.

요약

① 정상적인 거래조건의 실거래가격을 기준으로 한다.
② 우리나라 수입항 도착가격(CIF, 또는 CFR 가격)을 기준으로 한다.
③ 외화로 계산된 과세가격에 수입신고일의 과세환율을 곱하여 원화로 과세가격을 계산한다.

TIP

과세환율이란 한 주간 은행들의 전신환매도율을 평균하여 관세청장이 고시하는 환율을 의미한다. 따라서 수입신고일이 동일한 한 주에 속해 있다면 과세환율은 동일하다. 현재 관세청 홈페이지 좌측에 소개되고 있다.

04 관세율

1 | 관세율의 종류: 국정관세와 협정관세

일반적으로 관세란 수입물품에 대해 부과하는 조세로 재정수입의 확보와 수입물품의 가격을 인상시켜 국내산업을 보호하는 기능을 한다. 따라서 관세율은 국내산업의 성숙도 등을 고려하여 결정되어야 함은 물론 교역상대국의 우리 수출품에 대한 취급을 반영하여 신속하게 수정될 수도 있어야 한다. 이에 따라 관세율은 국회에서 입법을 통해 제정되는 관세, 행정부가 관리하는 관세, 그리고 교역상대국과의 협상을 통해 결정되는 관세 등의 여러 종류가 있다.

❶ 기본관세

국회에서 입법을 통해 제정 · 개정하는 관세율을 말하며, 정상적인 상황에서 수입되는 경우 적용되는 관세율이다. 우리나라의 기본관세의 평균관세율은 약 8%이다.

❷ 잠정관세

일정한 경제적 상황이 도래할 때까지의 기한을 정하여 잠정적으로 적용되는 관세율로, 기본관세율과 마찬가지로 국회에서 제정한다. 예를 들어 시계에 대해 기본관세율을 높게 정하고, 시계를 생산하는 업체가 생길 때까지는 낮은 관세율을 적용하는 경우를 들 수 있다. 이렇게 하면 국내의 시계생산업체가 시계를 공급할 때까지 시계를 구입하고자 하는 사람들은 낮은 관세율이 적용된 시계를 구입할 수 있게 된다. 그 후 국내생산이 시작되어 잠정관세율이 폐지되고 높은 기본관세율이 적용된다면, 시계 구입을 원하는 자들의 요구도 수용하면서 국내시계생산업체를 보호하는 효과도 보게 되는 것이다.

❸ 탄력관세

행정부에 관세율의 변경권을 위임함에 따라 대통령령 또는 재경부령으로 변경할 수 있는 관세를 탄력관세라 한다. 용어에서 알 수 있는 바와 같이 경제상황의 변화에 탄력적으로 신속하게 반응할 수 있어야 하기에 행정부에 위임하고 있는 것이다. 탄력관세의 종류는 표 17-2와 같이 다양하나 일반적으로 경제상황이 급변하거나 교역상대국이 국산 제품에 대해 차별을 하는 등의 사정으로 신속하게 반응하고자 할 때 이용된다. 따라서 어떤 관세율보다 우선하여 적용된다.

표 17-2 ◈ 탄력관세의 종류

덤핑방지관세
상계관세
보복관세
긴급관세
특정국물품긴급관세
농림축산물에대한특별긴급관세
조정관세
할당관세
계절관세

❹ 협정관세

특정 국가 또는 기구와 협상을 통해 결정되는 관세이므로 협정관세라 하며, 일반적으로 양허관세나 양허세율이라 부르고 있다. 이와 같은 양허관세는 기본관세보다 낮게 설정되며 따라서 양허관세를 적용받고자 하는 자는 물품의 원산지가 협정체결국임을 증명해야 한다. 예를 들어 한국-칠레 FTA 협정관세율을 적용받고자 하는 경우라면 칠레가 원산지임을 증명하는 자료를 세관에 제출해야 하는 것이다.

❺ 일반특혜관세

일반특혜관세(Generalized System of Preferences: GSP)란 쉽게 말해 가난한 나라로부터 수입되는 물품에 대해 적용되는 관세율이다. 가난한 나라로부터 수입되는 물품에 대해 낮은 관세율이 적용되면 수입가격이 인하되는 효과가 생겨 결국 수입이 증가하게 되고, 수출국은 수출의 증가로 경제발전에 도움을 받게 된다. 이에 따라 일정한 수준으로 경제가 발전할 때까지 한시적으로 기본관세율보다 낮은 관세율을 적용하는 경우가 있는데 이를 일반특혜관세라 하는 것이다. 우리나라도 과거에 이 제도의 수혜를 받은 바 있다.

표 17-3 ● 관세의 종류

관세의 종류	국정관세	탄력관세 일반특혜관세(GSP) 잠정관세 기본관세
	협력관세	FTA 협정관세 WTO 협정 일반협정관세 WTO 협정 개도국협정관세 아시아태평양(APTA)무역협정관세 UN개도국협정관세

2 | 관세율 적용 순서

관세율 적용순서는 개략적으로 정리하면 다음과 같다.

먼저 ㉠ 탄력관세가 우선하여 적용된다. 그 다음으로 관세율이 낮다는 전제하에 ㉡ FTA 협정관세, ㉢ WTO 및 APTA 협정관세 등의 협정관세, ㉣ 일반특혜관세, ㉤ 잠정관세, ㉥ 기본관세의 순으로 적용된다.

FTA 협정관세를 비롯한 낮은 관세율을 적용받고자 하는 경우, 당해 수입물품의 원산지가 협정체약국임을 증명하는 서류를 세관에 제공해야 한다는 점에 유의해야 한다.

II 관세의 납부 및 관세제도의 활용

01 관세의 납부

1 | 수입시 부과되는 내국세의 종류

물품의 수입시에는 관세뿐 아니라 부가가치세를 비롯한 내국세 역시 부과된다. 즉 부가가치세, 개별소비세, 주세, 교통 · 에너지 · 환경세, 교육세, 농어촌특별세가 부과된다.

2 | 관세의 계산방법

관세의 계산은 원화로 계산된 과세표준, 즉 과세가격에 관세율을 곱해 계산한다.

이때 원화로 계산된 과세가격은 외화표시과세가격을 관세청 홈페이지를 통해 공시하고 있는 과세환율을 곱해서 계산한다. 이를 정리하면 다음과 같다.

(외화표시 과세가격 × 과세환율) × 관세율 = 관세

3 | 납부기한과 가산금(및 가산세)

1 의의

일반적으로 관세를 비롯한 제 세액을 수입신고수리일로부터 15일 이내에 납부해야 한다.

관세채권의 확실한 확보라는 측면을 생각한다면 관세는 수입통관단계에서 사전에 납부해야 할 것이나, 관세법에서는 수입물품의 신속한 유통 및 수입업체의 자금부담 경감 등의 목적을 위해 관세의 사후납부를 원칙으로 하고 있다. 다만 관세액에 상당하는 담보를 제공해야 한다.

신속한 관세채권의 확보를 위해 기한을 짧게 정한 것이며 이에 더하여 기한경과시의 연체세에 해당되는 가산금을 부과하고 있다.

2 납부기한

❶ 수입신고수리 전 신고납부하는 경우/세관장이 부과고지하는 경우

수입신고가 수리되기 전에 신고납부하는 경우에는 납부기한이 없다. 그러나 수입신고 후 10일 이내에 관세를 납부하지 않는 경우 세관장이 납세고지를 하게 되는데, 이와 같은 납세고지가 있게 되면 15일 내에 납부해야 한다.

세관장이 부과고지하는 경우에도 납부기한은 역시 납세고지를 받은 날로부터 15일 내이다.

❷ 수입신고수리 후 납부하는 경우

관세의 확보에 지장이 없는 성실업체나 담보를 제공한 경우에는 수입신고수리된 물품을 반출해간 후에 관세를 납부할 수 있다. 사후납부의 경우, 납부기한은 물품반출일이 아닌, 수입신고수리일로부터 15일이다.

❸ 관세담보

현행 관세법은 관세의 사후납부를 원칙으로 하고 있다. 이와 같은 사후납부제도하에서는 관세채권의 확보가 가장 중요한 문제가 된다. 통관 전에는 수입물품 자체가 담보로 활용되나 사후납부제도하에서는 관세의 납부에 앞서 수입물품이 반출되기 때문이다. 따라서 관세채권의 확보에 지장이 없는 성실업체 또는 다음과 같이 관세액에 해당되는 담보를 제공한 업체에 대해서만 사후납부를 인정하고 있다.

① 신용담보: 최근 수년간 무역업을 해오고 있으면서 관세를 체납하거나 하는 등의 결격사유가 없는 성실업체에 대해 별도의 담보물을 제공하지 않도록 하는 제도를 말한다. 법이 정한 일정 요건을 갖추어 세관장에게 신청하게 되며, 이때 설정된 신용한도내에서 담보제공이 면제된다. 담보제공에 따른 자금부담을 피할 수 있는 이점이 있다.

② 개별담보와 포괄담보: 수입신고시 신고 건별로 관세액에 상당하는 담보를 제공하는 경우를 개별담보, 일정 금액의 은행의 지급보증서 등을 세관에 제공하고 당해 보증서의 한도 내에서 담보로 활용하는 경우를 포괄담보라 한다.

TIP

담보물의 종류

금전/부동산
국가 또는 지자체가 발행한 채권 및 증권
은행지급보증서
납세보증보험증권
신용보증기금 또는 신용보증재단이 발행하는 보증서 등

❹ 가산금과 가산세

① 가산금

가산금은 납부기한이 경과됨에 따라 부과되는 연체이자로 1차와 2차로 나뉜다.

1차 가산금은 납부세액의 3%에 해당되는 금액이다. 납부세액이 1,000만 원이라면

30만 원이 이자로 붙는 것이다.

2차 가산금은 납부기한이 2개월 지난 때로부터 부과되며, 월마다 납부세액의 1.2%에 해당되는 금액으로 추가된다. 납부세액이 1,000만 원이라면 12만 원이 2차 가산금이다. 따라서 납부기한이 1개월 경과했다면 1,030만 원, 2개월이 경과했다면 1,042만 원, 3개월 경과했다면 1,054만 원과 같이 월마다 12만 원씩 추가되는 것이다. 다만 납부세액이 50만 원 미만인 경우에는 2차 가산금이 없다.

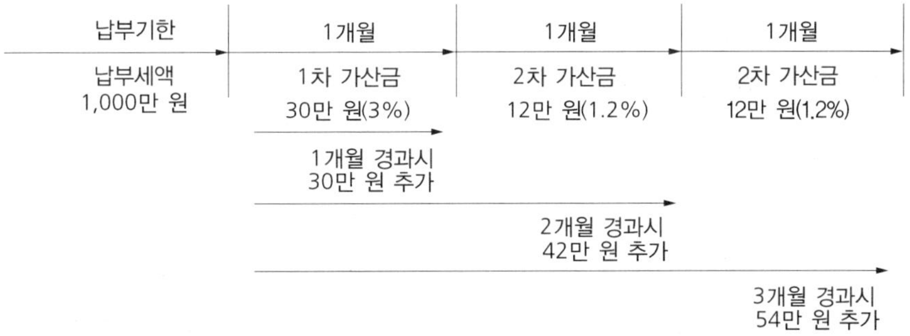

그림 17-2 납부기한 경과에 따른 가산금

② 가산세는 벌금이다.

예를 들어 수입신고시 가격계산에 오류가 있거나 HS code 분류에 오류가 있는 등의 사유로 납부세액을 적게 신고한 경우에 가산세가 부과된다. 따라서 수입통관업무는 보다 신중을 기해 정확하게 진행해야 하며 가능하다면 관세사 등 전문가를 활용하는 것도 필요하다.

– 가산세가 부과되는 경우

· 수입(반송)신고기간이 경과된 후 신고한 경우: 보세구역 등에 장치일로부터 30일 내에 신고하지 않으면 20일, 50일, 80일의 기간에 대해 각각 과세가격의 0.5%, 1.0%, 1.5%의 가산세가 부과된다.

TIP

납부세액을 6개월 이내에 정정하는 경우를 보정신고라 하며 가산세가 없다.

– 재수출(감)면세된 물품을 기한 내에 수출하지 않은 경우

· 여행자 휴대품(이사물품) 중 과세대상물품을 신고하지 않은 경우: 이 경우 납부세액의 30%(이사물품은 20%)를 가산세로 부과한다.

· 즉시반출신고물품 수입신고 불이행시: 즉시반출신고를 하고 반출한 물품은 반출신고일로부터 10일 이내에 수입신고를 해야 한다. 이 기간이 경과되면 납부세액의 20%가 가산세로 부과된다.

3 납부기한의 특례

❶ 월별납부

관세는 그 수입신고된 건별로 납부하여야 함이 원칙이다. 즉 건별납부가 원칙인 것이다. 그러나 빈번하게 수입하는 업체가 건별로 관세를 납부함에 따른 불편함을 덜어주기 위해 납부기한이 동일한 달에 속하는 관세를 당해 달의 말일까지 일괄 납부할 수 있도록 허용하고 있는데, 이를 월별납부라 한다. 예를 들어 관세의 납부기한이 8월 1일인 세액과 8월 25일인 세액을 합쳐서 8월 말까지 납부하도록 하는 것이 월별납부인 것이다. 이와 같은 경우 업체 입장에서는 납부기한이 연장되는 효과를 보게 되지만, 국가에서는 세액의 회수가 이에 상응하여 늦춰지는 셈이다. 이에 따라 월별납부 신청요건이 조금 까다로운 편이다.

❷ 분할납부

① 의의

관세의 분할납부란 납세의무자의 경제적 사정을 고려하거나 특정 경제적 목적을 달성하기 위해 관세액을 일시에 납부하지 않고 분할하여 납부할 수 있도록 하는 제도이다. 이 경우 세관장은 분할된 세액별로 납세고지를 하므로, 납세고지를 받은 날로부터 15일 내에 분할납부세액을 납부하면 된다. 또한 분할되는 것은 관세뿐이므로 내국세는 처음에 모두 납부해야 한다.

분할납부시 관세채권의 확보를 위해 세관장은 분할납부의 승인시 관세액 상당의 담보제공을 명할 수 있다.

② 분할납부가 가능한 경우

분할납부가 가능한 경우는 천재지변을 포함, 납세의무자의 경제적 상황이 급격히 악화되는 경우(특별분할납부제도)와 분할납부가능품목(주로 산업설비류)을 수입하는 경우(일반분할납부제도)로 나뉜다.

– 천재지변, 납세의무자의 사업이 큰 손실 또는 위기에 처한 경우: 납부기한 내에 세관장에게 신청하며, 분할납부기간은 1년을 초과할 수 없다.

– 분할납부가능품목을 수입하는 경우: 수입신고수리 전까지 세관장에게 신청하며, 분할납부기간은 품목에 따라 다르나 최대 5년을 초과하지 않는다.

표 17-4 ◦ 분할납부가능품목

품목	1. 시설기계류 · 기초설비품 · 건설용 재료 및 그 구조물과 공사용 장비
세부요건	– 관세율표에서 부분품으로 분류되지 아니할 것 – 법 기타 관세에 관한 법률 또는 조약에 의하여 관세를 감면받지 아니할 것 – 당해 관세액이 500만 원 이상일 것. 다만 중소기업이 수입하는 경우에는 100만 원 이상일 것 – 탄력관세 적용품목이 아닐 것
품목	2. 중소제조업체가 직접 사용하기 위하여 수입하는 물품
세부요건	– 관세율표 제84류(기계류) · 제85류(전기기기류) 및 제90류(정밀기기류)에 해당하는 물품 – 법 기타 관세에 관한 법률 또는 조약에 의하여 관세의 감면받지 아니할 것 – 당해 관세액이 100만 원 이상일 것 – 탄력관세 적용품목이 아닐 것 – 국내에서 제작이 곤란한 물품으로서 당해 물품의 생산에 관한 사무를 관장하는 주무부처의 장 또는 그 위임을 받은 기관의 장이 확인한 것일 것
품목	3. 정부(지자체포함), 학교(직업훈련원포함), 비영리법인, 의료기관 등 사회복지기관(시설), 연구기관이 수입하는 물품 중 기획재정부령이 정하는 물품(관세법시행규칙 별표 4 참조)

③ 사후관리: 양도 및 용도 변경시 승인 필요

분할납부물품의 사용용도를 변경 또는 양도하고자 하는 경우, 사전에 세관장의 승인을 얻어야 한다.

일반분할납부제도는 주로 산업설비류에 속한 물품의 수입시 납부세액의 분할을 통해 자금부담을 경감시킴으로써 산업건설을 지원하고, 정부와 지자체 및 학교 등 자금이 부족한 자들의 자금부담을 경감시키기 위한 것이다. 따라서 당초의 용도 외에 다른 용도로 사용하거나 국가에서 혜택을 제공하고자 하는 자가 아닌 자에게 물품이 양도된 경우에는 불필요한 지원을 해 준 셈이 되는 것이다.

이에 따라 분할납부승인을 얻은 물품을 분할납부기간 내에 다른 용도로 사용하거나 다른 용도로 사용하고자 하는 자에게 양도한 때에는 미납된 관세액 전액을 즉시 징수당하게 되므로 유의해야 한다.

02 합법절세제도

1 | 용도세율

1 의의

같은 품목이지만 여러 용도에 사용할 수 있는 품목이 있다. 이 경우 당해 물품의 용도에 따라 관세율이 달라지게 된다. 이와 같은 상황에서 낮은 관세율이 적용되는 용도에 사용하고자 하는 경우 수입신고수리 전까지 품명 및 규격 등을 기재한 신청서를 작성해서 세관장에게 신청해야 한다.

예를 들어 동일한 잉크젯방식 인쇄기임에도 반도체제조용(8443.32-5010)으로 수입하는 경우에는 기본관세율은 8%이나 WTO 협정세율에 따라 0%가 적용되지만, 기타 용도(8443.32-5090)로 수입하는 경우에는 기본관세율 8%에 원산지에 따라 0%에서 4%의 관세율이 적용되게 된다.

2 사후관리

이와 같은 물품은 국가정책상 특혜를 주는 것이므로 수입신고시 신고한 용도에 사용되고 있는가를 국가가 다음과 같이 사후관리하게 된다. 사후관리 기간은 품목에 따라 상이하나 최대 3년이며 이 기간 내에 위반된 사항이 발생되면 관세의 추징은 물론, 최대 2천만 원의 벌금이 부과되므로 유의해야 한다.

첫째, 수입신고한 용도 이외의 용도에 사용을 금지한다. 관세청장이 정하는 기간 내에는 당해 용도 이외의 용도에 사용하거나 다른 용도에 사용하고자 하는 자에게 양도할 수도 없다. 다만 사전에 세관장의 승인을 얻은 경우에는 가능하다.

둘째, 수입신고수리일로부터 1개월 내에 당해 물품을 설치 또는 사용할 장소에 반입시켜야 한다.

3 용도세율 적용품목

현재 용도세율이 적용되는 품목은 관세청에서 고시하고 있는 [사후관리에 관한 고시, 관세청고시 제2007-49호]에 수록되어 있다.

2 | 관세감면

1 의의

관세감면이란 관세를 경감시키거나 면제하는 것을 말한다. 국가가 특정 목적을 달성하기 위해 일정한 요건을 갖춘 물품에 대해 무조건 혹은 조건부로 관세를 감면해주고 있다. 관세의 감면 역시 용도세율 적용신청과 마찬가지로 수입신고수리 전까지 신청할 수 있다.

2 관세감면의 종류

관세감면은 사후관리가 요구되는 조건부 감면과 사후관리가 필요없는 무조건 감면으로 나뉜다. 이하에서는 일부를 소개한다. 다음의 ❶~❹까지는 무조건 감면에 속하고, ❺~❼은 조건부 감면에 속한다. 조건부 감면된 물품에 대해서는 최대 3년의 사후관리가 시행되고 있다.

❶ 재수입면세

우리나라에서 수출된 물품이 수출신고수리일로부터 2년 내에 다시 수입되는 경우 관세를 부과하지 않는다. 수입물품에 관세를 부과함으로써 국내산업을 보호한다는 목적을 생각한다면, 수출품이 수입품이 되어 돌아오는 것이니 관세를 부과할 이유가 없음을 쉽게 이해할 수 있겠다.

❷ 소액물품 면세

과세가격이 미화 250달러 이하인 물품으로 견품으로 사용될 것으로 인정되는 물품, 판매 또는 임대를 위한 물품의 상품목록이나 가격표, 총 과세가격이 15만 원 상당액 이하의 자가사용 물품 등과 같이 그 가격이 낮은 경우 면세된다.

❸ 휴대물품과 이사물품 면세

여행자의 휴대품 또는 별송품으로 반입되는 물품 중 여행자의 입국사유나 직업 등을 고려할 때 휴대가 타당하다고 인정되는 물품과 우리나라로 거주를 이전하기 위해 입국하는 자의 거주이전의 사유나 직업 등을 고려할 때 이사물품이라 취급될 수 있는 물품에 대해 적용된다. 예를 들어 미화 400달러 이하의 여행자 휴대품은 면세된다.

❹ 손상감세

수입신고를 하는 때의 수입물품의 성질, 수량에 의해 관세를 부과하게 된다. 그러므로 수입신고일로부터 수입신고의 수리일 사이에 물품이 변질 또는 손상되더라도 수입관세는 수입신고일의 가격을 기초로 계산됨에 따라 불합리한 결과가 발생하게 된다. 이와 같은 경우에 가치 감소분을 공제하여 관세를 계산할 수 있도록 하고 있는데, 이를 손상감세라 한다.

❺ 환경오염방지물품 등에 대한 감면세

환경오염을 방지하는 데 사용되는 시설기계류, 공장자동화를 위해 사용되는 기계나 설비, 방위산업에 소요되는 시설기계류 등은 관세가 감면세된다.

❻ 재수출면세

수입된 후 단기간 내에 다시 수출되는 물품에 대해 적용된다. 수출입물품의 포장용품, 박람회 등에 출품되는 물품, 시험용 물품 또는 제작용 견품, 수출물품 사양확인용 물품 등에 대해 관세가 면제된다. 이와 같은 물품들은 수입신고수리일로부터 1년의 범위 내에서 세관장이 정한 기한 내에 다시 수출되어야 한다.

❼ 재수출감세

도급계약이나 임대차계약의 이행을 위해 국내에서 비교적 장기간 사용 후 재수출하는 조건으로 수입되는 기계류 등에 대해 적용한다. 이 경우 재수출면제의 수출이행기간보다 길게 설정하는데, 일반적으로 수입신고수리일로부터 2년 내에 재수출해야 한다.

TIP

– ATA까르네(Carnet, 일시수입통관증서)

- 의의: 'ATA까르네'란 [물품의 일시수입을 위한 일시수입통관증서에 의한 관세협약]에서 규정하고 있는 일시수입통관증서를 의미한다. 즉 이 제도는 전시회나 박람회와 같이 일시 수입되었다가 단기간 내에 다시 수출되는 물품에 대한 수출, 수입, 보세운송과 관련한 서류를 단계별로 각각 작성하는 불편함을 없애고 당해 증서 하나를 가지고 모두 수행하는 것을 의미한다.
- 발급기관: 국제상업회의소가 발급하며, 우리나라는 대한상공회의소가 발급한다.
- 이용상 유의점: ATA까르네 협약에 가입한 국가간 그리고 가입한 물품에 한하여 이용할 수 있다.
- 적용품목: 직업용구, 전시회 및 박람회에 전시 또는 사용될 물품, 상품견본 및 광고용 물품, 포장용기, 선원의 후생용품, 과학장비, 교육용구

ATA까르네에 대한 추가사항은 2008년 7월 16일 개정 고시된 [관세청고시 제2008-23호 ATA까르네에의한일시수출입통관에관한고시]를 참조하면 된다.

18 관세환급

I 관세환급 개관

관세환급이란 어떤 이유에서 세관에 납부한 관세를 되돌려 받는 것을 말한다. 환급이라는 용어를 사용함에 따라 이와 같이 정의할 수 있겠으나, 환급의 종류에는 수출을 장려하는 차원에서 실제로 세관에 납부한 관세가 없음에도 지원해주는 환급도 있다.

환급은 관세법상의 환급과 관세환급특례법상의 환급으로 나뉜다.

❶ 관세법상의 관세환급

관세법상의 관세환급에는 표 18-1에서 보는 바와 같이 4가지 종류가 있다. 관세법상의 관세환급이 특례법상의 관세환급과 다른 점 중 하나는 환급시 납부한 부가가치세도 함께 환급해 준다는 점이다. 즉 관세법상의 환급은 반드시 그러하지는 않으나 어느 정도 부적절한 과세처분으로 인해 환급되는 것이므로 부가가치세를 포함하여 납부한 전체의 세금을 환급하게 되는 것이다. 그러나 특례법상의 관세환급은 정당하게 과세되었으나 수출촉진차원에서 환급하는 것이므로 단순히 관세만을 환급해주게 된다.

❷ 특례법상의 관세환급

특례법상의 환급이란 수입물품에 대해 통관단계에서 정당하게 부과된 관세를 당해 물품이 수출품생산을 비롯한 외화획득에 사용된 경우 수출업자 또는 수출품의 생산자에게 되돌려주는 제도이다.

표 18-1 ● 관세환급의 종류

관세법상의 관세환급	과오납금의 환급 위약환급 지정보세구역내 장치물품의 멸실, 손상으로 인한 환급 종합보세구역내 판매물품에 대한 환급
특례법상의 관세환급	개별환급 간이정액환급 특수공정물품정액환급

II 관세법상의 관세환급의 종류

01 과오납환급

❶ 의의 및 요건

과오납환급은 과납이나 오납, 즉 내야 할 금액보다 많이 낸 경우와 내지 않아도 될 것을 낸 경우 환급해주는 것을 포함한다. 과오납이 있음을 알게 된 경우, 수입신고필증상의 납세의무자는 3년 내에 과오납임을 증명할 수 있는 서류 등을 첨부하여 수입물품의 통관지세관에 신청해야 한다.

과오납은 과세가격 결정의 착오, 관세율 적용의 착오, 과세환율 적용의 착오 등에 의해 발생하게 된다. 예를 들어 앞서 공부한 것처럼 과세가격이란 송장금액이 아니고 송장금액에 수입항 도착시까지의 비용을 모두 합하고 수입항 도착 이후의 경비는 공제하는 등 복잡한 과정을 거쳐 결정되는데, 이 과정에서 착오가 있어 과세가격이 높게 책정된다면 관세를 비롯한 제세를 더 납부하게 될 것이다. 또한 HS code 분류가 잘못되어 높은 관세율이 적용되는 경우도 발생할 수 있다. 이와 같은 원인으로 납부해야 할 세금보다 많이 낸 경우 당연히 환급을 받을 수 있는 것이다. 따라서 과오납환급은 정당하지 않게 부과된 것이므로 환급청구권자가 신청하지 않더라도 이를 발견한 경우 세관장은 돌려줘야 한다.

❷ 환급금

이 경우 환급금은 과오납한 관세, 가산금, 가산세, 체납처분비의 합계액이다. 물론 농어촌특별세를 비롯한 내국세가 함께 과오납된 경우 내국세도 관세와 함께 환급된다. 그러나 납부일 다음날로부터 환급결정일가지의 환급이자인 환급가산금도 받게 된다.

02 위약환급(계약내용과 상이한 물품에 대한 관세환급)

❶ 의의

위약환급이란 수입관세를 납부하는 등 수입통관절차를 거쳐 수입된 물품이 계약물품과 달라 클레임을 제기하고 다시 수출업자에게 되돌려보내거나 폐기한 경우 당해 물품에 대해 납부했었던 관세 등을 환급해주는 것을 말한다. 그러나 위약수출 후 반드시 대체품을 수입해와야 하는 것은 아니다.

❷ 요건

위약환급은 계약물품과 달라 수입물품을 내보냄에 따라 마치 수입된 물품이 없었던 상태가 됨에 따라 환급해주는 것이다. 따라서 과오납환급과 달리 일정한 요건을 갖춘 경우에 한해 환급이 가능하다.

첫째, 수입신고 당시의 성질 또는 형태의 물품이 처음부터 수입되지 않은 상황이어야 한다. 이와 같은 상황에 속하는 것으로 먼저 ㉠ 수입신고 당시의 성질 또는 형태가 변경되지 않은 채 수입된 물품의 전부 또는 일부가 반송되는 경우를 들 수 있다.수입신고된 물품과 다른 물품을 되돌려보내는 상황이라면 수입된 물품이 없었던 상태가 됨에 따라 돌려준다는 취지와 맞지 않게 되기 때문이다. ㉡ 물품을 폐기하는 경우 역시 수입이 없었던 상태가 되는 것이므로 관세를 환급받을 수 있다. 다만 보세구역 등에 반입하여 세관장을 승인을 얻어 폐기한 경우에 한한다.

둘째, 수입신고수리일로부터 1년 이내에 반송 또는 폐기해야 한다. 1년의 기간의 기산일은 수입신고수리일이며 보세구역반입일까지만 계산한다. 따라서 1년 이내에 보세구역에 반입되었다면 위약환급의 요건을 갖춘 것이며, 따라서 그 후 수출 또는 폐기는 1년이 지나도 환급이 가능하다.

셋째, 보세구역에 반입해야 한다. 보세구역을 경유하지 않고 수출되면 관세를 환급받을 수 없게 된다. 따라서 일반적인 수출의 경우 보세구역을 경유하지 않는 것과 달리 위약수출의 경우 보세구역을 경유할 필요가 있다.

다만 보세공장에서 생산된 물품을 수입한 경우라면 당해 수입신고된 보세공장에 반입시켜야 한다.

❸ 환급신청기한

위약물품을 다시 수출한 경우에는 수출신고수리일로부터, 폐기한 경우에는 폐기한 날로부터 3년내에 환급을 신청해야 한다.

03 지정보세구역내 장치물품의 멸실, 손상으로 인한 환급

어떤 물품에 대한 수입신고가 수리되었으나, 수입신고수리 후임에도 여전히 지정보세구역 내에 장치되어 있던 중에 당해 물품이 재해로 멸실, 손상된 경우 당해 가치 감소분에 해당되는 만큼 관세를 환급해주는 것을 말한다.

수입화물의 가격을 기준으로 관세를 부과하는 종가세주의하에서는 수입화물의 가격이 중요하다. 즉 수입관세는 수입신고를 하는 때의 화물의 성질 등에 따라 관세를 결정하게 되는 것이다. 따라서 화물이 변질 또는 손상됨에 따라 화물의 가치가 감소했다면 관세액이 낮아질 것임은 당연하다.

지정보세구역은 세관이 공적인 업무를 보기 위해 지정하는 공간으로 보통 이 공간은 세관장이 지정한 화물관리인 등이 관리하고 있다. 따라서 재해로 인해 세관장이 관리하고 있던 공간에 장치되어 있던 화물의 가치가 감소했다면 이는 세관장의 책임이라 할 수 있다. 이러한 이유로 가치 감소분에 해당되는 만큼의 관세를 환급해주고 있다.

III 환급특례법상의 관세환급

01 의의

관세법상의 환급과 달리, 특례법상의 환급은 적법하게 관세가 부과된 물품이 수출품 생산을 비롯한 외화획득에 사용된 경우 납부한 관세를 수출업자 또는 수출품의 생산자에게 되돌려주는 수출촉진을 위한 제도이다.

환급이라는 용어는 기 납부한 관세가 있음을 전제로 하는 표현이지만 특례법상의 환급의 종류 중에는 기 납부한 관세가 없음에도 불구하고 수출촉진차원에서 장려금으로 주는 환급도 있음에 유의해야 한다. 물품 제조에 수입원료 및 부품이 전혀 사용되지 않음에 따라 수입관세를 납부하지 않은 경우일지라도 수출 등 외화획득행위를 하는 경우 수출장려차원에서 일정 금액을 지원해주는 간이정액환급제도가 바로 그것이다. 실제 이 제도에 대한 소개 또는 이해의 부족으로 환급받지 못하고 있는 업체들이 적지 않은 실정이다. 수출입통관을 비롯 무역관련 법률에 대한 업체들의 자그마한 관심이 필요한 이유이다.

02 특례법상 환급의 요건

특례법상 관세환급이란 일반적으로 어떤 물품의 수입시 적법하게 부과된 관세를 당해 물품이 수출물품에 체화되어 수출 등의 원인으로 다시 외국으로 반출됨에 따라 되돌려주는 것을 말한다.

관세부과의 목적은 조세수입의 확보 그리고 동종 또는 유사물품과의 경쟁에서 가격경쟁력을 약화시켜 국내산업을 보호하기 위한 것이다. 그러나 수입된 물품이 국내의 동종, 유사물품과 경쟁하기보다는 수출품생산에 사용되어 다시 외국으로 되돌아나가는 것이라면, 관세의 부과로 인해 오히려 수출경쟁력을 약화시키는 결과가 된다. 그러나 이때 이미 납부한 관세를 환급해준다면 그만큼 가격을 인하시키는 효과를 낳게 된다. 따라서 이와 같은 특별한 목적을 위해 환급되는 것인만큼 특례법상의 환급을 받으려면 다음과 같은 요건들을 충족시켜야 한다.

첫째, 수출 등 외화획득행위를 해야 한다. 물론 그것을 증명해야 한다.

둘째, 당해 수입물품이 수출용 원재료에 해당해야 한다.

셋째, 외국으로부터 수입하는 때에 관세 등을 납부한 물품이어야 한다.

넷째, 수입신고수리일로부터 일정한 기간 내에 수출 등 외화획득에 제공해야 한다.

1 | 환급대상 수출 등의 거래

표 18-2를 통해 알 수 있는 것처럼, 환급대상이 되는 거래는 수출에 한정되지 않고 외화획득행위를 포함한다.

국내의 보세공장 등에 물품을 공급하거나 주한 외국대사관이 발주한 공사의 대금을 외화로 받는 등 외화획득행위가 있었다면 수출을 하지 않았어도, 즉 국내거래임에도 환급대상이 되는 것이다. 이는 비록 수출하지 않았어도 외화획득행위가 있었고 또 국내거래일지라도 사실상 국내소비자들을 대상으로 하여 국내산 제품과 경쟁하지 않기 때문이라고 할 수 있겠다. 한편, 어떤 거래에 속하건 그와 같은 거래를 했음을 증명해야 한다.

표 18-2 ◦ 환급대상 수출 등의 거래

수출신고가 수리된 물품	① 일반 유상수출 ② 재정부령으로 정하는 무상수출
국내 거래	③ 국내외화판매 및 공사 ④ 보세공장 등에 대한 물품의 공급
	⑤ 기타 수출행위로 인정되는 것 ⑥ 북한으로의 물품 유상반출

❶ 일반 유상수출

일반 유상수출은 외화획득행위가 발생되므로 당연히 환급대상 수출에 해당한다. 다만 중고품은 해당되지 않는다.

❷ 재정부령으로 정하는 무상수출

① 박람회, 전시회 등에 출품하기 위해 무상으로 수출되는 물품

단, 이 경우 현지에서 외화를 받고 판매된 경우에 한한다.

② 해외공사용 자재 및 장비

해외에서 투자, 건설, 용역, 산업설비수출 등의 사업에 종사하고 있는 우리나라의 국민에게 무상으로 송부하기 위해 반출하는 기계, 시설자재 및 근로자용 생활필수품으로서 주무부장관이 지정한 기관의 장이 확인한 물품의 수출은 환급대상 거래에 속한다.

무상 수출을 환급대상 거래로 인정하는 이유는 다음과 같다. 먼저 해외에서의 건설, 근로활동은 모두 외화획득행위이다. 다음으로 건설 등의 활동에 필요한 물품의 국내공급이 없다면 외국으로부터 외화를 주고 구매해야 할 것이며 이에 따라 외화의 유출이 일어나게 된다. 따라서 환급대상 거래로 인정함으로써 국산물품의 사용촉진을 도모하기 위한 것이다.

③ 대체물품의 수출

외국에 수출된 물품이 당초 약정된 물품과 다른 물품인 경우 또는 품질불량이 있는 경우 클레임이 제기된다. 이와 같은 상황에서 문제를 해결하는 방법으로 가격의 인하를 비롯한 금전적인 해결방식을 우선적으로 활용할 것이다. 다음으로는 되가져와서 수리 후 재수출하는 경우와 대체품을 수출하는 경우를 생각할 수 있겠다.

- 먼저 되가져와서 수리 후 재수출하는 경우에는 당초 수출시 유상수출임에 따라 관세환급을 받았을 것이므로, 되가져올 때 재수입면제조건부로 수입 후 수리해서 재수출하면 된다.

- 다음으로 대체품을 수출하고자 하는 경우에는 또 다시 두 가지 경우로 나뉜다.

· 우선 당초 (A' 제품) 수출 후 이미 관세를 환급받은 경우에는 (A' 제품을 다시) 수입할 때 환급된 관세를 다시 납부해야 한다. 당초 수출된 물품을 되가져올 때 수입통관절차를 거쳐야 한다. 대체품 수출 후 관세를 다시 환급받게 된다.

· 당초 수출 후 관세를 환급받지 않은 상황에서 수출 후 1년 이내에 수입하는 경우에는 재수입면세로 수입 후 대체품을 수출하면 된다. 그러나 1년이 초과되어 수입하는 경우에는 관세를 납부해야 한다.

요약

환급받고 1년 이내 수입시: 관세납부
환급받고 1년 초과 수입시: 관세납부
미환급 1년 이내 수입시: 재수입면세
미환급 1년 이후 수입시: 관세납부

④ 해외구매자와의 수출계약을 위해 무상수출하는 견품의 무상수출

무역거래에서 상대에게 제품의 규격, 등급, 디자인 등을 설명하기 위한 가장 효과적인 방법이 바로 견본을 통한 것이다. 따라서 견본의 무상제공은 궁극적으로 수출을 통한 외화획득을 위한 전 단계에 해당되는 것이어서 환급대상 거래에 포함시키고 있다.

⑤ 수탁가공된 물품 및 잔존물/위탁가공을 위한 물품의 수출

수탁가공된 물품과 관련하여 원재료의 수입시 재수출면세를 조건으로 수입되는 것은 환급대상 거래에 포함시키지 않는다.

⑥ 위탁판매를 위해 무상으로 반출하는 물품의 수출

단 외화를 받고 판매된 경우에 한한다.

❸ 국내외화판매 및 공사

물품의 국제적 이동은 없으나 국내거래에서 외화를 받고 물품을 공급한다면 외화획득

행위가 있는 것이므로 이를 고려하여 다음의 경우 환급대상 거래에 포함시키고 있다. 다음 거래유형은 모두 외화를 받고 물품을 공급한다는 공통점을 갖는다.

– 주한 미군에 대한 물품의 외화판매

– 외국의 대사관, 공사관, 영사관에 대한 외화공사

– 국산승용차의 외화판매

– 외국인 투자기업에 대한 국산자본재의 외화판매

– 국제경쟁입찰에서 낙찰된 국산물품의 외화판매

– 해외 근로자에 대한 외화면세 판매물품

❹ 보세공장 등에 대한 물품 공급

본 항목에 따라 환급대상 거래로 인정될 수 있는 '보세공장 등' 이라 함은 보세창고, 보세공장, 보세판매장, 종합보세구역 그리고 자유무역지역에 한한다. 따라서 관세법상 보세구역 중 보세건설장, 보세전시장에 대한 물품공급은 환급대상 거래에 속하지 않는다.

위 인정 보세구역에 대한 물품공급은 그 자체로 외화획득행위는 아니나, 궁극적으로 외국으로 수출되어 외화획득을 하게 되는 것이므로 환급대상거래로 인정하고 있는 것이다. 궁극적인 외화획득가능성은 무상으로 공급된 경우에도 동일하므로 유, 무상 구별 없이 환급대상 거래에 속한다.

① 보세창고에 대한 물품의 공급

환급대상 거래가 되는 경우는 수출한 물품에 대한 수리, 보수 또는 해외조립생산을 위하여 부품 등을 반입하는 경우로 한정된다.

이미 수출된 물품에 결함이 있어 하자보수를 위해 부품을 수출한다고 생각해보자. 또한 해외에서 조립생산되는 물품의 부품 등을 수출한다고 생각해보자. 이는 수출에 해당되므로 관세환급을 받을 수 있음은 당연하다.

그러나 이와 같은 하자보수용 물품 또는 조립용 부품을 장기간 비축하는 경우, 관세의 환급이 늦어지게 될 것이며 또한 경우에 따라 수출이행기간의 경과로 인해 환급을 받지 못할 수도 있다. 이에 따라 보세창고에 대한 물품의 공급을 환급이 인정되는 거래로 인정하여 관세를 조기에 회수하고 또한 기간의 경과로 관세환급의 기회를 상실시키지 않도록 할 필요가 있다.

② 보세공장에 대한 물품의 공급

환급대상 거래가 되는 경우는 수출용원재료로 사용될 목적으로 공급되는 경우로 한정된다.

보세공장은 외국물품만을 원재료로 하거나 또는 내국물품과 혼용하여 제조, 가공 등을 하기 위한 공간을 말한다. 보세공장은 기업의 신청에 의해 세관장이 특허를 내 주는 공간인데, 보세공장 운영자는 수입원재료와 국산원재료를 혼합하여 물품을 제조, 가공할 수 있을 뿐 아니라 수입원재료만을 이용할 수도 있다. 한편, 당해 공간에서 사용되는 수입원재료에 대해 수입관세가 부과되지 않으므로 국내에서 생산된 원재료는 가격경쟁력이 떨어지게 됨에 따라 국내 공급업자가 피해를 입을 수 있다. 이에 따라 보세공장에 대한 물품공급을 환급대상거래로 인정하여 국산 원재료의 활용가능성을 높이고 있는 것이다. 한편 그 완성물품을 외국으로 수출하는가를 기준으로 수출용 보세공장과 내수용 보세공장으로 나눌 수 있는데, 수출용 보세공장에 반입된 경우에 한해 환급이 가능하다.

③ 보세판매장에 대한 물품의 공급

보세판매장은 외국물품을 외국으로 다시 반출하거나, 외교관 면세의 적용을 받을 수 있는 자가 사용하는 것을 조건으로 판매하는 구역을 말한다. 보세판매장에 공급되는 물품은 완성품으로 한정되며, 제조용원재료는 이에 속하지 않는다.

④ 종합보세구역 입주기업체에 대한 물품의 공급

앞서 소개된 3가지 형태의 제한이 모두 적용된다. 즉 수출한 물품에 대한 수리, 보수 또는 해외조립생산을 위한 부품 등을 반입하거나, 수출용원재료로 공급하거나, 보세구역에서 판매하기 위해 반입하는 경우에 한한다.

⑤ 자유무역지역 입주기업체에 대한 물품의 공급

❺ 기타 수출행위로 인정되는 것

앞에서 소개된 여러 거래들은 수출통관을 거쳐 외국으로 물품이 반출되는 경우(❶과 ❷의 경우)와 국내에서 외화를 받고 물품을 공급해주는 경우(❸과 ❹의 경우) 2가지 유형으로 나뉘어진다. 그런데 이 두 유형에 속하지 않음에도 불구하고 환급대상 거래로 인정해주는 거래가 있다. 선용품 또는 기용품의 공급과 원양어선에 대한 물품송부가 바로 그러한 거래형태이다.

외국을 오가는 선박이나 항공기 또는 원양어선은 운항과정에서 외국에서 물품을 구입하게 될 것이며 이 과정에서 외화의 유출이 일어난다. 그러므로 국내 공급업자로부터 공급된 물품을 사용한다면 결국 외화의 유출을 피한 결과가 된다. 이러한 이유로 당해 거래를 관세환급이 인정되는 거래에 포함시키고 있는 것이다. 수입된 물품을 원상태 그대로 공급해도 환급대상이 된다.

① 선용품/기용품의 공급

공급대상이 되는 선박 또는 항공기는 우리나라와 외국 사이를 운항하는 것으로 한정된다. 또한 선용품/기용품에는 음식료, 연료, 소모품, 밧줄, 수리용 예비부분품 및 부속품, 집기, 기타 이와 유사한 물품으로 당해 선박 또는 항공기에서만 사용되는 것으로 제한된다.

② 원양어선에 대한 물품송부

국토해양부장관의 사전 허가를 받고 원양어선에 무상으로 송부하기 위해 반출하는 물품으로서 해양수산부장관이 확인한 물품은 환급대상 수출에 포함된다.

③ 선용품/기용품을 공급하고자 하는 자 또는 원양어선에 무상으로 물품을 공급하고자 하는 자는 사전에 세관장으로부터 적재허가를 받아야 하며, 이때 세관장이 발급한 선적/기적확인서를 통해 환급대상 거래를 했음을 증명한다. 원양어선에 물품 공급 후 환급을 받고자 하는 경우에는 세관장에게 선용품 적재허가를 받을 때 수산청장이 발급하는 원양어선용품 무환반출확인서가 첨부되어야 한다.

표 18-3 ● 환급특례법상 인정되는 내국거래

거래유형	환급특례법상 인정 여부
해외취업근로자에 대한 외화판매	○
주한미군에 대한 외화판매	○
주한외국공관에 대한 외화판매	○
외자도입자본재에 대한 외화판매	○
국제경쟁낙찰물품의 외화판매	○
선용품/기용품의 공급	○
원양어선에 대한 물품 송부	○
보세(임)가공업체에 대한 공급	○
외국인전용판매장에 대한 공급	○

*출처: 정재완, 관세환급특례법, 제169면의 내용 변형

❻ 대북한 유상판매

대외무역법상 수출에 대한 기본적인 정의는 국내로부터 외국으로의 물품의 이동을 의미한다. 그러나 우리나라 헌법상 북한은 외국이 아니므로 북한으로의 물품 이동은 대외무역법상 수출의 정의에 포함되지 않는다. 결국 유상수출의 범위에 북한에 대한 물품의 판매가 포함되지 않는 것이다.

남북교류협력에 관한 법률에서는 북한과의 거래시 반출, 반입이라는 용어를 사용하면서, 동 법 시행령에 '남북교류협력에 관한 법률에 의한 북한지역으로의 물품의 반출은 환급특례법의 규정에 의한 수출로 본다' 고 규정, 환급대상수출로 인정하고 있다.

그렇지만 무상반출의 경우 외화획득이 없게 되므로 유상거래만이 환급대상 거래에 속한다. 이와 같이 외화획득이 있었는가를 기준으로 판단하는 것이 환급가능여부를 판단하는 데 도움이 될 것이다.

TIP

비환급대상 수출

- 외국으로부터 보세구역에 반입된 물품으로 반송된 물품
- 수리, 검사 목적 반출
- 수출물품 중 국내 재반입 후 다시 수출하는 물품
- 수입 후 국내에서 사용, 소비하다가 수출하는 중고품

표 18-4 ◦ 환급특례법상 인정되는 거래와 그 증명서류

거래 유형	증명서류
유상수출	수출신고필증
박람회 등에 대한 출품물	수출신고필증, Kotra의 출품확인서, 외화입금증명서
해외공사용 장비 등	수출신고필증, 주무장관의 확인서
대체품의 수출	수출신고필증, 당초 수출물품의 수출신고필증
견본용물품의 수출	수출신고필증
수위탁가공물품의 수출	수출신고필증, 수위탁가공계약서 등 증명서 (가공임에 대한 입금증명서 포함:수탁가공물품의 경우)
위탁판매수출	수출신고필증, 외화입금증명서
주한미국에 대한 판매	납품완료증명서, 외화입금증명서
외화공사	공사완료증명서, 외화입금증명서
국산자동차의 외화판매	외화입금증명서, 면세추천서, 자동차검사증 또는 등록증
외국인투자기업에 대한 자본재의 외화판매	납품(공사)완료증명서, 외자도입법상 규정 서류
국제경쟁입찰에서 낙찰된 물품의 외화판매	물품인도증명서, 관세감면 요건서류
해외근로자에 대한 외화판매	물품인도증명서
보세구역 등에 대한 물품공급	물품반입확인서
선용품/기용품/원양어선에 대한 물품의 공급	물품적재확인서
대북한 유상반출	수출신고필증

*출처: 정재완, 관세환급특례법, 제193면

2 | 수출용 원재료

관세환급을 수입된 물품이 궁극적으로 수출 등에 제공되어 외화획득에 사용되거나, 외국으로 반출되는 등의 원인으로 국산제품과 경쟁하지 않음에 따라 되돌려주는 제도라고 본다면, 수출용 원재료는 결국 국내에 남아 있지 않아야 된다는 논리가 나온다.

이러한 논리에 따른다면, 수출용 원재료에는 수출물품을 생산하는 과정에서 반복적으로 사용되는 기계류, 수출물품에 체화되지 않는 연료나 기름 등은 포함되지 않는다고 봐야 할 것이다. 구체적인 원재료의 범위는 다음과 같다.

① 수출물품을 생산하는 경우에는 생산시의 물리적, 화학적 변화과정에서 수출물품에 물리적으로 결합하거나 화학적 반응 등으로 수출물품을 형성하는 데 소요되는 원재료

② 수입한 상태 그대로 수출되는 물품. 따라서 수입된 기계를 사용 후 중고상태로 수출하는 경우에는 환급대상이 아니다.

③ 국내에서 생산된 원재료가 수입 원재료와 동일한 질과 특성을 가지고 상호대체사용이 가능하여 수출물품의 생산과정에서 이를 구분하지 않고 사용되는 경우에는 수출용 원재료가 사용된 것으로 본다.

3 | 납부세액 증명서류

❶ 수입신고필증

수입신고필증은 수입물품에 대한 수입신고가 수리되었음을 증명하는 서류이다. 당해 서류에는 관세를 비롯한 납부세액에 대한 정보가 기록됨에 따라 수입한 자가 직접 수출 등 환급대상거래를 한 경우라면 수입신고필증을 통해 납부세액을 증명할 수 있다.

다만 환특세율, 간이세율, 할당관세, 용도세율이 적용된 수입물품에 대한 수입신고필증은 환급에 사용될 수 없다. 또한 감면 또는 분할납부대상으로 처리된 경우에도 마찬가지이다. 감면 또는 분할납부의 경우에는 일부 감면받았거나 분할납부세액을 이미 다 납부한 경우에는 그러하지 않다.

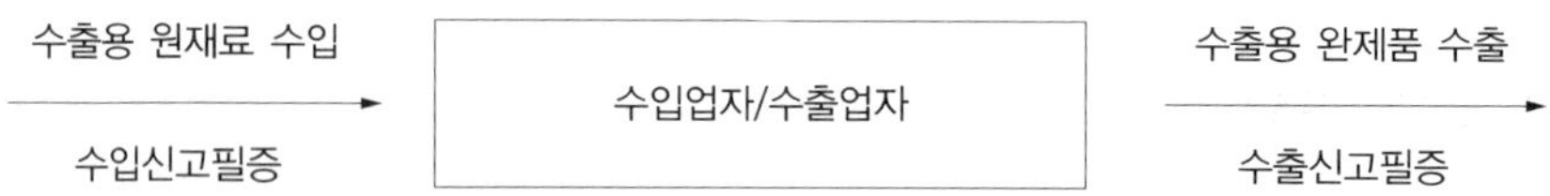

❷ 기초원재료납세증명서(기납증)

① 의의

기초원재료납세증명서(기납증)란 수입 원재료를 가공 후 중간부품생산업체 또는 수출용 완제품 생산업체에게 판매한 경우, 당초 수입원재료 수입시 납부한 세액을 증명하는 서류이다.

수출용 원재료를 수입한 자가 수입원재료를 가공, 수출하는 형태, 즉 납세자와 수출자가 동일한 경우가 있겠으나, 수입원재료로 만들어진 중간부품을 공급받아 완성품

생산 후 수출하는 경우와 같이 납세자와 수출자가 다른 형태도 있다.

후자의 경우, 가공된 물품을 공급하는 자, 즉 납세자는 공급가격에 당초 납부한 세액을 포함시킬 것이므로 궁극적인 납세자는 공급받는 자가 되는 것이다. 따라서 공급받는 자가 환급을 받아야 할 것이나 납부세액을 증명하는 서류가 없다면 불가하므로 이때에 활용되는 서류가 바로 기납증인 것이다.

② 요건

– 수입원재료를 가공하여 공급하는 경우 또는 수입원재료로 만들어진 중간부품을 추가 가공 후 공급하는 경우와 같이 구입 후 가공하여 공급하는 경우 거래단계별로 발급가능하다.

– 수입신고수리일 또는 국내구매일로부터 1년 내에 공급해야 한다.

– 기납증은 가공 후 공급하는 자가 세관 또는 관세사에게 발급신청하여 공급받는 자에게 제공하는 것이나, 공급자가 발급할 수도 있다.

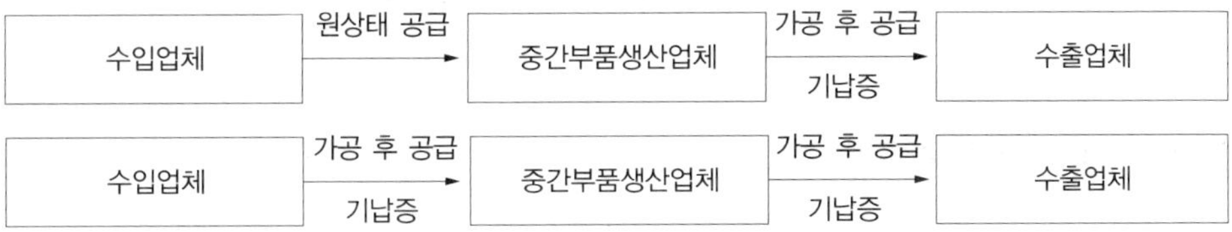

❸ 분할증명서(분증)

①의의

분할증명서(분증)란 수입원재료 또는 수입원재료로 만들어진 중간부품을 가공하지 않고 구입한 원상태로 공급한 경우, 납부한 세액을 증명하는 서류이다.

수입관세의 납세자와 환급신청자가 다른 경우, 즉 원재료의 수입업자와 수출용 완제품의 수출업자가 다른 경우 수출업자는 납부세액의 증명자료가 없다. 이때 활용되는 것이 기납증임은 앞서 공부했다. 분할증명서 역시 유사한 상황에서 동일한 목적을 위해 사용되는 서류이다. 즉 기납증과 분증 양자 모두 수입원재료의 국내거래로 인해 전가받은 납부세액을 증명하는 서류이다. 그러나 분할증명서는 구입한 원상태로 공급한 경우에, 기납증은 구입한 원재료 또는 중간부품을 가공해서 공급한 경우에 활용된다는 점에서 차이가 있다. 따라서 분할증명서는 수입된 원재료를 원상태로 국내공급한 경우의 수입신고필증분할증명서와 수입원재료로 만들어진 중간부품을 구입한 원상태로 공급한 경우의 기납증분할증명서가 있다.

② 요건

– 원재료를 수입한 상태 그대로 또는 원상태 구매물품을 다시 원상태로 판매한 경우

– 기납증을 토대로 구입한 중간부품 등을 구입한 상태 그대로 판매한 경우

– 평세증을 토대로 구입한 물품을 구입한 상태 그대로 판매한 경우

– 분증발급시 정액환급율표가 적용되지 않고, 소요량계산서도 사용되지 않는다.

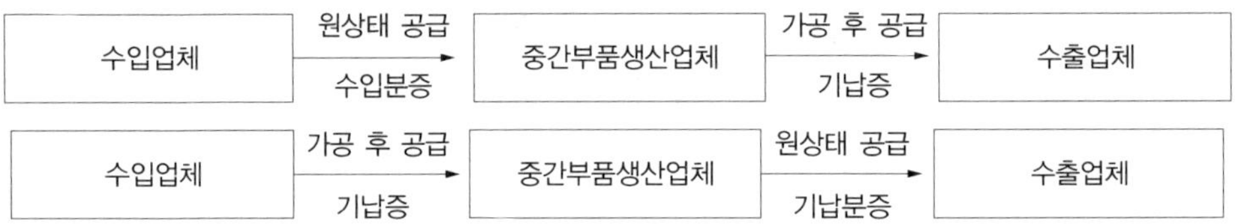

❹ 평균세액증명서(평세증)

① 의의

평균세액증명서란 수출용 원재료를 수입하는 자의 신청에 의하여 그가 매월 수입(내국신용장 등에 의한 국내구입 포함)한 수출용 원재료의 품목별 물량과 단위당 평균세액을 하나의 서류로서 증명하는 서류를 말한다.

동일한 달 여러 건의 수입 또는 국내구입이 있는 경우, 환급신청시 매 건별 납부세액을 증명하는 여러 장의 수입신고필증 등의 서류가 첨부되어야 한다. 이 경우의 불편함을 제거하기 위해 동일한 달에 속하는 수입 또는 국내거래의 거래내역을 HSK 10단위별로 통합, 하나의 서류에 기재하여 전체물량의 평균세액을 산출하여 환급하는 제도인 것이다.

② 요건

이 경우, 수출용 원재료는 수입한 날이 속하는 달의 초일에 수입된 것으로 취급한다.

평세증을 통해 환급받고자 하는 경우 업체별 또는 사업장별로 대상물품을 지정받아야 한다.

– 주의사항: 이와 같이 평세증 발급대상으로 지정받은 물품에 대해서는 다른 납부세액 증명서류(수입신고필증, 기납증)로 환급신청할 수 없다.

4 | 수출이행기간 및 환급신청기간

1 수출이행기간

관세환급의 종류 중 개별환급의 경우, 수입된 원재료를 이용하여 생산된 물품은 일정한 기한 내에 환급대상 수출 등에 제공되어야 환급이 가능한데, 이 기간을 수출이행기간이라 한다. 따라서 정액환급은 수출이행기간이 의미가 없다.

수출이행기간은 통상 2년이라 알려져 있는데, 정확하게는 수출 등 환급대상거래의 완료일이 속하는 달의 말일부터 소급하여 2년이다. 즉 수출신고수리일 또는 국내공급이나 판매를 완료한 날로부터 기산되는 것이 아니고, 당해 일이 속하는 달의 말일부터 기산하는 것이다. 예를 들어 8월 1일 수출신고가 수리된 경우라면 8월 31일부터 소급하여 2년 이내에 수입신고가 수리된 건에 대해 환급이 가능하다. 달리 표현한다면, 수입신고수리일로부터 수출신고수리일이 속하는 달의 말일까지가 2년이어야 하는 것이다.

2 환급신청기간

환급신청기간은 수출 등 환급대상거래가 완료된 일로부터 2년 이내이다. 즉 수출신고수리일 또는 국내공급이나 판매를 완료한 날로부터 2년 이내에 환급을 신청해야 한다.

수입된 원재료가 국내거래과정을 거쳐 수출 등 환급대상 거래에 제공되는 경우도 있다. 이와 같은 국내거래가 1년 이내에 연결되는 경우라면 최후 거래의 완료일로부터 2년 이내에 환급을 신청해야 한다. 그러나 수입된 원재료를 원상태 그대로 국내공급하는 경우에는 국내공급완료일로부터 계산하지 않고 수입신고수리일로부터 계산한다. 예를 들어 수입 후 가공된 물품을 1년 이내에 공급했다면, 국내공급일로부터 2년 이내에, 즉 수입신고수리일로부터는 3년 이내에 환급을 신청할 수 있다. 그러나 수입 후 원상태 그대로 공급했다면, 국내공급일이 아닌 수입신고수리일로부터 2년 이내에 환급을 신청해야 하므로 공급업자가 활용할 수 있는 기간이 줄어든다.

요약

수출이행기간의 기산일: 수출신고수리일이 속하는 달의 말일
환급신청기간의 기산일: 수출신고수리일

03 환급특례법상의 관세환급의 종류

1 | 간이정액환급

❶ 의의

개별환급에 의할 경우, 환급신청기업은 납부세액과 수출품 생산에 소요된 원재료의 양을 모두 계산하고 그에 관한 증명서류를 준비해야 하는 불편함이 있다. 이에 따라 관련 지식이나 인력이 부족한 중소기업이 이용하기에 어려움이 있어 운용되고 있는 제도가 간이정액환급제도이다. 이 제도에 따라 환급을 신청하고자 하는 업체는 수출신고필증과 같이 환급대상 거래에 물품을 공급했음을 증명하는 서류만으로 환급을 신청할 수 있다.

❷ 요건

① 간이정액환급은 지난 2년간 환급실적(기납증과 분증발급실적포함)이 매년 4억 원 이하인 중소제조업체가 이용할 수 있다.

② 관세청은 간이정액환급품목 및 환급금액을 기재한 간이정액환급율표를 매년 고시하고 있다. 따라서 고시된 품목에 대해서만 간이정액환급이 가능한데, 물품에 대한

표기와 관계없이 HS code가 동일하면 환급이 가능하다. 따라서 비 고시품목은 개별환급에 의해야 한다.

③ 간이정액환급시 개별환급에 의한 경우보다 과소환급이 발생되는 경우가 있어 관세청에 비적용 승인을 받아 개별환급을 이용할 수 있도록 하고 있다. 이 경우, 비적용승인을 받은 기업의 모든 수출품에 대해 간이정액환급률표가 적용되지 않으며, 2년 이내에는 재적용을 신청할 수 없다.

④ 환급액 산출방법

$$환급액 = (FOB원화금액 \times 간이정액환급률표의\ 기재금액) \div 10,000$$

2 | 개별환급

개별환급이란 수입원재료별로 납부한 세액을 계산하여 환급을 신청한다는 의미이다. 즉 수입원재료별로 수출품 생산에 소요된 양을 소요량계산서를 통해 확인하고, 당해 원자재 수입시 납부한 세액을 계산하여 환급신청하는 제도이다. 이 제도를 이용하고자 하는 경우, 납부세액을 증명하는 서류, 수입원재료의 소요량을 증명하는 서류, 수출 등 환급대상 거래에 제공되었음을 증명하는 서류가 필요하여 다소 복잡하다. 이러한 점을 고려하여 평균세액증명제도를 운영하고 있다.

표 18-5 ◦ 개별환급 신청시 필요한 증명서류

납부세액 증명서류	소요량 증명서류	수출 등 환급대상거래 증명서류
수입신고필증 분할증명서 기초원재료납세증명서 평균세액증명서	소요량계산서	수출신고필증 납품완료증명서 물품인도증명서 물품반입(적재)확인서 외화입금증명서 박람회 등 출품확인서

BIBLIOGRAPHY

참고문헌

강원진, 『무역계약론』, 박영사, 2000.

곽윤직, 『채권각론』, 박영사, 1999.

김병술, 『무역업의 창업과 경영』, 두남, 1998.

김순자 외, 『최신무역실무』, 학문사, 2001.

김정수, 『해상보험론』, 박영사, 1986.

서정두, 『국제상무론』, 삼영사, 2006.

양영환 · 오원석 · 서정두, 『국제표준은행관습』, 한국무역상무학회, 2003.

오원석 역, 『UN통일매매법』, 삼영사, 1998.

이정길, 『수출입통관매뉴얼』, 2005.

정재완, 『관세환급특례법』, 두남, 2001.

최준선, 『국제거래법(제3판)』, 삼영사, 2001.

허문구 한승철 공저, 『수출입물류 운송실무』, 한국재정경제연구소, 2006.

한국무역협회, 『수출입대금결제』, 2008.

INDEX

찾아보기

ㄱ

INDEX

찾아보기

ㄱ

ㅅ

ㅈ

ㅊ

ㅋ

ㅌ

ㅍ

ㅎ

D

E

F

G

H

I

R

S

T

U

V

W

기타

| 지은이 약력

김영훈

- 성균관대학교 경제학 박사
- 한국무역협회 무역아카데미 강사
- 한국생산성본부, 한국수입업협회, 한국섬유개발연구원, 중소기업인력개발원, 국방기술품질원, (주)한화무역, 우리은행, 숭실대, 덕성여대, 서울사이버대, 서울여상 등 여러 기관 및 대학 등 출강
- 용인시 국제협력자문관
- 국제무역사 출제 및 선정위원

무역실무 에센스

제 1 판 1쇄 인쇄 | 2009년 9월 5일
제 1 판 3쇄 발행 | 2011년 3월 15일
지 은 이 | 김영훈
발 행 인 | 김은중
발 행 처 | (주)서울경제경영출판사
북 디자인 | 우일미디어
주 소 | 120-808 서울특별시 서대문구 대현동 67-5 대현빌딩 6층
전 화 | (02)313-2682
팩 스 | (02)313-8860
등 록 | 1998년 1월 22일 제 5-63호

ISBN | 978-89-88106-61-7 93320

정가 20,000원